KYOTO

# 47 都道府県ご当地文化百科
# 京都府

丸善出版 編

丸善出版

# 刊行によせて

　「47都道府県百科」シリーズは、2009年から刊行が開始された小百科シリーズである。さまざまな事象、名産、物産、地理の観点から、47都道府県それぞれの地域性をあぶりだし、比較しながら解説することを趣旨とし、2024年現在、既に40冊近くを数える。

　本シリーズは主に中学・高校の学校図書館や、各自治体の公共図書館、大学図書館を中心に、郷土資料として愛蔵いただいているようである。本シリーズがそもそもそのように、各地域間を比較できるレファレンスとして計画された、という点からは望ましいと思われるが、長年にわたり、それぞれの都道府県ごとにまとめたものもあれば、自分の住んでいる都道府県について、自宅の本棚におきやすいのに、という要望が編集部に多く寄せられたそうである。

　そこで、シリーズ開始から15年を数える2024年、その要望に応え、これまでに刊行した書籍の中から30タイトルを選び、47都道府県ごとに再構成し、手に取りやすい体裁で上梓しよう、というのが本シリーズの趣旨だそうである。

　各都道府県ごとにまとめられた本シリーズの目次は、まずそれぞれの都道府県の概要（知っておきたい基礎知識）を解説したうえで、次のように構成される（カギカッコ内は元となった既刊のタイトル）。

Ⅰ　歴史の文化編
　「遺跡」「国宝 / 重要文化財」「城郭」「戦国大名」「名門 / 名家」
　「博物館」「名字」
Ⅱ　食の文化編
　「米 / 雑穀」「こなもの」「くだもの」「魚食」「肉食」「地鶏」「汁

i

物」「伝統調味料」「発酵」「和菓子 / 郷土菓子」「乾物 / 干物」
Ⅲ　営みの文化編
　「伝統行事」「寺社信仰」「伝統工芸」「民話」「妖怪伝承」「高校
　野球」「やきもの」
Ⅳ　風景の文化編
　「地名由来」「商店街」「花風景」「公園 / 庭園」「温泉」

　土地の過去から始まって、その土地と人によって生み出される食
文化に進み、その食を生み出す人の営みに焦点を当て、さらに人の
営みの舞台となる風景へと向かっていく、という体系を目論んだ構
成になっているようである。
　この目次構成は、一つの都道府県の特色理解と、郷土への関心に
つながる展開になっていることがうかがえる。また、手に取りやす
くなった本書は、それぞれの都道府県に旅するにあたって、ガイド
ブックと共に手元にあって、気になった風景や寺社、歴史に食べ物
といったその背景を探るのにも役立つことだろう。
＊　　　　＊　　　　＊
　さて、そもそも47都道府県、とは何なのだろうか。47都道府県
の地域性の比較を行うという本シリーズを再構成し、47都道府県
ごとに紹介する以上、この「刊行によせて」でそのことを少し触れ
ておく必要があるだろう。
　日本の古くからの地域区分といえば、「五畿七道と六十余州」と
呼ばれる、京都を中心に道沿いに区分された8つの地域と、66の「国」
ならびに2島に分かつ区分が長年にわたり用いられてきた。律令制
の時代に始まる地域区分は、平安時代の国司制度はもちろんのこと、
武家政権時代の国ごとの守護制度などにおいて（一部の広すぎる国、
例えば陸奥などの例外はあるとはいえ）長らく政治的な区分でも
あった。江戸時代以降、政治的な区分としては「三百諸侯」とも称さ
れる大名家の領地区分が実効的なものとなるが、それでもなお、令
制国一国を領すると見なされた大名を「国持」と称するなど、この
区分は日本列島の人々の念頭に残り続けた。
　それが大きく変化するのは、明治維新からである。まず地方区分

は旧来のものにさらに「北海道」が加わり、平安時代以来の陸奥・出羽の広大な範囲が複数の「国」に分割される。政治上では、まずは京・大阪・東京の大都市である「府」、中央政府の管理下にある「県」、各大名家に統治権を返上させたものの当面存続する「藩」に分割された区分は、大名家所領を反映して飛び地が多く、中央集権のもとで中央政府の政策を地方に反映させることを目指した当時としては、極めて使いづらいものになっていた。そこで、まずはこれら藩が少し整理のうえ「県」に移行する。これがいわゆる「廃藩置県」である。これらの統合が順次進められ、時にあまりに統合しすぎて逆に非効率だと慌てつつ、1889年、ようやく1道3府43県という、現在の47の区分が確定。さらに第2次世界大戦中の1943年に東京府が「東京都」になり、これでようやく1都1道2府43県、すなわち「47都道府県」と言える状態になったのである。これが現在からおよそ80年前のことである。また、この間に地方もまとめ直され、京都を中心とみるのではなく複数のブロックで扱うことが多くなった。本シリーズで使っている区分で言えば、北海道・東北・関東・北陸・甲信・東海・近畿・中国・四国・九州及び沖縄の10地方区分だが、これは今も分け方が複数存在している。

　だいたいどのような地域区分にも言えることではあるのだが、地域区分は人が引いたものである以上、どこかで恣意的なものにはなる。一応1500年以上はある日本史において、この47都道府県という区分が定着したのはわずか80年前のことに過ぎない。かといって完全に人工的なものかと言われれば、現代の47都道府県の区分の多くが旧六十余州の境目とも微妙に合致して今も旧国名が使われることがあるという点でも、境目に自然地理的な山や川が良く用いられているという点でも、何より我々が出身地としてうっかり「○○県出身」と言ってしまう点を考えても（一部例外はあるともいうが）、それもまた否である。ひとたび生み出された地域区分は、使い続けていればそれなりの実態を持つようになるし、ましてや私たちの生活からそう簡単に逃れることはできないのである。

＊　　　　＊　　　　＊

　各都道府県ごとにまとめ直す、ということは、本シリーズにおい

ては「あえて」という枕詞がつくだろう。47都道府県を横断的に見てきたこれまでの既刊シリーズをいったん分解し、各都道府県ごとにまとめることで、私たちが「郷土性」と認識しているものがどのようにして構築されたのか、どのように認識しているのかを、複数のジャンルを横断することで見えてくるものがきっとあるであろう。もちろん、47都道府県すべての巻を購入して、とある県のあるジャンルと、別の県のあるジャンルを比較し、その類似性や違いを考えていくことも悪くない。あるいは、各巻ごとに精読し、県の中での違いを考えてみることも考えられるだろう。

　ともかくも、地域性を考察するということは、地域を再発見することでもある。我々が普段当たり前だと思っている地域性や郷土というものからいったん身を引きはがし、一歩引いて観察し、また戻ってくることでもある。有名な小説風に言えば、「行きて帰りし」である。

　本シリーズがそのような地域性を再発見する旅の一助となることを願いたい。

2024年5月吉日

執筆者を代表して

森 岡　　浩

# 目　　次

## 知っておきたい基礎知識　1

基本データ（面積・人口・府庁所在地・主要都市・府の植物・府の動物・該当する旧制国・大名・農産品の名産・水産品の名産・製造品出荷額）／府章／ランキング1位／地勢／主要都市／主要な国宝／府の木秘話／主な有名観光地／文化／食べ物／歴史

## I　歴史の文化編　11

遺跡 12 ／国宝/重要文化財 22 ／城郭 30 ／戦国大名 39 ／名門/名家 43 ／博物館 59 ／名字 67

## II　食の文化編　73

米/雑穀 74 ／こなもの 80 ／くだもの 85 ／魚食 89 ／肉食 92 ／地鶏 99 ／汁物 104 ／伝統調味料 109 ／発酵 114 ／和菓子/郷土菓子 121 ／乾物/干物 130

## III　営みの文化編　137

伝統行事 138 ／寺社信仰 145 ／伝統工芸 151 ／民話 158 ／妖怪伝承 164 ／高校野球 170 ／やきもの 176

# Ⅳ　風景の文化編　181

地名由来 182 ／商店街 189 ／花風景 197 ／公園/庭園 207 ／温泉 222

**執筆者 / 出典一覧　224**
**索　引　226**

【注】本書は既刊シリーズを再構成して都道府県ごとにまとめたものであるため、記述内
　　　容はそれぞれの巻が刊行された年時点での情報となります

# 京都府

## 知っておきたい基礎知識

- 面積：4612km²
- 人口：253万人（2024年速報推計値）
- 府庁所在地：京都市
- 主要都市：宇治、福知山、宮津、長岡京、綾部、舞鶴、亀岡、京田辺
- 府の植物：北山杉（木）、シダレザクラ（花）、サガギク、ナデシコ（草花）
- 府の動物：オオミズナギドリ（鳥）
- 該当する旧制国：畿内山城国（京都市を中心とした南部地域）、山陰道丹波国（綾部など中央部）、山陰道丹後国（宮津など沿岸部）
- 該当する君主・大名：天皇（京都市）、淀藩（稲葉氏など）、田辺藩（牧野氏など）、福知山藩（朽木氏など）、宮津藩（松平氏など）
- 農産品の名産：カブ、ミズナ、茶、ナスなど
- 水産品の名産：トリガイ、グジ、サワラなど
- 製造品出荷額：5兆6588億円（2020年工業統計確報値）

## ●府章

六葉型の中央に、人型のようにデフォルメされた「京」の字をあしらったもの。色の指定は紫色である。

## ●ランキング1位

・人口10万人当たりの大学数　2022年の統計に基づくと、10万人当たり1.33校となっている。京都は寺社仏閣が多いこともあり、その僧侶養成のための学術機関は古くから多かったのだが（現在の大谷大学などはこれに由来）、これに加えて明治維新直後に公家や天皇の移転などによって都市が衰退しようとしていたことへの対抗のために作られた専門学校（京都府立医科大学など）や、京都にゆかりを持つ人々が設けた学校（同志社大学や立命館大学）、また官による学校（京都大学）などが集中し、現在国内有数の大学都市と呼ばれるまでに至っている。

## ●地　勢

　近畿地方の一角であり、淀川水系を中心とする京都盆地、山地の中に福知山盆地や亀岡盆地などの谷間が点在する丹波地域、入り組んだリアス海岸が広がり、日本海近くまで山が迫る丹後地域からなる。水系としては最大のものは淀川で、北側から流れ下る鴨川と桂川、東から流れ下る宇治川、南から流れ下る木津川が盆地の西側で合流して出来上がる。このためもあって、京都盆地は国内屈指の地下水帯水層を持つ地域としても知られており、かつては盆地の南部に巨椋池と呼ばれる広大な水域があった。丹波地域は南側が桂川の、北側が丹後地域へと流れ下る由良川の水系となる。

　海岸線は先述の通り丹後地域のリアス海岸が主である。沿岸の平地はないわけではないが少なく、丹波地域から流れ下る由良川も、河口付近は深い入り江となっている。この海岸に日本三景に数えられる名勝である天橋立がある。また、日本海側の軍港都市舞鶴は、この海岸線によってできた入江における波の穏やかさを重視して開発された。

　山岳地帯としては大江山などをはじめ、標高的にはやや低いながらも険しい傾斜も持つ山々が連なっている。京都近辺に限っても、山陰道の峠道である老ノ坂がある大枝山、延暦寺と日枝山王（滋賀県）を擁し京都北東の守護ともされた比叡山、天狗伝説のある霊場鞍馬山などが存在する。

## ●主要都市

・京都市（中心部）　794年の遷都以来の歴史を持つ古都であり、国宝や歴史的な寺社が市街地中心部や京都盆地を取り巻く山裾に集中する。ただし、

市街地の範囲は何回かの変遷を経ており、現在の中心市街地は、地理的にはかつての平安京の左京を中心とし、歴史的には室町～戦国時代にかけて上京・下京という二つの自治都市とその周辺に集約されたものが豊臣秀吉などによる町割り・再開発を経た姿である。

・京都市（伏見区） 京都の南、淀川に面した一帯であり、現在の市街地は豊臣秀吉が伏見城を築城した際に整備されたものである。ただし、それ以前から桂川・宇治川の合流地点近くにあたるこの一帯は、近隣の鳥羽などと共に水陸交通の要衝として栄えていた。古くは平安時代後期に、白河法皇が鳥羽離宮を営んでいる。

・宇治市 京都市から見て南東、藤原道長の別邸に由来する平等院の存在など古くから風光明媚で知られた土地。茶の名産地である。また、この都市のもう一つの焦点は宇治川にかかる橋である。東国から逢坂山経由ではなく南回りで京都に入る場合や奈良方面への交通の要衝として7世紀にはすでに橋があり、『源氏物語』にも登場する一方、承久の乱の宇治川の戦いや、治承・寿永の乱（源平合戦）での争奪の舞台となった。

・亀岡市 丹波地域の南側、京都から桂川を越えたところにある小都市。古くは亀山と呼ばれ、明智光秀による城下町に直接の由来を持つ。

・福知山市 丹波地域北部の中心都市。現在の城下町は戦国時代に明智光秀が基盤を築いたものに由来する。

・宮津市 丹後地域の中心都市。名勝天橋立を擁する。現在の都市は天橋立の南側に江戸時代に整備された城下町と港町に由来するが、それ以前から天橋立の北側に丹後国府がおかれたとみられるなど、丹後地域の中でも早くから開けていた。

・舞鶴市 西舞鶴地区と東舞鶴地区の二つの中心市街を持つ、丹後地域東部の都市。西舞鶴は古くは田辺と呼ばれた城下町兼港町に、東舞鶴は1900年ごろに整備された海軍の鎮守府に由来しており、日本海側の軍港都市として、また山陰や大陸への海路の始まりとして栄えていた。

・長岡京市 平安京に先立っておかれた都、長岡京の故地とされる場所。わずか10年で再遷都となった原因は、桓武天皇の弟で謀反の罪をかけられて死んだ早良親王の祟りを恐れたためとも、洪水が予想外に多かったためとも言われている。

## ●主要な国宝

・平等院鳳凰堂　宇治市にある、1053年（平安時代）に建立されたと伝えられる寺院。平安時代中期に権勢を誇った「御堂関白」藤原道長の息子、頼通が宇治にあった別荘を寺に作り替えたものだとされている。回廊でつながれた、経典上の極楽浄土の建物を模したとされる三つの建物が池に映っている姿が翼を広げた鳳凰に例えられたことからこの名がついた。

・弥勒菩薩半跏思惟像　京都市西部、太秦の広隆寺にある飛鳥時代の仏像。広隆寺は伝承では603年ごろ、聖徳太子と親しかったと伝えられる秦河勝によって建立されたとされており、京都市内の寺でももっとも古い部類となる。この秦氏は渡来人の一族とされている。

・天橋立図　京都国立博物館所蔵の、京都府北部の名勝天橋立を描いた16世紀の水墨画。サインはないものの、その筆致や構図から山水画家の中でも特に有名な雪舟が描いたものと推定されている。すでに奈良時代の『丹後国風土記』（逸文）に登場するほどに有名であった天橋立は、この時代は付近の国分寺や智恩寺を中心とした霊場として知られており、画面にもこれらの寺が書き込まれている。

## ●府の木秘話

・シダレザクラ　平安時代にはすでに枝が垂れた状態の桜があることは記録されていたが、京都市内各地に古木や銘木が存在している。特に有名なのは東山の円山公園にある、2代にわたる銘木として知られる「祇園枝垂桜」、豊臣秀吉が晩年に盛大な花見を催したことで知られる醍醐寺のものなどがあげられる。

・北山杉　杉の木のうち、京都市北部の山中で室町時代から生産が続けられているものを指す。丸太の生産で有名であり、古くから茶室の柱などに用いられてきた。京都府内ではこのほか、美山町にある京都大学の芦生演習林を中心とした森もよく知られている。

## ●主な有名観光地

・京都市街地　794年の遷都以来1000年以上にわたり「王城の地」と位置づけられた京都には、各時代の寺社仏閣や庭園・建築が多数保存・使用されており、日本における「古都」の代名詞となっている。この建築は近代

のナショナリズムや、伝統の源泉として京都が位置づけられたことをも反映し、東本願寺御影堂や平安神宮といった近代和風建築の代名詞も多数含む。

・清水寺　京都市中心部東部の山麓（東山）、古くから「音羽の滝」と呼ばれる名水が湧き出すあたりに平安時代以来存在する古刹。巨大な「清水の舞台」はそこからの景観と相まって、京都観光における写真の代名詞ともなっている。

・嵐　山　京都盆地の西側、保津川（桂川）が京都盆地に出ていくところの北側にある紅葉の名所として知られる山。桂川にかかる渡月橋と合わせて秋の名勝として有名である。

・京都御所　京都市中心部北部にある「京都御苑」の中ほどに位置する、江戸時代に天皇が居住してきた宮殿である。建築こそ近世だが、特に中央の清涼殿などは意識的に平安時代の様式を採用している。また、御苑自体もそもそもは、明治時代に天皇の住まいが東京に移動するまで公家の屋敷が集中していた一帯であった。このほか、意識的に平安時代の建築を再現したものには、明治時代の1895年に博覧会の目玉として建築された、現在の平安神宮があげられる。

・比叡山　785年にまでルーツをさかのぼる、京都北西の鎮護にして延暦寺の座所として知られる山。山上には3つの地区に分かれて、多数の堂舎が軒を連ね、特に有名なのが根本中堂である。また、この寺域は山の向こう、滋賀県に至るまで広がる。

・伊根の舟屋　海岸線が近く平地がほとんどない丹後地域の沿岸では、家を海の上に張り出させ、そこに船を収める形式の家ができるほどに、海と生活が近かった。昔話「浦島太郎」の元になったとされる物語の舞台が、丹後国与謝郡だと伝えられている、というとわかりやすいかもしれない。

## ●文　化

・京都三大祭　祇園祭、葵祭、時代祭の三つを指す。このうち、単に古くは「祭」といえば、下鴨神社・上賀茂神社の両神社の祭礼である葵祭であった（源氏物語に登場する葵上と六条御息所の車争いの背景もこの祭り）。祇園祭は山鉾巡行などに代表される、どちらかといえば町衆の力が強い祭り。時代祭は1895年に平安神宮の創建と共にはじまった、各時代の風俗をまとった行列を特徴とする祭りである。

・**西陣織と丹後ちりめん**　西陣の織物は京都の重要な産業の一つであり、早くから分業制がとられていたことでも知られている。このため、後背地である丹波や丹後から働きに来るものも多かったが、丹後ちりめんはそれを踏まえ、18世紀から発展し、現在では国内最大の絹織物産地となっている。

・**電子・ゲーム産業**　古都のイメージとは裏腹に、京都市周辺には京セラや島津製作所、村田製作所、オムロンやニデック（旧日本電産）をはじめとした技術産業の企業が多く、またスタートアップも多いことが知られている。大学の多さによる人材の厚みが特に理由として語られるが、京都において特に有名な企業といえば、明治時代の花札製造販売解禁から発展した任天堂だろう。

## ●食べ物

・**京料理**　朝廷の所在地であり、かつ長らく政治・文化の中心地であった京都では、古くから料理の技法が発達した。現在京都の料理の特徴としては、素材を生かした薄味のものが知られているが、もう一つ代名詞となっているのが「おばんざい」と全国的には呼ばれている常のおかずで、壬生菜や海老芋など京野菜を使った煮物やお浸し、あえ物などがよく知られている。

・**ラーメンそのほか小麦料理**　京都市は意外と小麦の消費量が多く、パンの消費においてもよく知られた店も多い。ラーメンについては、醤油・とんこつ系統のこってりとしたものが名物として知られており、京都大学に通う学生向けの結果ともいわれている。

・**にしんそば**　内陸部の京都においては、海の幸は身欠きニシンや、塩鯖など塩蔵もしくは乾燥による保存食の形で移入された。にしんそばはそのニシンを甘辛く煮つけて暖かい蕎麦のうえに載せた料理である。なお、このニシンやサバの京都への運搬には、日本海からは琵琶湖水運や、陸路の通称「鯖街道」が主要ルートとして使われていた。また、川魚ならば京都でも比較的新鮮なものを確保できる一方、海魚のハモも、生命力が強いために、西日本の太平洋沿岸から京都まで運ばれてきても鮮度が保てたので、京料理の夏の風物詩となっている。

# ●歴　史

## ●古　代

　古くから畿内諸国の一角に数えられ、また多数の古墳時代の遺跡や渡来人の伝承が存在するくらいにはヤマト政権の中枢部に近い地域ではあった京都市周辺地域だが、本来はその国名は「山背国」といった。伝承によれば、大和国（奈良県）の北端、平城山の向こう側にあたることに由来するとされる。また、その先の丹波国は山陰地方への入り口として重視されていた。『古事記』以来、丹波方面に兵を差し向けたという伝説・記録もある。丹後地方については、鉄の出土量が古代の中では九州についで多いことが知られており、おそらく日本海を通じての海運によって朝鮮半島や九州とのやり取りがあったのだろうとも推定されている。ただし、丹後国のみ丹波・山背からやや遅れて713年に、当時の丹波北部を割いての設置となる。

　794年の桓武天皇による平安京遷都と、それに伴う国名の意味を「山が城壁をなすように取り囲む国」と読み替えての字の「山城国」への変更、という伝承は有名だが、これは突然のことではない。すでに740年、藤原広嗣の乱に動揺した聖武天皇が、740年からわずかに2年とは言え、山城南部の木津川流域に「恭仁京」を造営している。また、平安京遷都の前段階として、784年に桓武天皇は平城京（奈良）から長岡京に遷都している。当初はここに都を確定しようとしたようだが、洪水などもあり、都は平安京へと移った。この大和国からの遷都の理由の一つに、淀川水運による瀬戸内方面・琵琶湖および北陸方面への交通の便を上げる人は今も多い。

　これ以降、平安京は都市域に変遷はありつつも、政治的には17世紀の江戸幕府成立まで（儀礼的にはそれ以降も）、君主たる天皇の座所としては1869年に明治天皇が東京行幸を行うまで、「都」としての役割を果たすことになる。都には当時の中国に倣って碁盤の目の街路と巨大な宮城・官庁街（大内裏）が築かれるが、当時の国力に比してあまりにも過大な規模であり、時代が下るにつれて、低湿地である右京南部の放棄を象徴的に、都市地域は鴨川沿いや山沿いの寺社仏閣前に集中するようになっていく。また山城の宇治や伏見は、京の都と共に、都へ向かう交通の要衝として発達していく。いかに現代から見て小さいといえど、当時の日本においてもっとも富や人が集まる都市的な地域であったことは間違いなく、後に国風文

京都府　知っておきたい基礎知識　　7

化と呼ばれる宮廷文化が花開いたほか、現代に繋がる寺の多く、特に清水
寺や東寺、鞍馬寺などがこの時代に創建された。

## ●中　世

　いかに都の規模が過大とはいえ、それでも大内裏の修築など、都城とし
ての威容を保つ試みはたびたび行われたが、11世紀の頃からあまりに大内
裏が火事になるので、天皇が別の場所を普段の御所にするようになって
いった。この流れは同世紀後半の院政時代（天皇ではなく上皇が天皇家の
家長であり君主〔治天・治天の君とも〕として政治の実権を握る体制）に
は決定的になり、市街地の白河・鳥羽地区といった平安京の外へのはっき
りとした拡大や、現在の京都御所のあたりへの天皇座所移転がみられるよ
うになる。さらに1221年の承久の乱を契機に、東国鎌倉に本拠を置いた武
家政権が朝廷にはっきり影響力を及ぼすようになったことで、政治の絶対
的な中心としての地位はここで失われる。とはいえ、天皇と公家が集中す
る都に隣接する山城及び丹波の一帯には、その天皇家や公家が経済的基盤
として所有する多数の荘園が長らく残り続け、幕府も朝廷への連絡機関と
して六波羅探題を置くなど、依然として京都は日本の中心地であった。ま
た、そのあとの室町幕府は京都に将軍の座所を置いたため、政治の中心と
しての地位は再び京都に集中し、都市としての経済的発展はさらに強まっ
た。

　しかし1467年、応仁・文明の乱が勃発。京都市域の大半を戦場とした
大乱により、幕府の権威は大幅に失墜し、戦国時代へと向かい始める。京
には天皇の在所として独特の重みは存在し、また流通の中心として国内最
大の都市としての地位を保つものの、いわゆる「上京」と「下京」という
二つの自治都市の併存など、その姿は大きく変わらざるを得なかった。
この変動は豊臣秀吉による再度の町割りと、近代にいたるまで京都市域の境
界と概念的に見なされるようになる「御土居」の修築で一定の安定を見る。
彼もまた、伏見に政庁をおくなど、京都を含めた近畿一帯を首都圏とする
位置づけは変えていなかった。

　しかし、京都が決定的に政治の中心としての地位を奪われる時、すなわ
ち江戸幕府の成立（1600年）が訪れる。

## ● 近　世

　江戸時代において京都は引き続き天皇や公家の座所とされるも、それまでと異なり、江戸幕府によって公家の政治的行為は大幅に制限された。しかし一方で大坂・江戸と並ぶ「三都」の一角として、経済的な地位は大きくなった。西陣における織物生産や、主に手工業を中心とした産物は、後々にいたるまで京都の名物となる。こうして、現代につながる文化の中心としての京都の重みは維持された。

　また、京の都の後背地という重要地域として、交通の要所淀や、山陰道の要所の福知山・綾部、港町田辺や宮津に大名が配置された。実際、丹波は江戸幕府の区分上、五畿内諸国と近江・播磨と共に「上方筋」としてまとめての呼び名がある。この面は産物でも表れ、たとえば18世紀以降に丹後の名産として有名になった織物である丹後ちりめんは、もとは西陣の技術が移入されたものだと伝えられている。宮津や田辺は日本海運の重要都市としても栄えた。

　京都がにわかに政治上も緊迫したのは、幕末の勅許問題の頃である。もともと京都には江戸ほどではないにせよ、多数の大名が情報収集や京都商人とのやり取りなどのために、出先機関としての屋敷を設けていた。しかし日米修好通商条約締結において幕府が朝廷の勅許を求めた結果、江戸幕府体制下で長年にわたり一部例外（飢饉に伴う救援要請）を除き保たれてきた朝廷の幕府政治に関する不干渉原則が崩れたことにより、各大名はこの京都屋敷を政治工作や情報収集に特に利用するようになったのである。幕末の京都で相次いだ多数の暗殺事件や、それに伴って語り伝えられる新選組の活動などにはこのような背景がある。その果てに禁門の変で、京都市街地は甚大な火災被害を受けた。

## ● 近　代

　かくして1868年、「王政復古の大号令」において天皇を改めて実権を持つ君主とみなす政体ができ、続く鳥羽・伏見の戦いから始まった戊辰戦争で江戸幕府は終わることになるが、このころには京都と江戸（同年7月に東京に改称）の関係は、かつての遷都直後の平城京と平安京の関係のようになっていた。すなわち、古い勢力が多い、やや交通に不便な場所からの新都移転である。かくして1869年、天皇は東京に居を移し、合わせて公家

の多くも東京に移動した。それでも京都は大都市であり、1868年中に府となった3つの都市の一角に選ばれた。また、天皇移転により寂れるのではないかという懸念に対抗すべく、京都市・府庁・町人が懸命にインフラ整備を進めた。小学校や琵琶湖疎水による発電事業、市電などの整備は特に有名である。

　なお、京都府は1871年の廃藩置県に伴って、丹波地域の主要部分を京都府に編入。残る丹後と丹波は、さらに近隣の但馬（現在の兵庫県北部）と合わせて豊岡県とされていたのだが、1876年に豊岡県が解体されたことにより、丹後地域と丹波の一部が京都府に編入されて現在の京都府域が確定した。この間、戦前に至るまで、山陰本線の敷設が難航したこともあり、丹波の途中や舞鶴まで開通していた鉄道を乗り継いで海路山陰地方に向かう、という形で、引き続き丹波と丹後は長年の山陰方面への交通の要衝という地位を維持した。

　第二次世界大戦で西陣地区などをのぞき米軍の空襲がほぼなかったことも幸いし、現代の京都は市内の寺社仏閣を焦点とした一大観光都市として知られており、観光客の過集中によるオーバーツーリズムも深刻である。また、意外な面としては電子・ゲーム産業の集積地としても知られ、研究・開発に重点をおく企業や、多数の大学が立地する教育・研究の中心としても知られている。一方、北部地域の過疎が深刻になりつつあり、天橋立など北部への観光集客の取り組みも進んでいる。

【参考文献】
・朝尾直弘ほか『京都府の歴史』山川出版社、2010
・元木泰雄編集代表『京都の中世史』全7巻、吉川弘文館、2022

# I

## 歴史の文化編

# 遺　跡

平安宮豊楽殿跡（鬼瓦）

**地域の特色**　京都府は、近畿地方中北部に位置する府。北部の丹後山地を超えて丹後半島は日本海に面する。中央部の丹波山地を境として西は兵庫県、南部の京都盆地の南に大阪府、奈良県が位置し、東山・比良山系を境として滋賀県、北は福井県と接している。先史時代においては、京都盆地周縁の丘陵に旧石器時代の遺跡や縄文時代の遺跡が点在しており、人間の活動が活発であったことが理解できる。古代には秦氏や狛氏（高麗氏）らの渡来人が拠点とし、広隆寺（京都市）は秦河勝が聖徳太子より授かった仏像を安置した寺と伝わる。また、賀茂神社（賀茂御祖神社，賀茂別雷神社）は賀茂氏の祖神を祀った神社である。丹後国は丹波国の一部であったが、713（和銅6）年に分割されて一国となる。『丹後国風土記逸文』には水江浦島子（浦島太郎）伝説があり、その舞台が与謝郡日置里である。日本海に面し、大陸との関係が深かったことは函石浜遺跡（京丹後市）から中国、新朝の王莽の貨泉（貨幣）が出土したことからも理解でき、多くの古墳も残る。

784（延暦3）年、山代国乙訓郡長岡に新都（長岡京）が造営され、794（延暦13）年には、さらに葛野郡宇太の地に遷都して平安京となる。これを機会に国名も山城国と改められ、五畿内の序列は大和国に代わって首位となった。鎌倉に幕府が開かれると、1185（文治元）年に北条時政が京都守護に任じられる。承久の乱以後は六波羅探題が設置された。丹波では、1221（承久3）年頃より北条氏が在任したが、1306（嘉元4）年以降は六波羅探題南方の兼任となった。室町時代には山名氏、後に一色氏が守護となる。建武中興以来再び京都は政治の中心となり、続いて室町幕府の拠点として、商工業が発達したが、応仁の乱が起こって、洛中の大半は焼失した。豊臣秀吉による町割りの改造や御土居の構築などを経て、江戸時代には京都所司代の支配下に置かれ、淀藩ほか公家・寺社領が置かれた。丹後は江戸時代、京極氏が領したが、後に宮津、峰山、田辺の3藩に分かれた。

明治維新後、1868年閏4月に京都府が置かれ、1871年7月に淀藩が県となる。丹後では、1871年7月、廃藩置県により各藩は県となったが、同年11月には豊岡県に併合、1876年京都府に編入されて、府域が確定した。

## 主な遺跡

### 大枝遺跡
＊京都市西京区：小畑川右岸の段丘上、標高約70mに位置
**時代** 旧石器時代～縄文時代早期

「乙訓の文化遺産を守る会」によって、1969年に発見された遺跡で、洛西ニュータウンの造成に伴い、発掘調査が行われた。約3万年前に形成された小畑川の低位段丘の礫層上から出土し、一部の旧石器は礫層からも認められたというが、明確な包含層は認められなかった。いわゆる国府型のナイフ形石器のほか、掻器、削器、彫器、舟底形石器などが検出されている。1997年には、南栗ヶ塚遺跡（長岡京市）より原位置を保ったナイフ形石器、剥片、石核などが検出された。段丘の発達した京都盆地西部の丘陵地帯を中心として、ナイフ形石器や細石器、有舌尖頭器の発見事例も多く、狩猟などの活動域であったと考えられる。

ちなみに、法勝寺・岡崎遺跡（東山区）では、1989年の調査において、大型偶蹄類の足跡化石が始良Tn火山灰層直上の泥炭層から検出された。最終氷期の動物の歩行の様子が判明する足跡の事例として、京都盆地における古生物学・第四紀学研究のうえで貴重な発見となっている。

### 武者ヶ谷遺跡
＊福知山市：土師川左岸の段丘上、標高45mに位置
**時代** 縄文時代草創期

1972年、京都短期大学（現・福知山公立大学）構内にあった武者ヶ谷2号墳の一部削平に伴い、緊急調査が行われ、古墳の下層から縄文時代草創期の土器が1個体分出土した。1976年にも平安博物館が調査しているが目立った遺物は検出されなかった。出土土器の口径は10.4cm、器高8.2cmの丸底土器で、口縁部の突帯部に2段の刺突文を配する。押圧縄文系の土器として類例がなく、「武者ヶ谷式土器」と命名されている。上層の古墳からは、木棺直葬の主体部より、鏡片、直刀、鉄鏃、須恵器が検出された。

### 北白川遺跡群
＊京都市左京区：京都盆地東北隅の北白川扇状地、標高約80mに位置 **時代** 縄文時代早期～後期

吉田山の北麓から西麓の花崗岩砂礫の堆積によって形成された扇状地に点在し、その多くは京都大学構内や隣接地に位置する。京都盆地において、比較的早い段階での人類居住が見られた地域である。1934年、現在の京

Ⅰ　歴史の文化編　　13

都大学人文科学研究所東側の宅地造成に際して、遺跡が発見された。京都
帝国大学の梅原末治ら京都府史蹟勝地調査会により発掘調査が実施され、
「北白川小倉町遺跡」と呼ばれる。遺物包含層は大きく上下2層認められ、
下層から出土した爪形文を主体とする土器は「北白川下層式」と命名され、
その後小林行雄や山内清男らが細分類し、上層からは、磨消縄文を主体
とする「北白川上層式」が認められ、縄文後期前半に位置づけられている。
またサヌカイト製の石鏃、玉製の玦状耳飾などが出土した。

京都大学北部構内（農学部・理学部）の「北白川追分町遺跡」は、1923
年に浜田耕作によって発見され、構内整備に際して数度の調査が実施され
ている。縄文時代中期末の竪穴住居跡のほか、理学部植物園内からは、後
期前葉の配石遺構、土坑墓も認められ、埋没林などとともに、植物遺体が
多数検出されて、環境復原に活用された。他方、晩期の突帯文土器や弥生
時代前期の土器も認められている。なおさら北に位置する上終町遺跡では、
府内最古級となる早期後半の竪穴住居跡（長軸2.8mの楕円形）が発見さ
れている。京都大学構内に、竪穴住居跡や墓群の遺構が整備されている。

### 森本遺跡

＊向日市：石田川右岸、向日段丘の北側斜面段丘崖下、標高約
16mに位置　時代　縄文時代〜弥生時代後期

1966年、石田川の改修工事に際して、弥生土器・石器や銅鏃・火鑽り
弓などが発見された。1968年と小学校建設に伴う1970年に本格的な発掘
調査が実施され、弥生中期と後期の二条の水路（幅1〜1.8m）や水田跡
が検出され、杭・矢板などで護岸を構築し、段丘崖下に湧く水を集めて、
水田に引くための灌漑用水路であることが判明した。また遺物では、弥生
時代中期前半の土器（唐古第2様式）のほか、銅鏃や石器のほかに木器・
自然遺物などが出土している。壺の胴部に人面を浮彫したものが見られる。

本遺跡の西北方300mの岸ノ下遺跡では、弥生後期の方形周溝墓が5基
検出され、段丘崖下の沖積地を生産の場、段丘上を生活の場とする広大な
集落の様相が明らかにされてきている。また、本遺跡から東南700mの桂
川氾濫原上に位置する鶏冠井遺跡（長岡京市）は、1962年に東海道新幹
線建設に伴い調査が行われ、弥生時代前期から中期の土器や石庖丁、石
斧、石鏃、石槍のほか、銅鐸の鋳型も検出された。府下では雲宮遺跡（長
岡京市）とともに最も早く、稲作の行われた遺跡として知られている。加
えて、縄文時代の河川用の丸木舟（残存長3.7m）が検出され、浦入遺跡（舞
鶴市）の航海用の丸木舟（残存長約4.4m）とともに、注目されている。

なお縄文時代の低地遺跡として、上鳥羽遺跡（南区）は、標高約16m

の鴨川と西高瀬川、桂川が合流する低地帯に立地する。縄文後期後半の土器のほか、石鏃、石匙、磨製石斧、石錘、磨石、石棒などが出土した。京都盆地での縄文時代の集落は山丘上に立地することが多く、上鳥羽遺跡や森本遺跡（向日市）の存在は注目される。

## 深草遺跡（ふかくさ）
＊京都市伏見区：東山連峰南端、稲荷山西方に広がる扇状地、標高約20mに位置　**時代** 弥生時代中期前葉～後期

　1955年から日本考古学協会により発掘調査が行われ、馬蹄形の溝の存在が確かめられつつあるが、集落の全容は明らかになっていない。弥生土器（畿内第Ⅱ様式・中期前葉）のセット、太型蛤刃石斧、方柱状石斧、扁平片刃石斧、石包丁、石鏃など多様な石器のほか、大量の鍬、鋤、容器などの木製農耕具が認められている。未製品も多くあり、製作法や使用法を知るうえで貴重な資料となった。京都盆地における弥生中期初頭から中葉にかけての初期水田稲作を示す遺跡として、学史的に著名である。

　なお京都御所西側に位置する内膳町遺跡（上京区）では、縄文時代晩期の土器と弥生時代前期の土器が同一層から出土しているほか、烏丸綾小路遺跡（下京区）では、弥生時代中期の竪穴住居跡（庄内式期）や中期後葉の方形周溝墓が認められており、土器、石器ともに豊富である。これらも平安京以前の京都盆地を知るうえで、貴重な遺跡として評価されている。

## 函石浜遺跡（はこいしはま）
＊京丹後市：日本海に面する砂洲上に立地、標高約4mに位置　**時代** 弥生時代～平安時代　**史**

　明治時代より遺物の採集が行われ、梅原末治も戦前に数度の調査を行っている。東西800m、南北500mの範囲に遺物が点在する。縄文時代から平安時代に及ぶ複合遺跡であるが、学史上著名なものに、遺跡の中心部付近で1903年に採集された貨泉2枚がある。中国新代（AD8～23）の貨幣であり、実年代の決定とともに、大陸との交流を示すものとして貴重である。ほかに弥生時代前・中期の土器片、鉄鏃、銅鏃、石鏃、磨製石斧、磨製石剣、石錘、勾玉、管玉などが発見されている。また貞観永宝、富寿神宝といった皇朝銭の破片や青磁、五輪塔、北宋銭など中世に比定できる遺物も認められる。函石浜遺物包含地として国史跡に指定された。なお「函石」の名の由来は、扁平な岩片になる箱式石棺があり、棺内に4個の斎坏、伸展葬の遺骸が認められたことによるという。

## 椿井大塚山古墳（つばいおおつかやま）
＊木津川市：木津川右岸の丘陵末端部、標高約45mに位置　**時代** 古墳時代前期　**史**

　1894年に、奈良鉄道（JR奈良線）の線路敷設の際に、後円部前寄りの

Ⅰ　歴史の文化編　　**15**

墳丘が切断され、さらに1953年に法面拡張工事が行われていた際に、大雨で墳丘が崩れ、竪穴式石室が発見された。多くの副葬品などの遺物が出土し、1971年には、後円部墳丘の調査が行われ、葺石が検出されている。古墳であると認識されておらず、鉄道で分断された。前方部は民家が建ち、墳丘が損なわれている。推定墳丘長は185mで、丘陵の末端を利用して構築されたものであり、丘陵を切断した幅15mほどの切通しも残る。発見された石室は、板状の水成岩に花崗岩を交えて構築され、長さ6.8m、幅1.2m、高さ2.7mであった。副葬品としては舶載三角縁神獣鏡32面、長宜子孫内行花文鏡2面、方格規矩四神鏡1面、画文帯環状乳神獣鏡1面の計36面のほか、直刀70、鉄剣十数口、鉄槍身7口、鉄鏃・銅鏃17本、甲冑・鉄鎌・鉄斧頭・鉄刀子・削刀子・鉄鉈・鉄錐・鉄鋘・鉄弧形尖頭器・釣針など、武器や工具、漁具など、約300点が出土した。なかでも三角縁神獣鏡の同笵鏡の分布状況からは、大和政権の政治的影響力をとらえうるとする小林行雄らの主張もあり、その是非をめぐっては議論が絶えない。

## 蛇塚古墳
＊京都市右京区：有栖川と御室川の扇状地の南縁、標高35mに位置　時代 古墳時代後期　史

　元は全長約75mの前方後円墳であったが、現在は封土の大半を失って、巨大な横穴式石室のみが遺存する。太秦面影町に位置し、周囲は住宅街となっている。石室は全長17.8m、玄室長6.8m、幅3.8mを測り、石舞台古墳（奈良県明日香村）と大差ない規模をもつ。早くに封土を失い、遺物はまったく不明であるが、石室内に家形石棺が納められていたという。6世紀末～7世紀初頭頃の築造と推定されるが、嵯峨野の後期古墳墓群のなかでは最大の規模を誇り、当地一帯を支配した渡来系氏族とされる秦氏一族に関わる墓と推定される。蛇塚古墳以外に、7基の前方後円墳、円墳164基、方墳1基が知られており、北部の丘陵地に群集墓、南側微高地に大型・中型円墳があり、その南方にも前方後円墳が形成される。太秦松本町の天塚古墳は全長71mの前方後円墳で、6世紀前半の築造と推定され、後円部に2基の横穴式石室が開口している。

## 銚子山古墳
＊京丹後市：福田川河口の台地先端部、標高約22mに位置　時代 古墳時代中期　史

　1985年に網野町教育委員会が墳丘裾の範囲確認などの調査を行い、墳丘長約198m、前方部幅約80m、高さ10m、後円部径115m、高さ16mを誇る、日本海側では最大級の前方後円墳であることが確かめられた。3段築成で、斜面には葺石があり、各段平坦部と墳頂部に埴輪が認められ、丹

波地方に特有の合子状埴輪も確認されている。5世紀前半の築成と推定され、後円部背後には小銚子塚（円墳）、前方部に寛平法王塚（円墳）があり、陪塚と考えられている。

## 神明山古墳 しんめいやま
＊京丹後市：竹野川河口の東側丘陵端、標高約15mに位置
**時代** 古墳時代前期　**史**

墳丘長約190m、後円部直径129m、高さ26m、前方部の幅78m、高さ15mで、銚子山古墳と並ぶ規模を誇る。尾根筋を切断し構築したものであり、前方部は3段に築かれる。くびれ部には円形のつくり出しがあり、現在、周濠は見られないが、古墳東南部の字を「つつみ」と呼ぶことから、周濠があったと考えられている。未調査のため主体部の詳細は不明だが、開墾などの機会に、埴輪（円筒・家形・盾形・蓋）、石製模造品、弥生土器が採取されている。石製模造品は盒・坩・枕をかたどったもので祭祀に用いられたものと考えられる。また形象埴輪の破片の1つには、表面にヘラでゴンドラと櫂をもつ人物を描くものが認められる。4世紀末〜5世紀初め頃の築造と推定されている。なお墳丘の東北側に式内社の竹野神社があり、第9代開化天皇に嫁いだ丹波の大県主の娘、竹野比売が天照大神を祀った社とされる。また後円部からは鎌倉時代の銅製経筒と和鏡が検出され、後世まで地域の信仰対象として位置づけられていたことがうかがえる。

## 蛭子山古墳 えびすやま
＊与謝郡与謝野町：野田川中流域の河岸段丘上、標高約15mに位置　**時代** 古墳時代前期　**史**

1929年、後円部中央に位置した神社の復旧工事中に、縄掛突起を有する花崗岩製の大型舟形石棺（長軸2.8m、幅約1m）が発見され、棺外より内行花文鏡、鉄刀、鉄剣、鉄鏃、鉄斧が出土した。1984年には、石棺の覆屋改築に伴い加悦町教育委員会などが調査を行い、墳丘長約145m、前方部幅約62m、高さ約11m、後円部径約100m、高さ約13mの墳丘規模や3基の主体部の存在、埴輪列などの確認が行われた。調査後、整備が図られている。また、本古墳の南側丘陵に位置する作山古墳群（与謝野町）でも発掘調査が行われており、後円部中央から組合式石棺が発掘され、鏡や石釧、勾玉、鉄剣、鉄斧、鉄鎌などが出土している。

ほかにも、北方には入谷古墳群（与謝野町）があり、横穴式石室を主体とする群集墓であるが、アーチ状を呈する石室を有する特徴的な古墳が認められるほか、さらに北方の高浪古墳（与謝野町）では石棚付石室と呼ばれる特徴的な石室をもつ古墳も認められている。加悦谷と呼ばれるこの地域一帯には古墳が多数認められており、古くから丹後における重要な地

Ⅰ　歴史の文化編　**17**

域であったことを物語っている。

## 恭仁宮跡
（くにきゅうせき）

＊木津川市：木津川北岸の平坦部、標高約50mに位置
**時代** 奈良時代後期　　　　　　　　　　　　　　　　　史

　1974年より京都府教育委員会により調査が進められており、東西53.1m、南北28.2mの巨大な基壇をもつ大極殿（後に国分寺金堂に施入）跡をはじめとして、掘立柱になる朝堂院の外周や古代都城の中枢建物では珍しい掘立柱建物跡なども検出されている。そもそも恭仁京は藤原広嗣の乱直後の740（天平12）年12月に、聖武天皇が平城京からこの地に遷都したもので、以後3年ほど都となった。木津川への架橋工事に際しては、行基に従う諸国の優婆塞（在家信者）らも動員されたという。大極殿・大安殿など宮城の主要殿舎は、734（天平15）年正月には完成したとされるが、大極殿および歩廊は平城宮のものを解体して移建したものであったという。その後、聖武天皇が新たに近江・紫香楽で宮殿と大仏の造営を始めたことから、両立できず、恭仁宮の造営は中止された。また744（天平16）年2月には、都が難波に移され、恭仁宮の宮都としての地位を失った。746（天平18）年9月には、恭仁宮の大極殿は山背国分寺に施入された。大極殿跡とされる現・恭仁小学校北側の土壇は、国分寺金堂跡と評価され、同校東塔ノ本の土地には、15個の礎石が残されており、東塔跡といわれる。

## 長岡京遺跡
（ながおかきょう）

＊向日市・長岡京市・京都市：桂・宇治・木津川の合流する平野部など、標高5〜20mに位置　**時代** 奈良時代後期〜平安時代初期　　　　　　　　　　　　　　　　　　　　　　　史

　1954年、中山修一らによって朝堂院中門跡を発掘したことに始まり、現在まで地点ごとでの継続的な調査が実施されている。京域は東西約4.3km、南北5.3kmの範囲と想定され、長岡宮周辺を中心として発掘調査が行われており、宮域の大極殿跡や後殿跡、回廊や築地などのほか、大路の側溝や築地跡、倉庫跡も認められている。また、平城宮跡（奈良県奈良市）と同様に、破壊された古墳で造成した整地層も認められている。なお内裏は当初の地より、後に東へ移されたことが知られ、この後期の造営に際しては、平城宮の殿舎を解体して移設された。また、この時に大規模な築地塀が内裏南側に築かれ、新たに官庁がつくられた。南、北辺が拡幅されたと考えられている。京域では、1町を細分した下級官人の邸宅跡や4〜5町規模を超える邸宅など、多様な規模・構造の邸宅が認められている。

　遺物では、瓦類や建物部材、土器、陶器、木製品といった生活用具、墨書人面土器、木製人形、扇串と祭祀に関わるもの、木簡や漆紙文書や自然

18

遺物（種子、獣骨類など）が認められている。木簡により、全国各地よりもたらされた貢進物の数々を知ることができる。他方、1982年に長岡京市立第4中学校建設に伴い発掘された地点では、長岡京の西南隅にあたり、自然流路のなかに大量の墨書人面土器、馬形土製品、ミニチュアのカマドなどが投げ込まれている状況が検出され、大規模な祭祀が行われていたことが明らかとなった。また近隣には須恵器生産の遺跡として、松井窯が男山丘陵付近に開かれたほか、萩之庄瓦窯（大阪府高槻市）や岸部瓦窯（大阪府吹田市）が開かれ、長岡京の造営に供された。

794（延暦13）年10月、都は長岡京より平安京へと移り、旧都は農地へと変貌していった。現在は大極殿跡、大極殿後殿跡と回廊跡の北西部分、内裏南方の築地跡が国史跡に指定され、整備が進められている。

## 平安京遺跡
＊京都市：桂川、鴨川などの扇状地上、標高約20〜50mに位置　　時代　平安時代〜江戸時代

平安京域の具体的な発掘調査は、1957年の古代学協会による勧学院跡の発掘調査を嚆矢として、以後関心が払われるようになった。特に1978年の京都市埋蔵文化財研究所の発足により、都市再開発に伴う記録保存としての発掘調査が数多く行われ、平安京の考古学的研究を本格的に推進した。多数の発掘事例を通じて、平安京域の復原を行い、南北軸の傾きが、西に0°14′30″となることを明らかにし、条坊の区画を正確に把握して調査を進めることができるようになった。内裏の遺構では、内郭回廊や承明門に関わる基壇と祭祀遺構や朝堂院朝堂、豊楽院豊楽殿の基壇なども認められており、平安宮の様相も次第に明らかとなってきている。

なお、平安京の研究は近世より行われ、藤原光世（裏松固禅）は、『大内裏図考証』（1797年）で大内裏の復原を行い、平安京の研究を進めた。明治時代には湯本文彦が『平安通志』（1895年）を著し、京都の歴史を総括的に詳述するとともに、特に実地測量に基づいて大極殿の位置を決定しようとした。その後、喜田貞吉が帝都研究の一環として平安京を取り上げ、さらに昭和期には西田直二郎が、平安京の重要遺跡について文献史料を通じて研究するとともに、初めて淳和院跡の発掘調査を実施し、さらに栗栖野瓦窯・豊楽院不老門跡などの考古学的調査も行っている。

これらの成果から、平安京の規模は東西4.5km、南北5.2kmで、朱雀大路を中心に、東を左京、西を右京とし、条坊制に基づき、東西39、南北33の道路で区画されていたことが知られる。1町は方40丈（約120m）、現在の千本通がほぼ朱雀大路の位置にあたる。右京は湿潤な土地のため早

I　歴史の文化編　　19

くから放棄され、平安時代中期頃より東山丘陵の麓まで京域が拡大した。

　平安京域の調査では、1985年、平安高校の建物建設に伴う調査では、東市外町の遺構が検出され、井戸からは多くの自然遺物が出土し、市周辺の景観復元などが行われている。また1987～88年の京都リサーチパーク建設に伴う調査では、平安時代前期の大規模な建造物群が検出され、正殿（5間4面庇）や東西の脇殿といった「寝殿造」に類似する建物基礎が検出されている。平安京は京都市内の建物や道路の下に存在しているため、大規模な発掘調査はきわめて難しいが、中・小規模の地点的な発掘調査の集積によって、古代から近世までの様相が逐次解明されつつある。

## 鳥羽離宮遺跡
＊京都市伏見区：鴨川・桂川の合流地点、標高約15mに位置　 時代 　平安時代末期～鎌倉時代前期　 史

　1960年より名神高速道路の建設に伴い発掘調査が開始され、1972年からは継続した調査が行われ、建物遺構や庭園跡などが数多く検出され、それらが鳥羽離宮に伴う遺構であることが明らかとなった。

　そもそも平安京造営時より朱雀大路を延長した路がこの地点に達しており、京との往返に便利な地であった。そのため早くから別荘が設けられ、藤原季綱の鳥羽水閣を、1086（応徳3）年に白河天皇の退位後の後院としたのが鳥羽殿（南殿）の始まりである。北殿は1088（寛治2）年、東に位置する泉殿は1092（寛治6）年に造営された。この泉殿の付近に鳥羽上皇の御所（東殿）もつくられ、田中殿も造営されたが、いずれも造営時期は不明である。そこには御堂が設けられ、南殿は証金剛院、北殿は勝光明院、泉殿は成菩提院、東殿は安楽寿院、田中殿は金剛心院が付属していた。

　確認された建物遺構には、南殿の大半、田中殿の半分、東殿の一部、北殿の一部などがある。その他、泉殿と東殿に近い地点で発見された東西100m、南北150mの舟着場や、北殿の橋、東殿の庭園（池汀と庭石）の遺構が認められている。特に1985年の調査では、金剛心院の跡から、供養願文どおりの釈迦堂・九体阿弥陀堂・小御堂・寝殿および付属建物、庭園とその施設や瓦や荘厳具類の断片なども出土した。

　現在、鳥羽殿跡に残る史跡としては、秋の山（築山）を中心とする鳥羽離宮跡公園とその南側の南殿建物跡、城南宮、安楽寿院、白河・鳥羽・近衛各天皇陵などが現存する。なお、鳥羽離宮と並び開発された土地が「白河（岡崎）」地域である。六勝寺と呼ばれる6つの寺院が建てられた。筆頭の法勝寺は、白河天皇の発願であり、八角九重塔（高さ27丈）の土壇が戦前まで残っていた。京都市動物園内の発掘調査では、地業の一部と

見られる遺構が検出されている。1978年の京都パークホテル建設に伴い行われた発掘調査では、後白河法皇の院御所であった法住寺殿が存在したが、方形の墓坑が検出され、5領の大鎧を副葬した武士の墓であることがわかった。兜の鍬形には金象嵌の装飾が施され、12世紀中葉〜13世紀初頭の平安時代末期の高貴な階層の武士である可能性が想定されている。

## 御土居跡（おどいあと）
＊京都市：北山の南麓、紙屋川の東、鴨川の西、九条以北に位置
**時代** 安土桃山時代　　　　　　　　　　　　　　　　　　　　　（史）

　御土居は1591（天正19）年閏正月より構築が開始された惣構である。総延長約23kmに及ぶが、都市化のなかでその多くは破壊され、現存する御土居は北西側に集中する。近年の発掘調査によって、土塁部分の削られた箇所においても御土居が検出されており、1982年の中央卸売市場敷地内（下京区）の調査では、幅15mの土塁と、幅約20m、深さ約5mの外濠が検出されている。2012年の京都地方気象台構内（中京区）における発掘調査では、平安時代中期以前の西堀川小路の東西路面や側溝、西堀川の様相と、その後の河川氾濫による厚い堆積層が確認された。さらに、この西堀川小路の直上に御土居が造営されたことが確認されており、御土居の造営に関する知見は近年増えつつある。現存する御土居では、北野天満宮境内や廬山寺境内、北区大宮土居町および鷹ヶ峯などの御土居が旧状をよく残しており、見学にも適している。

## 方広寺大仏殿跡（ほうこうじだいぶつでんあと）
＊京都市東山区：東山西麓の鴨川左岸、標高約40mに位置　**時代** 安土桃山時代〜江戸時代　　　　　　　（史）

　豊臣秀吉によって発願された大仏・大仏殿であり、1591（天正19）年5月より造立が始まり、1595（文禄4）年に完成した。当初の大仏は木造仏に漆喰を施したものといわれ、1596（文禄5）年の慶長地震で崩落し、その後豊臣秀頼が金銅仏で再度造立するも火災を起こし失敗。再び1608（慶長13）年に再建を目論んだ。この時に著名な「国家安康・君臣豊楽」の文字を刻む「梵鐘」もつくられた。豊臣家滅亡後も方広寺は残されたが、大仏は、1662（寛文2）年に地震で大破。1798（寛政9）年には、大仏殿が落雷による火災で灰燼に帰した。現在は梵鐘のみが往時を伝えている。

　1998年からの京都国立博物館新館建設に伴う発掘調査では、方広寺創建時の南面石垣などが検出されたほか、その後継続的な調査により、大仏台座が検出されるなど、方広寺大仏殿の具体的様相が明らかになりつつある。なお現在、豊国神社および京都国立博物館西側には、方広寺の石垣の一部が現存している。

Ⅰ　歴史の文化編　　**21**

# 国宝 / 重要文化財

弥勒菩薩半跏思惟像

## 地域の特性

　近畿地方の北部に位置する。北西から南東の方向に細長くのび、県北西部の丹後地方、県央部の丹波地方、県南東部の山城地方の三つの地域に大きく分かれる。丹後地方では日本海に丹後半島が突き出て、複雑に入り組んだ海岸線が続いている。まとまった大きな平野がなく、沿岸に小都市が点在する。丹波地方には丹波高地が広がり、山間に福知山盆地と、山城地方に接する亀岡盆地がある。丹後地方と丹波地方は、ともに人口が少ない。山城地方には南北に細長くのびる京都盆地がある。日本の中心として長らく都が置かれ、今でも繁栄をきわめ、交通網も発達していて人口が多い。国際的観光都市として毎年たくさんの観光客が訪れる。また多品種少量生産の高級工芸品を製造する伝統工業や、地場野菜、高級茶の生産でも有名である。

　793年の平安京遷都以来、平清盛による1180年の福原遷都を除いて、都は遷らなかった。平安時代に公家が権力を手にしたが、武家が台頭し、鎌倉時代には公家を監視するために六波羅探題が置かれた。室町時代には戦乱の中、町衆による自衛・自治が発展した。天下統一を果たした豊臣秀吉は、豪華で大規模な建造物を次々に建てる一方、都市の整備を進めた。江戸時代には京都所司代が置かれ、県内には多数の中小藩以外に、天領、旗本領、皇室領、公家領、寺社領があった。明治維新の廃藩置県で多数の県が設置されたが、隣接県との改編後、1876年に現在の京都府ができた。

## 国宝 / 重要文化財の特色

　美術工芸品の国宝は182件、重要文化財は1,699件である。建造物の国宝は51件、重要文化財は248件である。京都には寺院・神社の建物、そして寺社の宝物である国宝 / 重要文化財が多い。しかしながら平安京遷都の当初、京内には南端の東寺と西寺の2寺しかなかった。まず822年に京外

22　　凡例　●：国宝、◎：重要文化財

北東の比叡山で天台宗延暦寺ができ、続いて御願寺（天皇の寺院、譲位後の天皇の居所）の醍醐寺、仁和寺、貞観寺などが建立され、院政期には白河天皇が大規模な法勝寺を造営した。鎌倉時代には法然、親鸞などの新仏教の寺院、室町時代に禅宗寺院の五山などが創建された。安土桃山時代から江戸時代前期にかけては、大型建造物の再興が流行した。財力の集中する都で、寺院・神社の造営と美麗な物品の生産が途絶えることなく続き、現在の国宝／重要文化財となった。

## ●弥勒菩薩半跏思惟像

京都市の広隆寺の所蔵。飛鳥時代の彫刻。広隆寺は渡来系の秦氏が建立した寺院で、2体の木造の弥勒菩薩像がある。両者ともに国宝で、右脚を曲げて足首を左脚の上に組んで腰かけ、頬に指をそえて物思いにふける半跏思惟像である。1体は宝冠を戴くことから「宝冠弥勒」と呼ばれ、もう1体には頭頂に大きな単髻と髪筋があり、悲しげな表情をしていることから「泣き弥勒」と呼ばれている。宝冠弥勒の宝冠には装飾がまったくなく、眼は細長く閉じたような瞑目で、長い鼻梁がのび、やや微笑むかのような薄めの唇である。スラリとした細めの体部で、全体として引き締まった簡素な優美を見せる。非常によく似た金銅製の半跏思惟像が韓国中央博物館にあり、朝鮮半島との強い交流を示唆し、7世紀に仏教が伝来した頃の優品とされる。一方、泣き弥勒は、目鼻立ちが大きく、丸みを帯びた体部をし、両肩から垂れ下がる天衣や右足首の裳裾には珍しく皮を使用しているという。新しい唐時代の様式もうかがえ、制作年代は7世紀末と想定されている。

## ●五大明王像

京都市の東寺（教王護国寺）の所蔵。平安時代前期の彫刻。東寺は真言宗の総本山である。平安遷都とともに羅城門の左右に東寺と西寺が建立され、823年に嵯峨天皇は空海（弘法大師、774〜835年）に東寺を与えた。東寺の最大行事は、毎年1月8日から14日まで宮中で行われた天皇の身体安穏と国家繁栄を祈る後七日御修法で、東寺は官寺の性格が強かった。空海は、金剛界曼荼羅の五智如来と四波羅蜜菩薩に、新訳『仁王経』の五大明王を合体させた鎮護国家の道場を創案し、空海死後の839年に多数の仏像の並ぶ立体曼荼羅が出現した。講堂の内部には、中央に大日如来を中心とする五智如来、右側に金剛波羅蜜菩薩を中心とする五菩薩、左側に不動明王を中心とする五大明王、さらに左右に梵天・帝釈天、四隅に四天王、合計21体の仏像が安置されている。このうち15体が当初のもので、国宝となっている。五大明王像は、

Ⅰ　歴史の文化編　　23

中央に大柄な不動明王坐像、南東に降三世明王、南西に軍荼利明王、北西に大威徳明王、北東に金剛夜叉明王を配する。いずれも槙材から一木造でつくられている。明王像は複数の顔と複数の手からなる多面多臂で、全身で怒りを表し、表情は忿怒相である。3眼や5眼で、上顎から牙をむき出し、武器を携え、手足に蛇の巻きついた怪異に満ちた姿態は、空海によって初めて請来された本格的な密教像だった。平安時代の為政者たちは、今まで見たこともない奇怪な仏像を畏れ敬い、世間を悩ます怨霊の祟りを鎮める法力があると信じたのだろう。

## ◎福富草紙

京都市妙心寺の塔頭・春浦院の所蔵。室町時代中期の絵画。放屁の奇芸で成功する翁（老人）と、それを真似て失敗した翁の物語を絵に描いた15世紀中頃に成立した御伽草紙である。上下2巻本で、絵巻物の説明を書いた詞書はなく、場面ごとに絵が続いて、絵の人物の傍らに台詞が書き込まれる。上巻は放屁の芸で成功する話で、夢占師の前で放屁の芸を体得する秀武という翁、往来で人々の前で放屁しながら踊る秀武、秀武の芸を通りがかりの牛車の中から垣間見る中将、中将邸に招かれる秀武、中将邸で放屁の芸を披露して褒美をもらう秀武、褒美の御衣を持ち帰る秀武という場面が描かれる。下巻は騙されて放屁に失敗し、散々な目にあう話である。秀武に騙されて朝顔の種を飲む福富という翁、中将邸へ向かう福富、中将邸で脱糞して打ちのめされる福富、すごすごと帰る傷だらけの福富、血の付いた衣を褒美の赤い衣と見間違えて古い着物を焼き捨てる妻、着物を脱がされる福富、福富の腰を踏む妻、秀武を呪詛する妻、薬を飲ませる妻という場面からなる。滑稽卑俗な内容の御伽草子の中で、話の展開や人物表現などが特に優れた作品で、数多くの伝写本や模本が流布している。

## ●風神雷神図

京都市の建仁寺の所有。江戸時代前期の絵画。17世紀前半に俵屋宗達が描いた屏風である。天空の自然現象に対して、畏怖の念をこめて風神と雷神が神格化され、また千手観音の眷属である28部衆にも加えられている。金地の空間をはさんで屏風両端やや上方、向かって右側の風神が緑青（緑色）、左側の雷神が胡粉（白色）で塗られ、それぞれ円を描くように風袋と太鼓を持ち、天衣を翻し足を大きく踏み出す姿態で、躍動感に満ちている。2神の原形は北野天神縁起に登場する雷神とされる。絵巻の小さな図柄を拡大・応用して優れた構図と色彩の絵画が創作され、後世に大きな影響を与えた。

## ●観音猿鶴図
かんのんえんかくず

京都市の大徳寺の所蔵。中国／南宋時代の絵画。中国で13世紀に活躍した牧谿が描いた水墨画である。牧谿は蜀（四川省）の禅僧で、越（浙江省）を中心に活動したが、詳しい伝記は不明である。観音、猿、鶴を描いた3幅で、中幅の観音図は縦172.4cm、横78cm、左右の猿図と鶴図は縦174.2cm、横100cmで、3幅はほぼ同じ大きさである。観音は慈悲に満ちた表情で物静かに岩場に坐り、太い線で流麗な衣文が力強く描かれ、落ち着いた雰囲気を与える。一方、宝冠や胸飾り・瓔珞、耳飾り、草を活けた水瓶などは細かく描かれ、写実性がうかがえる。猿図では、寒空の中、右下から左上へとのびる枯木にたたずむ母子猿が中央やや上に描かれ、母猿は子猿を愛おしく抱いている。母子猿の付近から、枯木と方向を違えて左下方に小枝がのび、母子猿を起点に、枯木と小枝の向きが交差する対照的な構成を見せる。鶴図では、竹林の中を闊歩する1羽の鶴が大きく描かれ、意気揚々とした心象を与える。牧谿の絵は日本人の感性に合致し、日本の水墨画発展に大きな影響を与えた。足利義満をはじめ、古来多くのコレクターが牧谿の作品を珍重している。

## ●平等院鳳凰堂
びょうどういんほうおうどう

宇治市にある。平安時代中期の寺院。藤原道長の息子頼道が現世に極楽浄土を再現する意図で、1053年に建立した阿弥陀堂である。中堂を中心に、左右に翼廊、後方に尾廊がのびる。翼廊は非実用の床を高く張り、両端を前方に折って屋上に宝形造の楼閣を構える。入母屋造の中堂は、正面3間、側面2間の母屋に裳階をめぐらし、裳階の正面と両側面は開放して壁がないが、背面は堂内に取り込む。建物の様態が翼を広げた鳳凰にたとえられ、また中堂屋根の大棟両端に青銅製の鳳凰を飾ることから、桃山時代から鳳凰堂と呼ばれるようになった。中堂内に安置された像高279cmの大きな阿弥陀如来坐像は、穏やかで円満な表情で、名匠といわれた定朝の現存唯一の作品である。須弥壇および頭上の円形と方形の二重になった天蓋には豪華な螺鈿や金箔が貼られ、蝶や花、鳳凰の模様がある。壁と扉には九品来迎、阿弥陀浄土図、日想観図の優雅な絵が描かれ、壁上方の小壁には、空中をただようかのように雲中供養菩薩像の小像が多数取り付けられている。長押から天井にかけては、極彩色でさまざまな文様が施されている。堂内はさほど広くなく、加持祈祷や修行など仏事を催す場というより、視覚的美観を重視した空間といえるだろう。鳳凰堂の前にある宝池に、左右対称の

優美な水影が映し出され、自然の中に美しい景観を演出する浄土庭園となっている。外観で西方極楽浄土の世界を、そして阿弥陀堂内部で、光に満ちた荘厳な阿弥陀の宮殿を表現したのである。

## ●浄瑠璃寺本堂

木津川市にある。平安時代後期の寺院。浄瑠璃寺は、本尊を薬師如来として創建され、薬師如来の浄土である浄瑠璃世界から寺名が付けられた。現在宝池をはさんで、東岸に薬師如来坐像を安置する三重塔、西岸に9体の阿弥陀如来坐像を祀る東面する本堂がある。美しい浄土庭園を構成して史跡・特別名勝に指定されている。本堂は、9体の阿弥陀像を安置する正面9間、側面1間の細長い母屋に、庇をめぐらせる。真ん中の中尊は特に大きいので、中央の1間だけは柱を太く高くして、柱間もほかに比べて2倍ほど広くなっている。天井はなく、化粧垂木の見える化粧屋根裏である。1107年に建立され、1157年に現在の位置に移されたという。藤原道長は1019年に出家し、九体阿弥陀像を安置した阿弥陀堂、さらに大日如来の金堂や五大明王の五大堂などを建立して、法成寺を創建した。1027年に道長は阿弥陀堂内で、九体阿弥陀仏の手に五色の糸を結び、その糸を手にして念仏の声の中で往生をとげた。鎮護国家の密教寺院から阿弥陀の浄土寺院へと時代の趨勢は変化し、平安時代後期には九体阿弥陀堂が多数建立された。浄瑠璃寺は、そのうち唯一残った建物である。

## ●蓮華王院本堂

京都市にある。鎌倉時代前期の建物。蓮華王院は、後白河法皇が平清盛に命じて、御所の法住寺殿西に1164年に造営された。1249年に焼失した後、再建されて1266年に供養が行われた。丈六の本尊と千体の観音を安置するため、長さ118.2mの長大な仏堂となり、母屋の柱間数をとって三十三間堂と呼ばれる。中央に運慶の長男湛慶作の像高334.8cmの大きな千手観音坐像が安置され、両脇の階段状の須弥壇に各500体の千手観音立像と、風神・雷神像、二十八部衆立像を従える。正面35間はすべて板扉である。天井は化粧垂木の見える化粧屋根裏だが、中尊上部だけ柱の上に二手先の組物を入れて折上組入天井となっている。江戸時代には、軒先で強弓を競う通矢で有名となった。三十三という数字は、法華経第25観世音菩薩普門品に観音菩薩が三十三身に応化する、つまり変幻自在に姿を変えるという仏説に由来する。仏教が衰える末法の世が1052年から始まるという末法思想が、平安時代中期以降盛んとなり、不安に駆られた貴族たちは、浄土への往生に

強く憧れた。往生をもたらす善行の一つが造仏作善で、仏像や仏画、経典などを制作することによって、功徳を得ようとしたのである。善美をつくす作善も重要と考えられ、平家納経や中尊寺経など美麗な装飾経が制作された。また多数作善も多大な功徳をもたらすと考えられ、九体阿弥陀像、千体千手観音像が出現した。末法におののく貴族たちにより、日本美術史上類を見ないほど、金銀をふんだんに使用し、技巧を凝らした贅沢な作品が多数制作されたのである。

● **二条城** 　京都市にある。江戸時代前期の住宅。二条城は、徳川家康が上洛した時の居館として築かれ、征夷大将軍の宣下を1603年に受けて入城した。最初は移築された聚楽屋敷の建物と五重の天守があった。その後、後水尾天皇の行幸を迎えるために1624年から改築が行われ、西方に拡張されて本丸がつくられ、本丸南西隅に伏見城天守が移された。東側の旧城部分は新たに二の丸となって御殿も建て替えられた。行幸後、二の丸御殿の大広間や遠侍など主要建物を除いて建物群は解体され、さらに1750年の落雷で天守、1788年の京都大火で本丸建物のほとんどが焼失した。結局大改修した東側の二の丸御殿が残り、国宝となった。遠侍、式台、大広間、蘇鉄の間、黒書院、白書院の建物を廊下で結んだ典型的な書院造である。明治維新後多くの城郭が解体されてしまったので、二の丸御殿は城郭内御殿の様子を伝える貴重な建物群である。

◎ **梅小路機関車庫** 　京都市の京都鉄道博物館にある。大正時代の交通施設。機関車を扇状に収容する鉄筋コンクリート造の車庫で、1914年に竣工した。扇型車庫には引込線が20番線あり、1～7番線は蒸気機関車の検査・修繕、器械加工の作業場で、電動天井走行クレーンを完備する。8～20番線は機関車駐留場である。前面の扇の要にあたる部分に転車台がある。実際に営業運行に使用される動態保存の機関車を収納している現役の機関車庫である。

## 🖙 そのほかの主な国宝／重要文化財一覧

| | 時 代 | 種 別 | 名　　称 | 保管・所有 |
|---|---|---|---|---|
| 1 | 弥 生 | 考古資料 | ◎大風呂南1号墓出土品 | 丹後郷土資料館 |
| 2 | 奈 良 | 絵 画 | ●紙本著色絵因果経 | 醍醐寺 |
| 3 | 奈 良 | 彫 刻 | ●銅造釈迦如来坐像（本堂安置） | 蟹満寺 |
| 4 | 奈 良 | 工芸品 | ●梵鐘 | 妙心寺 |
| 5 | 奈 良 | 典 籍 | ●千手千眼陀羅尼経残巻 | 京都国立博物館 |
| 6 | 奈良〜江戸 | 古文書 | ●東寺百合文書 | 京都府立総合資料館 |
| 7 | 奈 良 | 考古資料 | ●金銅小野毛人墓誌 | 崇道神社 |
| 8 | 平 安 | 絵 画 | ●絹本著色不動明王像 | 曼殊院 |
| 9 | 平 安 | 絵 画 | ●紫綾金銀泥絵両界曼荼羅図（高雄曼荼羅） | 神護寺 |
| 10 | 平 安 | 絵 画 | ●紙本墨画鳥獣人物戯画 | 高山寺 |
| 11 | 平 安 | 彫 刻 | ●木造菩薩半跏像（本堂安置） | 宝菩提院 |
| 12 | 平 安 | 典 籍 | ●今昔物語集 | 京都大学 |
| 13 | 平 安 | 古文書 | ●御堂関白記 | 陽明文庫 |
| 14 | 平 安 | 考古資料 | ●金銅藤原道長経筒 | 京都国立博物館 |
| 15 | 鎌 倉 | 絵 画 | ●絹本著色伝源頼朝像 | 神護寺 |
| 16 | 鎌 倉 | 絵 画 | ●紙本著色北野天神縁起 | 北野天満宮 |
| 17 | 鎌 倉 | 絵 画 | ●紙本著色病草紙 | 京都国立博物館 |
| 18 | 鎌 倉 | 彫 刻 | ●木造風神・雷神像（蓮華王院本堂） | 妙法院 |
| 19 | 鎌 倉 | 典 籍 | ●古今和歌集（藤原定家筆） | 冷泉家時雨亭文庫 |
| 20 | 南北朝 | 絵 画 | ●絹本著色大燈国師像 | 大徳寺 |
| 21 | 室 町 | 絵 画 | ●紙本墨画淡彩天橋立図（雪舟筆） | 京都国立博物館 |
| 22 | 桃 山 | 絵 画 | ●方丈障壁画 | 聚光院（大徳寺） |
| 23 | 桃 山 | 絵 画 | ●紙本金地著色桜楓図（障壁画） | 智積院 |
| 24 | 桃 山 | 絵 画 | ◎紙本著色豊国祭図（狩野内膳筆） | 豊国神社 |
| 25 | 桃 山 | 古文書 | ●ポルトガル国印度副王信書 | 妙法院 |

（続き）

| | 時　代 | 種　別 | 名　　称 | 保管・所有 |
|---|---|---|---|---|
| 26 | 桃　山 | 工芸品 | ◎蒔絵調度類 | 高台寺 |
| 27 | 江　戸 | 絵　画 | ●紙本墨画蓮池水禽図（俵屋宗達筆） | 京都国立博物館 |
| 28 | 江　戸 | 工芸品 | ◎紋縮緬地熨斗文友禅染振袖 | 友禅史会 |
| 29 | 江　戸 | 典　籍 | ◎琉球神道記 | 袋中庵 |
| 30 | 中国・日本／唐・平安 | 絵　画 | ●絹本著色真言七祖像 | 東寺（教王護国寺） |
| 31 | 中国／北宋 | 絵　画 | ●絹本著色十六羅漢像 | 清凉寺 |
| 32 | 中国／南宋 | 絵　画 | ●絹本著色秋景冬景山水図 | 金地院 |
| 33 | 中国／南宋 | 工芸品 | ●玳玻天目茶碗 | 相国寺 |
| 34 | 中国／南宋 | 典　籍 | ●宋版太平御覧 | 東福寺 |
| 35 | 中国・日本／元・南北朝 | 書　跡 | ●竺仙梵僊墨跡 | 竜光院 |
| 36 | 朝鮮／李朝 | 工芸品 | ●井戸茶碗（銘喜左衛門） | 孤篷庵 |
| 37 | 西洋／16世紀 | 工芸品 | ◎祇園会鯉山飾毛綴 | 鯉山保存会 |
| 38 | 平安中期 | 寺　院 | ●醍醐寺五重塔 | 醍醐寺 |
| 39 | 平安後期 | 神　社 | ●宇治上神社本殿 | 宇治上神社 |
| 40 | 鎌倉前期 | 寺　院 | ●法界寺阿弥陀堂 | 法界寺 |
| 41 | 室町前期 | 寺　院 | ●竜吟庵方丈 | 竜吟庵 |
| 42 | 室町中期 | 住　宅 | ●慈照寺銀閣 | 慈照寺 |
| 43 | 室町後期 | 寺　院 | ●大仙院本堂 | 大仙院 |
| 44 | 室町後期〜江戸中期 | 寺　院 | ●大徳寺 | 大徳寺 |
| 45 | 桃　山 | 寺　院 | ●東寺（教王護国寺）金堂 | 東寺（教王護国寺） |
| 46 | 桃　山 | 寺　院 | ●西本願寺飛雲閣 | 西本願寺 |
| 47 | 桃　山 | 寺　院 | ●南禅寺方丈 | 南禅寺 |
| 48 | 江戸前期 | 寺　院 | ●清水寺本堂 | 清水寺 |
| 49 | 江戸末期 | 神　社 | ●賀茂別雷神社・賀茂御祖神社 | 賀茂別雷神社、賀茂御祖神社 |
| 50 | 明　治 | 文化施設 | ◎旧帝国京都博物館 | 独立行政法人国立博物館 |

Ⅰ　歴史の文化編　29

二条城二の丸隅櫓

## 地域の特色

　京都府は山城・丹波・丹後の3か国からなる。山城国に京都があり、この3か国の諸城・陣屋は京を意識して築かれている。山城国は古くは山背国と記した。城は古代には「キ」「ジョウ」といい、「シロ」と訓じるのは山背に由来するという。

　京の都は三方を山に囲まれ、水利に恵まれる自然の城づくりといわれる。鎌倉の立地と同じである。京洛の築城としては六波羅探題、室町御所、二条城、聚楽城（聚楽第）御土居などがある。これらの洛中の探題、幕府は一朝事ある折に楯籠る城を、洛北東山と西山に築いていた。

　北区の紫野に織田信長を祀る建勲神社の丘がある。大徳寺の南側にある丘で、丘は船岡山と呼ばれ、平安京禁裏の背後にあり、山名宗全が応仁文明の乱の折、本陣を置いた。今日、船岡山公園には空堀遺構が所々に残存しており、船岡山城と呼ばれる。平安京に一朝事ある折、また室町幕府に事起きた折に備え、築城した遺構である。

　船岡山城のほか、銀閣寺の裏山や北白川の将軍山、名勝嵐山山頂などにも築城、六波羅探題、室町幕府の「詰の城」としたのである。

　また、京都の南西、長岡市勝龍寺に土塁、石垣、濠が方形に残る勝龍寺城がある。室町幕府管領細川家の城で、櫓と塀など模擬建築がある。現在みられる方形遺構の惣構と二の丸、三の丸の一部とみられる水堀も残る。

　さらに、今日の西に連なる天王山々頂には、土塁が残る天王山城があり、応仁文明の乱の折、西軍が陣を置いた所でもある。

　今日、洛中に江戸時代の二条城があるが、洛中には室町将軍の御所や室町管領邸が営まれた。これら御所や管領邸の遺跡は近年発掘調査が実施されて、いずれの将軍御所・管領邸にも堀が廻っていたことが判明。また、足利義昭の御所は信長によって築かれたが、石垣で二重の濠が方形に穿たれていることが判明している。

## 主な城

# 綾部城 （あやべ）　**別名** 綾部陣屋　**所在** 綾部市上野町

　綾部城は、波多野氏の家臣、江田兵庫頭行範の居城であった。城は本宮山に構えられ、山頂には底知れぬ深井戸や、土塁を思わせる遺構が残る。行範は新田義貞一族の江田行義の末孫と伝える。天正7（1579）年5月、秀吉の弟秀長に攻められ落城、行範は八上城に逃れた。

　寛永10（1633）年鳥羽水軍で知られる九鬼氏の同族隆季が新規取り立て、2万石の大名として綾部に入封。隆秀は綾部の下市場堀の内に陣屋を構えたが、慶安3（1650）年3月、陣屋をはじめ城下一帯が焼き尽くされた。翌4（1651）年、新たに上野の地を選んで陣屋を構築、以後、明治まで九鬼氏代々の居館となった。

# 笠置山城 （かさぎやま）　**別名** 笠置城　**所在** 相楽郡笠置町笠置　**遺構** 土塁、空堀、竪堀

　笠置山は、山城・大和・伊賀の3か国にまたがり、そのいちばん突き出した山系の一峰が、笠置山城址である。山全体が花崗岩と片麻石からできており、四方は谷、山麓には木津川・布目川・滝打川が廻る。まさに要害堅固な自然の城郭である。

　初めてこの地が城郭に取り立てられた時期は不明であるが、山頂の笠置寺は白鳳年間（680年前後）の創立で、大小49の院坊が並立、そこに多くの僧兵をかかえていた。僧兵の兵力を背景とした笠置寺が城郭化したのはかなり時代が遡ると思われる。

　元弘元（1331）年、笠置山で旗上げした後醍醐天皇は各地の義兵とともに当城に籠った。笠置寺の僧兵は昼夜兼行の突貫工事を行い、山上を本丸に取り立て、要所に土塁、堀切を施し、逆茂木を廻らした。中腹の下の堂は櫓と矢狭間、さらに二の木戸を置き、西方2kmの経塚山を支城に取り立てた。

　同年9月3日、北条勢7万5千余兵と天皇軍6千の兵が、笠置山城にて20日余にわたり対峙、北条勢は28日の暗夜、急襲をかけて、笠置山城を焼き払った。

　その後楠木正成は赤坂城にあったが、後醍醐天皇は捕らえられ、隠岐へ

I　歴史の文化編　　31

配流となる。現在、城址には、揺ぎ石、平等石、赤血谷、貝吹岩、仁王門跡、行宮跡などが存して盛時を偲ばせる。

## 亀岡城（かめおか）　**別名** 亀山城　**所在** 亀岡市荒塚町内丸　**遺構** 石垣、堀、門（移築）

　丹波亀山は明治3（1871）年、伊勢亀山との混同をさけて亀岡と改められた。そのため古文書では亀山城となっている。

　中世、八木城を本拠とする内藤氏の支城があったが、詳細は明らかでない。織田信長の命により丹波平定の軍を進めた明智光秀が天正5～7（1577～79）年に築城。工事を急いだため、近辺の社寺の建物、礎石類を資材として利用、三層の天守も建てられた。光秀が築いた城は、現城址の本丸、二の丸に相当する。同10（1582）年5月、光秀は中国出陣を命じられると安土城から居城坂本を経て亀山城に戻り、出陣の準備をし、6月1日、この城を出発、老の坂を下って桂川から東に転じ、京都本能寺に信長を倒した。光秀は山崎の一戦に秀吉に敗れ、亀山城は信長の子で秀吉の養子秀勝に与えられた。この秀勝は同13（1585）年に病没、同名の秀勝、秀次の弟が入城、後の秀勝を丹波少将という。

　天正19（1591）年、小早川秀秋が入城、三層の天守の五層への改築をはじめ、元和7（1621）年まで6回の修築が行われている。最も大規模な工事は岡部長盛の慶長15（1610）年2月からの天下普請である。助役大名のなかに藤堂高虎がおり、高虎は今治城天守を移建したという。その天守は破風のない端麗な姿で、明治元（1868）年まで存在し森忠政の津山城天守の一手本となった。

　長盛の後、松平成重、菅沼定昭、松平氏、久世重之、青山忠重と度々城主は替わり、寛延元（1748）年松平信岑が入城、5万石で代々続き明治に至った。

## 聚楽城（じゅらく）　**別名** 聚楽第　**所在** 京都市上京区　**遺構** 井戸、門（移築）

　天正13（1585）年8月、関白に栄進した秀吉は、朝廷との親しさを天下に喧伝するため、また、上洛中の居館として、関白公邸とでも称すべき屋敷城を築いた。

　翌14（1586）年に着工、同年末に主要部が完成したらしい。同15（1587）年、九州征伐から凱旋した秀吉は、9月13日、大坂城より大政所、北政所とと

もに上洛。淀まで船を使い、淀からおびただしい行列をもって鳥羽街道を北上、東寺を経て聚楽城に入った。間もなく、北野の大茶会となる。金殿の豪華さ、茶室の閑寂さは世に喧伝され、城としての価値はさほど重要視されなかったが、この城を参考として築城した武将がいる。毛利輝元の広島城、蒲生氏郷の会津若松城、富田知信の津城がそれである。

## 勝龍寺城　[所在] 長岡京市勝竜寺町　[遺構] 堀、土塁、模擬隅櫓

　暦応2 (1339) 年細川頼春の築城と伝える。応仁の乱に東軍が西軍の糧道遮断のために天王山に築城すると、西軍は畠山義就の7千余を勝龍寺、開田の2城に配している。

　永禄11 (1568) 年信長上洛のとき岩成友通が居城し、柴田勝家らが政略、細川藤孝に与えられた。天正9 (1581) 年藤孝が宮津に移ると、矢部善七郎、猪子兵助が守将となった。同10 (1582) 年、山崎の合戦に敗れた明智光秀はこの城に後退、坂本城を目指すが、途中の山科で落命。光秀なき後、三宅綱朝が守ったが、秀吉の大軍の前に落城した。

　城は平城で勝龍寺なる寺と古墳、環濠集落を利用して築かれていた。

## 園部城　[所在] 南丹市園部町　[遺構] 櫓 (現存)、城門 (現存)、石垣、土塁

　室町時代の末、丹波八上城を本拠とする波多野氏の全盛時代、七頭、七組、先鋒隊という軍事組織があり、その七頭家の一人、荒木氏綱が園部城主として知られている。天正7 (1579) 年明智光秀の丹波攻略に潰え去った。城址は現城址の東、後の園部城の自然の城壁をなした天神山の山頂かと思われる以外、詳細は明らかでない。

　元和5 (1619) 年但馬出石から小出伊勢守吉親が入封、新しく城地を開き、築城した。2か年を費やして完成、東、西、南の三方を天神山、振天山、小向山が囲み、それらの中央に本丸が設けられた。園部城のことを園部陣屋というのは、江戸時代の大名の格式による違いと、この本丸の構造からの判断である。現存の城門は桝形でなく、御殿玄関に直結しているのである。本丸には三つの二層櫓が構えられていたが、見張りの役には不十分で、背後の小向山に三層の小向山櫓を建て、城内外の見張りと城主の象徴を兼ねていた。本丸を取り囲んで内堀があり、その外に二重櫓、さらに外側に延長2kmに及ぶ外堀が廻らされていた。

I　歴史の文化編　33

以後、小出氏十代2万6千石の居城として明治に及んだが、維新に際し、京都御所が攻められる危険もあり、万一に備えて天皇の隠れ家を考える必要が生じた。その白羽の矢は園部城に向けられた。「天皇を迎える」この報は家中をわきかえらせ、家中をあげての城の修築を行っている。戊辰戦争の最中、慶応4（1868）年1月28日から普請が始まり、明治2年に完成。園部城と改められた。城址は現在、園部高校となり、城門と隅櫓が残っている。

## 二条城

**所在** 京都市中京区　**遺構** 櫓（現存）、御殿（現存）、堀、石垣、庭園　**史跡** 国指定史跡

徳川家康が築いた城であるが、足利義昭にも二条城があり、同名のために混同されることがある。両者はまったく無関係である。しかし、義昭の二条城、豊臣秀吉の聚楽城、家康の二条城は時代の違いこそあれ、都の中の平城であった。家康の二条城は関西の諸大名により慶長8（1603）年にほぼ完成、当時は方四町といわれ、現在の規模の東半分であった。将軍上洛時の宿所という点もあり、城としての堅固さにほど遠く、堀も狭い。堀について、池田輝政、加藤嘉明らが、今少し広げるように進言したところ、「近畿の城々より後詰も来るから、しばし持ちこたえればよい。水堀は狭いと、槍を振り回せないし、船も自由にならない。寄せ手に鉄砲の命中率もよい」と家康が答えたという話がある。以後は将軍上洛のたびに二条城に入り、慶長16（1611）年3月、家康と豊臣秀頼との会見も行われた。

家康の二条城については「洛中洛外図屏風」に知られるが、天守から見ると勝興寺蔵のものが一番正確といえる。

元和5（1619）年2代将軍秀忠は二条城に入り、城の拡張をはかった。後水尾天皇の中宮となった娘和子の入内の準備といわれ、3代将軍家光は、秀吉の聚楽城に後陽成天皇を迎えた古事に倣ったものか、二条城を修築して後水尾天皇の行幸を願った。この修築は寛永元（1624）年頃から譜代大名による天下普請として行われ、現在の規模ができあがった。工事の記録には古石垣、古堀の文字があり、これは外堀の北と南にある屈折個所より東に相当し、これを結ぶ線より東側が家康、秀忠時代の縄張を示しており、この個所で石垣の方が丁寧で、寛永修築は粗である。また、新しく築かれた本丸はこの線より東に入り込んでいるから、従来の城の西側をとりこわして工事が進められたことを物語っている。二条城東大手門を入ると桝形はなく、それに代わる構の塀がある。これは、家康時代と大差なく、将軍

宿所として武骨な感じはしないが、寛永修築で付加された西門の構造を見ると印象は一変する。西門は多聞塀を伴う埋門で、内桝形の外門である。本丸西門とともに紀州、尾張両家の手になり、二条城の対西方の防御を示している。当時の京都から見れば、二条城は街の西端にあたり西入口を固める必要があった。

後水尾天皇の滞在は、寛永3（1626）年9月6日から10日まで、3日目には新築の天守に登られた。この天守は寛延3（1750）年雷火により焼失した。後水尾天皇行幸から、家光が30万と称する大軍を率いて上洛した寛永11（1634）年までが二条城の最盛期で、文久3（1863）年14代将軍家茂まで将軍上洛のこともなく、城門の建物は移建、火災でなくなる。徳川の天下を支配した武家諸法度は伏見城で、禁中並公家諸法度は二条城で発布され、15代将軍慶喜はここで大政奉還して264年にわたる幕府の終幕となった。

# 福知山城 ふくちやま

**別名** 横山城、臥竜城、八幡城　**所在** 福知山市内記
**遺構** 城門（移築）、石垣、外観復元天守、井戸

清和源氏小笠原長清の後裔、塩見大膳大輔頼勝が朝暉ヶ丘に築城したのが始まりで、当時は福知山の地名もなく、城も横山城と呼ばれた。天正7（1579）年明智光秀は、氷上郡黒井城主赤井悪右衛門を攻め滅ぼした余勢をかって横山城を猛攻、陥れた。

光秀は藤木権兵衛と明智秀満を城代とし、両人に指示して縄張りさせ、一大修築を加え、名も福智山城と改めた。智が知となるのは、江戸時代に入ってからである。

天正10（1582）年、山崎の戦いに光秀が倒れると、丹波は秀吉の養子秀勝の所領となり、秀吉の義叔父杉原家次2万石が入城、間もなく家次が病没して、小野木重勝3万石が城主となった。関ヶ原の戦いに重勝は西軍について細川藤孝の守る舞鶴城（田辺）を攻めたが、東軍勝利の後、藤孝の子忠興は帰国途中に福知山城を陥れ、重勝を滅ぼした。この後、有馬豊氏が入城、城や城下町の完成をみるのはこのときである。元和6（1620）年有馬氏移封の後、岡部長盛5万石、稲葉紀通4万5千石、松平忠房4万5千石、と城主を替え、寛文9（1669）年朽木植昌が3万2千石が入城。13代200年余続いて明治に至った。

城地の丘陵は福知山盆地の中央へ、西南から突出した一連の細い台地で、その末端から本丸、二の丸、三の丸（伯耆丸）と続き、この南北を内堀で

Ⅰ　歴史の文化編　　35

囲み、東方の由良川、土師川が自然の外堀をなしていた。三層の天守は本丸の西北隅にあったが、昭和61年には、市民の瓦一枚運動に始まる寄付金をもとに3層の天守が復興された。また天守西側には、福知山城内に唯一現存する建築物、二の丸銅門番所が移されている。

# 伏見城（ふしみ）

**別名** 指月城　**所在** 京都市伏見区桃山町　**遺構** 模擬天守、城門（移築）、石垣、堀

　城址の伏見丘陵は、室町時代に伏見庄の豪族三木氏の拠った三木城、室町幕府の木幡山城（そうぎ）があった。

　文禄元（1592）年8月、豊臣秀吉の隠居所として伏見が選ばれ、縄張りが始まった。位置は宇治川にかかる観月橋（豊後橋）の東北、指月の岡（しづき）で、後の伏見城に比して規模も小さく、指月城と呼ばれ、城史としては第一期に相当する。また、宇治川、鴨川の河付替工事も行われた。隠居城として風雅な芸術境の実現を願ったものであったが、朝鮮の役の講和使節を迎えるにあたり、文禄3（1594）年正月から諸大名に命じて大工事が始まった。

　慶長元（1596）年7月12日の夜半、秀吉自身「鯰大事」といっていたのにもかかわらず、地震のため全城崩壊した。このため、朝鮮使節との会見は大坂城で行われた。その復旧は早く、翌慶長2年には、背後の木幡山に築かれた。この木幡山伏見城が第二期となる。今日伝わる規模のものである。

　慶長3（1598）年秀吉は世を去り、家康が入城、徳川政権への大きな足固めとなった。慶長5（1600）年家康は鳥居元忠に伏見城の留守を預け、上杉征伐に向かった。その間に石田三成らの西軍は挙兵、増田長盛が伏見開城を申し入れたが、元忠はこれを拒否、7月19日の夕刻より西軍の4万と称する大軍が伏見城を囲んだ。これに対して、城方は甲賀の郷士をも含めて1800余であった。8月1日、郷士の内通により、西軍は城内に乱入、元忠は万策つきて自害し、落城した。この関ヶ原前哨戦で城史は第二期が終わる。

　戦火をうけた伏見城は徳川氏の手で復興され、第三期が始まる。

　家康、秀忠、家光は、ここで将軍宣下式（せんげ）を行い、家康自身も伏見城で政務をとることが多く、家康一代に関しては「伏見幕府」といってもいいほど在城している。大坂城に豊臣氏が滅亡して、元和5（1619）年廃城に決定。家光の宣下式に一部修築されたが、寛永2（1625）年に破却は完了、城内の建物、石垣は各所に分散された。

　現在、伏見城遺構を伝える門と櫓、神社は数多いが、その中には曖昧な

ものも少なくない。

城や城下町の最盛期は地震後の第二期である。そのため、これを描く秀吉時代の伏見城図と称するものが何点か伝わっているが、いずれも江戸中期の作と思われ、参考になる程度で、確実なものはない。木幡山の城址は明治天皇、照憲皇太后の御陵地となって、一般の立ち入りは制限され、本丸を中心に改変をうけているが、曲輪の石垣や堀は各所に残る。また、伏見桃山城中のキャッスルランドの一部として造られた模擬天守は、同園の閉園後も残されている。天守内への立ち入りはできないが、昭和39（1964）年の建設から間もなく60年を経過する華麗な天守は、伏見城を偲ぶシンボルとして残されている。二の丸、三の丸以下、各郭の概要を把握するだけのものは残っている。

## 舞鶴城
まいづる

**別名** 田辺城　**所在** 舞鶴市字南田辺　**遺構** 石垣、庭園、横堀、模擬櫓

天正6（1578）年、織田信長は、明智光秀と細川藤孝に丹波・丹後攻めを命じた。丹波の総大将は光秀、丹後方面は藤孝があたった。

藤孝は幽斎と号し、兵部大輔を称し、入道して玄旨といった。室町将軍家のため足利義昭を奉じ、信長を頼り入京して義昭を将軍職につかせたことは有名である。藤孝はそれ以来、信長家臣となり、明智光秀との親密さは、子忠興の正室に光秀三女の玉子を迎えるほどであり、両将は風雅、和歌、書画の友であった。丹後に攻め入った藤孝は建部山城の一色義通を追い、その功によって丹後国12万石の太守となった。

天正7（1579）年正月、藤孝は、新城構築を起こし、同8月にこの田辺城を完成する（当時は舞鶴の地名はなかった）。天正10（1582）年信長が光秀に討たれたことで藤孝は微妙な立場に追い込まれたことから、忠興と玉子とを離縁させ、玉子を味土野山中に幽閉した。玉子すなわち「細川ガラシヤ夫人」の悲話で、復縁まで悲劇は続く。秀吉の没後、細川家は家康につき、関ヶ原の戦いでは、宮津、峯山、久美浜の3城を焼き払って、田辺城に籠り、小野木重勝との死闘に及んだ。この折『古今集』の伝授の途絶を考え、当城に八条宮智仁親王を招き「古も今もかはらぬ世の中に心の種をのこす言の葉」の添書を一首送ったことは城の庭園「心種園」とともに有名である。関ヶ原の戦い後に京極氏が入城、さらに牧野氏が入城して明治に至った。

## 槙島城 <sub>まきじま</sub> 　**所在** 宇治市槙島

　槙島の地は秀吉の伏見築城に伴う大土木工事として現在の宇治川流路が完成されるまで、宇治川が旧巨椋池に流れ込む三角州であった。京都の南部防衛の拠点で、しばしば戦いの舞台となった。承久の変（1221）において天皇方の判官代長瀬左衛門が5百余人で守ったというのが槙島城の初見である。天正元（1573）年3月、足利義昭は二条城で信長と戦い、戦況が不利になると朝廷を通じて無条件降伏をしたが、7月に入って3千7百の兵をもって槙島城に拠った。信長方は、四方より外構えを乗り破り、放火。城方は抵抗力を失い、義昭は降伏、室町幕府は名実ともに滅び去った。

## 宮津城 <sub>みやづ</sub> 　**別名** 舞鶴城、鶴賀城　**所在** 宮津市鶴賀　**遺構** 石垣、門（移築）

　丹後は室町時代から一色氏が領有していたが、天正6（1578）年細川藤孝、明智光秀が信長の命をうけ一色氏を滅ぼすと、丹後一国は藤孝に与えられた。同8（1580）年、藤孝は舞鶴城を子の忠興に譲り、自らは宮津村八幡山の一色氏の城に再築入城した。関ヶ原の戦いでは忠興は東軍に参陣、その留守に西軍の福知山城主小野木重勝が兵を進めると、幽斎は宮津城を焼き払い舞鶴城に籠城。それらの功によって細川氏が豊前小倉に転ずると、京極高知が舞鶴城に入り、改修の宮津城に岩崎重次が入城した。元和6（1620）年高知の遺命によって長男高広が7万5千石で入城、海辺に新城を計画したのが宮津城。

## 淀城 <sub>よど</sub> 　**別名** 薄城　**所在** 京都市伏見区淀本町　**遺構** 堀、天守台

　室町幕府の管領細川政元が築城、永禄2（1559）年細川氏綱が入城、その後は三好三人衆の一人岩成友通が拠り、上洛した信長に対抗した。天正元（1573）年足利義昭が信長に最後の反抗を試みたとき、楯籠った武将達は戦死、あるいは降伏した。同17（1589）年、秀吉は愛妾茶々の出産のため修築に着手した。文禄3（1594）年、折からの伏見築城のため城は破却されて伏見に運ばれたが、そのときに天守、櫓の存在が知られる。大坂夏の陣後、伏見城は廃城。松平定綱に新城を淀に築くことを命じられ、寛永2（1625）年に完成した。寛永10（1633）年、定綱は美濃大垣城に移封され、替わって永井信濃守尚政が入城した後、石川氏、松平氏2代を経て、享保8（1723）年稲葉正知が下総佐倉より入城、7代相続いて明治に至った。

# 戦国大名

## 京都府の戦国史

応仁の乱後の明応2年(1493)、将軍足利義稙が畠山基家討伐の軍を起こした際、細川政元が畠山基家と結んで畠山政長を暗殺、将軍足利義稙を廃して新たに義澄を還俗させて将軍として擁立した(明応の政変)。これを機に将軍家の威光は失墜し、管領となった細川政元が畿内で大きな力を持つようになった。

政元は山城国の北五郡(乙訓・葛野・愛宕・紀伊・宇治)に香西元長、南三郡(久世・綴喜・相楽)に赤沢朝経を守護代として派遣し、山城国の領国化を図った。しかし、政元には実子がいなかったことから次第に内訌状態となり、これに阿波細川氏の家臣だった三好氏が上京して介入。三好長慶は将軍足利義輝を追放して事実上京都を支配した。

永禄元年(1558)、将軍義輝を再び京に迎えると、同3年には河内・大和両国も手中にしている。同7年に長慶が死去すると、松永久秀と三好三人衆(三好長逸・三好政康・石成友通)が実権を握った。そして、同11年には織田信長が足利義昭を奉じて上洛を果たした。

丹波国は細川氏が守護で、守護代は香西氏がつとめていたが、のちに内藤氏が代わって守護代についている。しかし、国人層との軋轢が続き、しばしば一揆が勃発した。

一方、丹後国では四職の一つである一色氏が守護をつとめていたが、応仁の乱の最中には一時若狭武田氏に守護職を奪われている。永正年間には家督をめぐって内訌が起こり次第に没落、天正10年(1582)義定が細川忠興に討たれて滅亡した。

この間、天正3年(1575)信長の命で明智光秀が丹波攻略を開始、同6年には細川藤孝が丹後攻略を開始した。そして、同8年には丹波が光秀、丹後が藤孝に与えられ、京都府域は信長の支配地となった。

Ⅰ 歴史の文化編　39

## 主な戦国大名・国衆

**一色氏**（いっしき）　丹後宮津城主。室町幕府の四職の一つ。清和源氏で、足利泰氏の七男公深が三河国幡豆郡吉良荘一色（愛知県西尾市一色町）に住んで一色氏を称したのが祖。公深の子範氏は足利尊氏に仕えて丹後・若狭の守護となり、四職をつとめた。室町末期に没落、戦国時代は丹後宮津城主となっていたが、天正10年（1582）義定が細川忠興に討たれて滅亡した。

**上原氏**（うえはら）　丹波国何鹿郡の国衆。建久4年（1193）信濃の諏訪上原氏の一族が物部郷（綾部市物部）に地頭として入部したのが祖という。所領内に諏訪神社を建立するなど、信濃出身であることをうかがわせる。室町時代には丹波細川氏に従い、上原城を本拠とし、諏訪城や浅根山城にも一族を配していた。室町後期の賢家・元秀父子の頃に全盛期を迎え、丹波守護代もつとめている。永禄11年（1568）頃に織田信長に従い、本領を安堵された。

**大槻氏**（おおつき）　丹波国何鹿郡の国衆。大槻右馬頭清宗が足利尊氏に従って丹波国何鹿郡・天田郡の地頭となったのが祖と伝えるが不詳。戦国時代には高津城・高槻城・大石城・八田城・大畠城（いずれも綾部市）などに大槻氏があり、一族が広がっていたとみられる。これら大槻一族の関係は不明だが、戦国末期には何鹿郡で独立した国衆となり、明智光秀の丹波攻略の頃に敗れて帰農したらしい。

**小畠氏**（おばた）　丹波国船井郡の国衆。清原氏の末裔と伝える。長享2年（1488）に丹波守護細川氏の被官となって北野荘の荘官をつとめた。やがて宍人城（南丹市園部町）に拠る国人領主として成長した。小畠左馬助は永禄11年（1568）織田信長に従って明智光秀に属し、その丹波攻めに参加している。江戸時代は丹波園部藩士となった。

**金山氏**（かなやま）　丹波国天田郡の国衆。大中臣姓。承久の乱後、常陸那珂氏の一族の経久が同郡金山郷（福知山市）の地頭として入部したのが祖。金山城を築城し、孫宗泰が金山氏を称して愚中周及を天寧寺に招いている。以後、

40

戦国時代まで8代続いた。経久の二男盛経は桐村氏を称し、子孫は金山氏に従っていたが、戦国時代に主家金山氏を滅ぼしている。

## 川勝氏
丹波国北桑田郡の国衆。秦河勝の末裔と伝える。室町時代は足利氏に従い、戦国時代は原城（南丹市美山町）に拠る国人領主として活動。継氏のときに足利義輝を経て、織田信長に仕えた。子秀氏は本能寺の変後豊臣秀吉に従い丹波国何鹿郡で3530石を領した。関ヶ原合戦では西軍に属して丹後田辺城攻めに加わったが、江戸時代は旗本となった。

## 革島氏
山城国葛野郡革島荘（京都市西京区川島）の国衆。清和源氏佐竹氏の庶流。佐竹昌義の五男義季が讒言で失脚後、近衛基通を頼って革島荘に住み、子義安が下司となって革島氏を称した。室町時代には西岡中脈被官という御家人となり地頭職を得ていた。応仁の乱以降は実質的に革島荘を支配していた。永禄8年（1565）三好三人衆によって丹波に追われたが、同11年一宣は上洛した織田信長に属して革島荘に入部していた鶏冠井氏を討ち、信長から本領を安堵されている。以後は細川藤孝に従った。本能寺の変の際に明智光秀に従って所領を失った。

## 神足氏
山城国乙訓郡の国衆。西岡衆の一つ。延暦3年（784）文武天皇の皇子長親王の子光丸が、桓武天皇の行幸に従って乙訓郡神足（長岡京市）に住んだのが祖と伝える。建武4年（1337）信朝が足利直義の警固役をつとめている。室町時代には九条家領の小塩荘の下司職をつとめ、室町幕府の御家人でもあった。戦国時代は神足城に拠り、永禄11年（1568）勝龍寺城に入った細川藤孝に属した。江戸時代は熊本藩士となった。

## 塩見氏
丹波国天田郡の国衆。清和源氏の阿波小笠原氏の一族で足利尊氏から天田郡を賜ったのが祖と伝えるが不詳。室町時代後期から細川氏のもとでの活躍がみられ、戦国時代には猪崎城を本拠とし、横山城（福知山城）、中山城、山田城に一族を配して天田郡を支配した。天正7年（1579）明智光秀の丹波侵攻で、横山城主塩見信房、猪崎城主塩見家利がともに敗れて討死し落城、滅亡した。

I 歴史の文化編　41

# 志賀氏 <small>しが</small>
丹波国何鹿郡の国衆。清和源氏頼政流とも、武内宿禰の末裔ともいう。室町時代初期頃に同郡吾雀荘（綾部市）に入部し、応永年間（1394～1427）頼宗が志賀城（綾部市志賀郷町）に拠った。以後、一族は吾雀荘内に広がった。嫡流は城のあった北野に因んで北野城主家と呼ばれ、9代政綱のときに明智光秀の丹波攻略でその配下となった。政綱は天正10年（1582）の山崎合戦に光秀方として参陣して討死した。

# 内藤氏 <small>ないとう</small>
丹波守護代。鎌倉時代に内藤秀継が篠山から丹波国船井郡八木（南丹市八木町）に移り住んだという。永享3年（1431）丹波守護代となり、天文年間の国貞の頃に細川氏から独立した。戦国時代の貞勝（如安）はキリシタン大名として著名。天正元年（1573）足利義昭に与したため織田信長から所領を没収され、文禄元年（1592）豊臣秀吉に仕えて小西行長に属した。関ヶ原合戦は前田家の客将となるが、慶長19年（1614）のキリスト教禁教令で妹のジュリアとともにマニラに追放された。

# 中小路氏 <small>なかこうじ</small>
山城国乙訓郡の西岡衆を代表する国衆。菅原姓で、道真の子孫の中小路・東小路・西小路の3家が聖廟を祀ったのが長岡天満宮（長岡京市天神）の始まりという。やがて東小路家と西小路家は断絶し、中小路家が長岡天満宮の神職を独占した。一方、一族は武士化して開田城（長岡京市天神）に拠り、西岡衆を代表する国衆となった。

# 槇島氏 <small>まきしま</small>
山城国宇治郡槇島（宇治市）の国衆。宇治離宮社の神官もつとめた。守護畠山氏の被官で室町幕府の奉公衆もつとめている。戦国時代は槇島城に拠った。足利義昭の側近として活躍した槇島昭光が著名で、天正元年（1573）信長に叛旗を翻した足利義昭は、槇島城で挙兵している。信長に敗れた義昭が備後国鞆に落ちた際槇島昭光も同行した。「真木島」とも書く。

# 山本氏 <small>やまもと</small>
山城国愛宕郡の国衆。もとは佐々木氏の被官として各地を転戦したが、文明年間（1469～87）に愛宕郡岩倉（京都市左京区）に定着し、小倉山城を築城して浅井長政に属した。永禄11年（1568）に織田信長が足利義昭を奉じて入京した際に、信長に攻められて落城。山崎合戦でも明智光秀に属して豊臣秀吉に敗れた。江戸時代には岩倉の有力郷士となっている。

42

# 名門／名家

◎中世の名族

## 足利氏(あしかが)

室町幕府将軍家。清和源氏。源義家の子義国が祖。義国は義家から下野国足利郡足利荘（栃木県足利市）を譲られて土着し、子義康が足利氏を称したのが祖。

義康は熱田大宮司を通じて源頼朝と縁続きになり、子義兼以降は代々北条氏と姻戚関係を結んだ。1238（暦仁元）年義氏が三河守護となり、一族は下野と三河に多く広がった。

1333（元弘3）年尊氏は挙兵して建武政権の樹立に功をあげるが、やがて後醍醐天皇の新政に不満を持って離反、武家による政治を目指して室町幕府を開いた。92（元中9）年3代将軍義満の時に南北朝を合一。8代義政の時応仁の乱が起こり、以後幕府の勢力は衰えた。

13代義輝は三好長慶との闘争に明け暮れ、上杉謙信、斎藤義龍、織田信長などと結んで幕府の権威回復につとめた。一方、塚原卜伝に剣を学んだことでも知られる。三好長慶没後は三好三人衆と対立。1565（永禄8）年京都武衛陣の仮御所で松永久秀に攻められて自刃した。

興福寺一乗院に入っていた弟の覚慶は直後に一乗院を脱出して近江の和田惟政を頼り、若狭武田氏、越前朝倉氏を経て、68（同11）年美濃に移って織田信長の食客となった。そして同年信長に擁立されて15代将軍足利義昭となった。義昭は将軍として親政しようとしたが、これを認めない信長と対立、73（天正元）年に信長によって京都を追われ、将軍家は名実共に滅亡した。

義昭は将軍職のまま毛利氏の支配下にある備後鞆に亡命。秀吉の天下統一後に将軍職を辞して出家、秀吉から山城槙山で1万石を認められた。97（慶長2）年義昭が大坂で没し、断絶した。

I 歴史の文化編 43

## ◎近世以降の名家

### 飛鳥井家
（あすかい）

公家。藤原北家花山院流の庶流。鎌倉初期の難波頼経の五男雅経が祖。本来は難波家の分家だが、南北朝時代に難波家が中絶し、江戸時代初期に飛鳥井雅枝の二男宗勝が難波家を再興したことから、飛鳥井家が本家となった。家格は羽林家。家職は蹴鞠・和歌。

雅経は後鳥羽上皇の蹴鞠の師範をつとめ、以後、同家は代々蹴鞠で朝廷に仕えた。和歌の師範の家としても知られる。江戸時代の家禄は928石。

幕末、雅典は公武合体派の公家として活躍、子雅望は、1884（明治17）年伯爵に叙せられた。雅信は東京大神宮の宮司をつとめ、その子雅道は日本文化史専攻の歴史学者であった。

### 雨森家
（あめのもり）

車屋町通二条下ルの薬房。藤原姓といい、近江国伊香郡の国衆雨森氏の一族。初代良意は朝廷の典医をつとめていたが、腫物吸出の膏薬をつくり出したことから「無二膏」と名付けて1648（慶安元）年に薬屋を創業した。その後、番頭が独立して南向かいに創業したことから「北印　無二膏」と改称した。現在は雨森敬太郎薬房として、腫物吸出「北印　雨森無二膏」を製造販売している。

### 飯田家
（いいだ）

高島屋創業家。近江国高島郡の飯田儀兵衛が京に出て高島屋と号して米穀商を営んだのが祖。

1829（文政12）年養子の初代新七は分家して古着商を開店、54（安政元）年に2代目新七が呉服商に転じた。禁門の変の際に価格を変えずに営業を続けたことで高島屋の名をあげたという。

明治中期に4代目新七が大阪・東京に進出して百貨店化に成功、大正時代には高島屋飯田を設立して貿易業にも乗り出した。同社は後に丸紅となっている。その後、3代目の長男直次郎、その長男新一が相次いで高島屋社長をつとめた。新一は日本百貨店協会会長もつとめている。

### 池坊家
（いけのぼう）

華道家元。小野妹子の末裔と伝える。池坊とは京都六角堂で名高い天台宗頂法寺の境内にある坊の名で、代々六角堂執行をつとめて供花

の工夫を凝らし、室町時代に池坊専慶が華道池坊流を開いたと考えられる。天文年間（1532〜1555）の専応が華道を大成した。1563（永禄6）年専栄は『池坊立花伝書』を著した。以後代々家元を世襲、特に桃山時代から江戸初期に活躍した専好は名人として知られる。

　現在の当主は45代目専永で、旧公家の梅渓子爵家から嫁いだ妻の保子は、衆議院議員をつとめる。長女由紀が46代目家元に内定している。

## 一条家（いちじょう）

　公家。1242（仁治3）年藤原道家の四男実経が一条室町第を譲られ、一条家の祖となった。50（建長2）年以降、九条流三家の嫡流となる。以来、摂関家として朝廷で重要な地位に付いた。

　室町時代の一条兼良は有職故実家として著名。江戸時代初期の1611（慶長16）年に内基が嗣子なく死去したため、後陽成天皇の九男昭良が養子として家督を継いでいる。家禄は2044石余。幕末一条忠香は公武合体派の公家として活躍、その三女美子は明治天皇の皇后（昭憲皇太后）となった。1884（明治17）年実輝の時公爵となる。

## 稲岡家（いなおか）

　車屋町通二条下ルで蕎麦「本家尾張屋」を経営する旧家。尾張国の出で、1465（寛正6）年に菓子商として創業。元禄年間頃に蕎麦に転じて、以後代々稲岡伝左衛門を襲名している。現在は15代伝左衛門で、蕎麦の傍ら「そば餅」でも知られる。

## 稲葉家（いなば）

　淀藩（京都市伏見区）藩主。美濃十七城（岐阜県瑞穂市）城主林正三の二男正成が、稲葉一鉄の庶長子重通の婿となって稲葉氏と改称したのが祖。正成は豊臣秀吉に仕えて、小早川秀秋の家老を務めた。

　関ヶ原合戦後、徳川家康に仕え、1607（慶長12）年美濃十七条藩1万石を立藩。18（元和4）年には松平忠昌の付家老となって越後糸魚川2万石に移った。以後、各地を転々とし、1723（享保8）年正知の時に山城淀10万2000石に入封。1864（元治元）年正邦は老中に就任。84（明治17）年子爵となる。

## 今出川家（いまでがわ）

　公家。藤原北家閑院流。清華家の一つで、家職は琵琶。西園寺家兼の四男兼季が今出川に住んで今出川家を称したのが祖。菊を好んだ

ことから菊亭右大臣とも呼ばれ、菊亭も家名となった。

1421（応永28）年公行が死去、次いで養子となっていた孫の公富も同年死去したため今出川家は中絶した。34（永享6）年に10歳の菊寿丸が再興、将軍足利義教の偏諱を受けて教季と名乗った。

江戸時代の家禄は1335石余。代々、大納言までは菊亭を称し、大臣以降は今出川を称していたというが、明治維新後、鷹司家から継いだ脩季が正式に菊亭家と改称して、1884（明治17）年に侯爵となった。

## 岩倉家

公家。村上源氏。山城国愛宕郡岩倉（京都市左京区）に由来する。久我晴通の四男具堯は後陽成天皇に伺候して桜井家を称し、その長男具起の時から岩倉家を称した。家格は羽林家。家職は有職故実。江戸時代の家禄は150石。

幕末に堀川家から養子となった具視が明治維新に活躍、1884（明治17）年には三男で家を継いでいた具定が公爵となった他、分家の具経が子爵、具徳・道倶は男爵となっている。現在の本家当主は岩倉具忠京都大学名誉教授でイタリア文学者であり、駐イタリア公使などもつとめた。

分家の具顕の娘は女優小桜葉子で、その長男が加山雄三である。

## 永楽家

京焼の陶家で、千家十職の一つ。元は西村だったが、1871（明治4）年以降は永楽を名字とした。代々善五郎を称した。初代は戦国時代の人で、大和国西京で春日大社の斎器をつくる傍ら土風炉をつくっていた。2代目の時に堺に出、3代目が京に移住、小堀遠州から「宗全」の銅印を拝領している。10代目からは茶陶も手掛け、11代・12代は名工として知られた。16代即全の源氏物語54帖の茶陶は著名。現在は17代目である。

## 大炊御門家

公家。藤原北家花山院流。藤原師実の三男経実が祖。家号は2代経宗の邸宅である大炊御門富小路第にちなむ。頼実の時太政大臣にまで進み、以後清華家となった。家職は装束・雅楽。

1542（天文11）年経名は跡継ぎのいないまま63歳で出家したため一時中絶。後中山孝親の二男経頼が再興した。経頼の嫡男頼国は1609（慶長14）年猪熊事件に連座して硫黄島に流罪となり、同地で死去。大炊御門家は弟の経孝が継いでいる。江戸時代の家禄は400石。1884（明治17）年幾麿の

時に侯爵となる。

## 大倉家
（おおくら）

伏見の酒造家。「月桂冠」醸造元。山城国笠置（笠置町）の大倉家の分家。1637（寛永14）年、大倉行隆の子治右衛門が伏見馬借前で笠置屋と号して開業、清酒「玉の泉」を販売したのが祖。1905（明治38）年から「月桂冠」を販売している。27（昭和2）年に株式会社に改組し、44（同19）年大倉酒造と改称、さらに87（同62）年に月桂冠株式会社と改めている。09（明治42）年建造の酒蔵を改装して、月桂冠大倉記念館がつくられている。

## 大谷家
（おおたに）

東西本願寺住職。浄土真宗の祖親鸞の娘覚信尼の子孫。室町時代初めに8代目蓮如が京都を出て各地に布教して浄土真宗を一挙に大教団に発展させ、その根拠地として大坂に石山本願寺を建立。戦国時代には本願寺は全国屈指の力と財力を持った大教団に発展した。豊臣秀吉は12代目教如を退けて准如を13代目としたが、教如は秀吉の死後に徳川家康の援助を受けて東本願寺を設立、以後本願寺は東西二派に分裂した。

　明治時代になって僧侶も名字を名乗ることが義務付けられた際、東西両本願寺は、親鸞の廟堂のあった大谷の地名に因んで共に「大谷」を名字とした。さらに1896（明治29）年には両大谷家とも、宗教関係としては異例の伯爵を授けられている。

　一族には仏教界以外で活躍した人も多く、22代目宗主大谷光瑞は探検隊を組織し、中国の西域やインドを探検して大きな業績をあげた。また光瑞の弟の尊由は政治家となり、第1次近衛内閣の拓務相などをつとめている。

## 花山院家
（かさんいん）

公家。藤原北家花山院流の嫡流。藤原師実の二男家忠が父の邸である花山院を譲り受け、花山院氏を称した。清華家の一つ。家職は筆道・笙。

　鎌倉末期、花山院師賢は後醍醐天皇に従って幕府に捕らえられ、下総に流された。江戸時代の家禄は715石余。1884（明治17）年忠遠の時に侯爵となる。先代の当主の花山院親忠は春日大社宮司となり、現当主の弘匡も春日大社宮司をつとめている。

## 勧修寺家
（かじゅうじ）

公家。藤原北家で吉田資経の二男経俊が祖。家名は氏寺であ

Ⅰ　歴史の文化編　　47

る勧修寺にちなむ。家格は名家。家職は儒学。室町時代は代々足利将軍家の偏諱を受け、晴右は後陽成天皇の外祖父となるなど、室町時代から安土桃山時代にかけて活躍した。江戸時代の家禄は708石。1884（明治17）年顕充の時に伯爵となる。経雄は貴族院議員をつとめた。

## 川端家

餅・粽商の老舗。1503（文亀3）年創業。北面武士をつとめた渡辺氏の末裔と伝える。元は山城国鳥羽村に住んで中村を称していたが、洛中に移住した際に、禁裏近くの御溝の側であったために「かわばた」と呼ばれるようになり、後にそれを名字にしたと伝える。室町時代後期には洛中洛外の餅屋を支配する京餅座の権利を取得、御所に粽や餅を献上した。初代道喜以来代々道喜を称し、毎朝御所に献じた塩餡でくるんだ餅は「御朝物」と呼ばれ、そのために通った門は「道喜門」といわれた。

## 上林家

宇治の茶商。丹波上林氏の一族の氏忠は、永正年間（1504～1520）頃に山城国宇治に移り住んで茶商となった。戦国時代には宇治一の茶商に発展していた。1582（天正10）年本能寺の変後、久茂が徳川家康の伊賀越えを先導したことから、江戸時代は宇治郷の幕府領代官もつとめた。後五家に分かれ、上林五家として宇治の名家であった。

## 京極家

丹後峰山藩主。宮津藩主京極高知の養子高通が徳川秀忠の小姓となって一家を興したのが祖。1622（元和8）年には高知から1万石を分知されて丹後峰山藩を立藩した。1884（明治17）年高富の時に子爵となる。先代当主の高鋭は相模女子大学教授をつとめた。

## 清水家

京焼の陶家。摂津国島上郡東五百住村（大阪府高槻市）出身の古藤栗太郎が、寛永年間（1624～1644）に京に出て京焼の陶工に学び、明和年間（1764～1772）に五条坂で六兵衛と称して陶業を始めたのが祖。以後、代々六兵衛を称し、幕末の3代目は中興の祖といわれる。現在は8代目である。

## 九鬼家

丹波綾部藩主。1633（寛永10）年隆季が父守隆の遺領をめぐる相続争いの末、幕府の裁定で丹波国何鹿・天田両郡で新たに2万石を与え

られて綾部藩を立藩した。1884（明治17）年隆備の時に子爵となる。現在の当主宗隆は熊野本宮大社宮司をつとめる。

# 九条家
（くじょう）

公家。五摂家の一つ。藤原忠通の三男兼実が九条第南殿に住み、1191（建久2）年関白となって九条家を創立した。江戸時代の家禄は当初山城国紀伊郡で1043石だったが、1665（寛文5）年2043石となり、1860（万延元）年にはさらに1000石が加増された。幕末の尚忠は佐幕派の公家として知られ、条約勅許・将軍継嗣・和宮降下などの諸問題に公武合体策を採ったことから尊王攘夷派から強い非難を浴び、62（文久2）年出家した。

84（明治17）年道孝の時に公爵となる。明治天皇の養母英照皇太后は尚忠の娘、大正天皇の皇后貞明皇后は道孝の娘である。現在の当主道弘は平安神宮の宮司をつとめる。

また、道孝の四男良政は1902（明治35）年、五男良致は08（同41）年に分家して、それぞれ男爵を授けられた。

# 朽木家
（くつき）

丹波福知山藩主。近江国高島郡の戦国大名朽木氏の子孫。宇多源氏佐々木氏の一族。1570（元亀元）年に織田信長が越前の朝倉氏を攻めた際、浅井長政の離反で窮地に陥った信長を援け、以後は信長に仕えた。信長の死後は豊臣秀吉に仕えて朽木で2万5000石を領した。

元綱の三男稙綱は徳川家光に仕えて累進し、1636（寛永13）年下野鹿沼藩1万石を立藩、49（慶安2）年常陸土浦3万石に転じた。その子稙昌は69（寛文9）年丹波福知山3万2000石に転封。9代藩主昌綱は前野良沢に学び、地理学書『泰西輿地図説』を著すなど、蘭学大名として知られた。1884（明治17）年綱貞の時に子爵となる。

# 小出家
（こいで）

丹波園部藩（南丹市）藩主。信濃小出氏の一族という祐重が尾張国愛知郡中村（愛知県名古屋市中村区）に移り住んだのが祖と伝える。秀政は同郷の豊臣秀吉に仕え、政所の妹を正室に迎えたこともあって累進し、1585（天正13）年には和泉岸和田3万石を領し、その長男吉政は但馬出石で6万石を領した。

関ヶ原合戦では秀政・吉政が西軍に属したが、秀政の二男秀家が東軍に与していたため、本領安堵され、吉政は岸和田藩を立藩。1613（慶長18）

年五万石となり、19（元和5）年但馬出石に転封。96（元禄9）年英及が3歳で死去して断絶。

13（慶長18）年吉政が死去した際、二男吉親は出石3万石を継いで出石藩主となり、19（元和5）年丹波園部に転封となった。1884（明治17）年英延の時に子爵となる。

# 久我家
公家。村上源氏の嫡流。山城国乙訓郡久我村（京都市伏見区）にちなむ。源顕房の子雅実が祖。清華家の一つ。家職は有職故実・笛。江戸時代の家禄は当初久我村200石で、1664（寛文4）年河内国志賀郡弓削村で500石を加増されて700石となった。1884（明治17）年通久の時に侯爵となる。

98（同31）年常通の弟通保は分家して男爵を授けられた。

# 小西家
丹後国熊野郡湊宮村（京丹後市久美浜町）の豪商。同地にあった五軒屋と呼ばれた豪商のうち、本家本座屋、分家の新屋・下屋と三軒を小西家が占めていた。

戦国武将小西隠岐守盛信の末裔と伝える。孫の正智が1507（永正4）年に一色義季の陣代として丹後国に移り住み、熊野郡の日村砦に拠った。正智の子宗雄の時に松井康之によって日村砦が落城すると湊宮村で帰農した。江戸時代には、回漕問屋の傍ら、周防国三田尻（山口県防府市）に塩田を持ち、製塩業も行っていた。

# 近衛家
公家で五摂家の筆頭。藤原忠通の嫡男基実は1165（永万元）年六条天皇の摂政となり、その嫡男基通は79（治承3）年に関白・氏長者となって近衛北室町東にあった近衛殿を本第としたため近衛家と称した。戦国時代、前久は関白に在職のまま越後に下向、さらに関東で政治活動している。

江戸時代の家禄は1795石。信尹の没後は後陽成天皇の第四皇子信尋が継いでいる。1884（明治17）年篤麿の時に公爵となる。

篤麿の長男文麿は政治家となり、第2次大戦中に三度組閣。文麿の長男の文隆は戦前にゴルフ選手として活躍した。文麿の二男通隆は歴史学者で東大資料編纂所教授をつとめている。細川護熙は近衛文麿の孫に当たる。

また文麿の弟の秀麿は1919（大正8）年に分家して子爵を授けられた。貴

族院議員をつとめる一方、指揮者として活躍、新交響楽団の創設者でもある。その二男秀健も作曲家・指揮者として活躍。

## 西園寺家
公家。清華家の一つ。藤原公実の四男通季が祖。家号は公経が京都北山につくった西園寺に由来する。承久の乱後、公経は関東申次職となって権勢を得、さらに天皇の外戚となって摂関家と並ぶ権勢を誇った。家職は琵琶。

　江戸時代の家禄は597石余。公望は維新の際に活躍、1884（明治17）年侯爵、1920（大正9）年公爵となり、大正末期から昭和初期にかけて「最後の元老」として大きな影響力を持った。孫の不二男は、戦後東都銀行（三井住友銀行）頭取をつとめた。その長男で現当主の公友も天皇陛下の侍従をつとめたこともある。

　八郎の長男公一は分家し、近衛文麿のブレーンとして活躍。戦後は第1回参議院選挙に緑風会から当選した後、58（昭和33）年中国に移住した。長男の一晃は中国問題の専門家として知られる。

## 三条家
公家。藤原北家。藤原公実の三男実行が祖。実行の別邸が京都三条にあったため、三条家が家号となった。閑院流の嫡流で清華家の一つ。家職は笛。1551（天文20）年周防の大名大内義隆が陶晴賢によった討たれた際に、同氏館に滞留していた公頼が巻き込まれて討たれ、54（同23）年には子実教も早世したことから、三条家は一時中絶した。75（天正3）年に一族の三条実枝の四男公宣が再興した。

　江戸時代の家禄は469石。幕末、三条実万は内大臣となって活躍。子実美も維新後要職を歴任し、1884（明治17）年公爵となった。先代の当主・実春は平安神宮の宮司をつとめていた。

## 三条西家
公家。藤原北家閑院流。南北朝時代に正親町三条実継の二男公時が分家して一家を起こし、三条北西朱雀に住んで三条西家を称した。家職は香道。戦国時代の三条西実隆は古今伝授を受け、以後公条、実枝と三代にわたって継承した。江戸時代の家禄は502石。

　幕末、季知は尊攘派の公家として活躍、1884（明治17）年公允の時に伯爵となる。公正は実践女子大学名誉教授で、現在の当主・公彦は1997（平

Ⅰ　歴史の文化編　　51

成9) 年にお家流香道の第23代宗家を継いでいる。

## 四条家

公家。藤原北家四条流の嫡流。平安末期、中御門家成の長男隆季が四条大宮に邸宅を構えて四条家を称した。家格は羽林家。家職は包丁道・笙。江戸時代の家禄は180石。幕末、隆謌は尊攘運動に奔走、1884 (明治17) 年伯爵となり、91 (同24) 年侯爵に陞爵。

隆美の弟隆平は元老院議員、貴族院議員などを歴任し98 (明治31) 年男爵となった。包丁道の四条司家は男爵家が相続した。

## 渋谷家

浄土真宗仏光寺派管長で、京都市下京区仏光寺通の仏光寺住職。仏光寺は1212 (建暦2) 年親鸞によって山城国山科に建立された寺で、1586 (天正14) 年に現在地に移った。

1857 (安政4) 年鷹司政通の三男教応が継いだ後、68 (明治元) 年には伏見宮邦家親王の一五男家教が継いでいる。72 (同5) 年華族に列し、渋谷氏を称した。88 (同21) 年家教は伏見宮家に戻って改めて清棲家を興したことから渋谷家は長男の隆教が継ぎ、96 (同29) 年に男爵となった。

## 下村家

大丸百貨店創業家。戦国大名中川氏の家臣の子孫で、大坂の陣後商家に転じたと伝える。1717 (享保2) 年初代正啓が伏見京町北8丁目に大文字屋呉服店を開いたのが祖で、代々彦右衛門を称した。26 (同11) 年大坂・心斎橋、28 (同13) 年には名古屋城下本町4丁目にも店を構え、○の中に大と書いた暖簾で大丸屋といわれ、正札現金販売で成功した。43 (寛保3) 年には江戸・大伝馬町に進出した。

1868 (明治元) 年に伏見家から宗家を継いだ10代目正堂は比重を東京に移し、長男の11代目正剛は1908 (同41) 年に東京を本店とする株式合資会社大丸呉服店に改組した。14 (大正3) 年本店は大阪に移されている。

## 神家

京都の秤座支配。藤原氏という。初代善四郎は伊勢国白子 (三重県鈴鹿市) の出で、父玄蕃頭は織田信長の伊勢攻めで討死したという。上洛して秤細工を始める。1653 (承応2) 年幕府より秤支配に任ぜられ、以後代々善四郎を襲名して西国三十三カ国を担当した。維新後も計量機業者を継続。同家文書は京都市指定文化財である。

# 千家

茶道の家元。千利休は堺の商家の出で、本姓は田中。武野紹鷗に学んだ後、織田信長、豊臣秀吉に仕えて、茶の湯を大成した。後秀吉の側近として政治的力も持ったが、秀吉の怒りに触れ自刃した。

3代目の宗旦は生涯仕官せず、侘茶に徹したため「こじき宗旦」ともいわれたという。長男の宗拙は仕官に失敗、子どもがいなかったことから、宗旦は三男の宗左に家督を譲った。また茶道から離れていた二男と四男も茶の世界に戻り、三人の子孫がそれぞれ一家を興して、二男宗守が武者小路千家、三男宗左が表千家、四男宗室が裏千家の祖となった。

# 醍醐家

公家。藤原北家。清華家の一つ。1678（延宝6）年一条昭良の二男冬基が一家を興し、霊元天皇から醍醐の家号を賜って醍醐家を称したのが祖。家禄は312石。幕末、忠順は国事に奔走し、1884（明治17）年侯爵となる。子忠敬は元老院義官をつとめ、その子忠重は海軍中将となった。

# 鷹司家

公家で五摂家の一つ。近衛家実の四男兼平が1252（建長4）年摂政となり、鷹司室町に住んで鷹司氏を称したのが祖。1546（天文15）年忠冬が38歳で嗣子なく死去、52（同21）年には父兼輔も死去して中絶したが、79（天正7）年に織田信長の斡旋で二条晴良の三男信房が再興した。

江戸中期に再び断絶の危機を迎えると、閑院宮直仁親王第四皇子を基輝の嗣子として継がせている。江戸時代の家禄は当初1000石で、1682（天和2）年に500石加増された。1884（明治17）年熙通の時に公爵となる。

信輔は鳥類学者として著名で、日本鳥学会会頭もつとめ、「鳥の公爵」とも呼ばれた。子平通は鉄道研究家として知られ、平通の妻・和子は昭和天皇の第三皇女で伊勢神宮祭主をつとめた。また、信輔の弟の信熙は1905（同38）年に分家して男爵を授けられている。

# 高橋家

柳馬場綾小路の提灯商の旧家。1731（享保15）年初代近江屋佐兵衛が五条高倉西で扇子問屋として創業。以後代々佐兵衛を襲名していたが、1863（文久3）年9代目佐兵衛が高橋佐助と改名した。64（元治元）年の禁門の変で店舗が焼失、柳馬場綾小路に移転した。維新後、11代目の時に高橋提灯店と改称。東京浅草の浅草寺の提灯の製造元として知られる。

I　歴史の文化編　　53

## 田中家
たなか

石清水八幡宮別当。山城国綴喜郡田中（八幡市）発祥で紀姓。紀氏の出の行教が859（貞観元）年宇佐八幡宮に参籠して神託を賜り、翌年男山に石清水八幡宮を勧請した。行教の甥の御豊が初代神主となり、以後その末裔が別当職を独占した。

平安時代後期に29代別当慶清が田中を称し、以後善法寺家と共に代々検校・別当職をつとめた。田中家は平清盛と結んだため鎌倉時代は善法寺家の後塵を拝し、南北朝時代は南朝に属している。

## 谷家
たに

丹波山家藩（綾部市）藩主。宇多源氏という。衛好の時豊臣秀吉に仕えた。子衛友は1582（天正10）年丹波国何鹿郡山家領主となり、関ヶ原合戦では細川幽斎の田辺城を攻めるが、東軍に通じて山家藩1万6000石を本領安堵された。1628（寛永5）年三子に6000石を分かち、旗本上杉家・十倉家・梅迫家の三家を創設、みずからは1万82石となった。1884（明治17）年寿衛の時に子爵となった。

## 通円家
つうえん

宇治の茶商。初代は源頼政の家臣だった古川右内で、晩年隠居をして頼政の政の一字を賜って太敬庵通円政久と名乗り、宇治橋東詰に庵を結んだのが祖。以後代々「通円」を称して宇治橋の橋守をつとめ、往来の人々に茶を差し上げて橋の長久祈願と旅人の無病息災を願ってきたと伝える。明治維新で橋守がなくなり、以後は茶商に転じた。

## 徳大寺家
とくだいじ

公家。清華家の一つ。平安中期、西園寺公実の五男実能が京都衣笠岡に徳大寺を建立し、徳大寺殿と呼ばれたのが祖。家職は有職故実・笛。実定は源頼朝に重んじられた。江戸時代の家禄は410石。明治維新後、実則は1884（明治17）年侯爵、1901（同34）年公爵となる。現在の当主公英は昭和30年代に美術評論家として活躍した。

また、実則の三男則麿は分家し、13（大正2）年男爵を授けられている。

## 長瀬家
ながせ

長瀬産業創業家。藤原姓で近江国滋賀郡和邇村（滋賀県大津市）に住み、明智光秀に仕えた長瀬修理が祖という。江戸時代中期、7代重助の二男伊兵衛は京に出て西陣の生糸・呉服問屋鱗形屋に奉公、後暖簾分け

で千本通一条東南角に呉服商を開業、鱗形屋伊兵衛（通称鱗伊）と称した。2代伊兵衛の跡は近江の本家からの婿養子が継いだため、長男は分家、1832（天保3）年初代伝兵衛として西陣一条通千本東入で紅花などを扱う染料商鱗形屋を創業、鱗伝といわれた。鱗伊は4代目伊兵衛の代に呉服商を廃業、以後は乾物屋となった。

　鱗伝は、維新後人造染料の輸入を始め、98（明治31）年には本社を大阪に移して、医薬品や写真材料などの卸売事業をメインとした。イーストマン・コダックの日本総代理店としても知られた。

## 永谷家
なかたに

　永谷園創業家。山城国綴喜郡湯屋谷村（宇治田原町湯屋谷）で製茶業を営んでいた永谷宗七郎（宗円）が、1738（元文3）年に煎茶の製法を開発、江戸に出て日本橋の茶商・山本嘉兵衛（山本山）に卸したのが祖。1905（明治38）年8代目延之助が上京して芝・愛宕町に茶屋「永谷園」を開業、10代目嘉が52（昭和27）年に「お茶づけ海苔」を開発、翌年株式会社永谷園本舗を設立した。

## 中山家
なかやま

　公家。藤原北家花山院流。花山院忠宗の二男忠親が祖。家名は忠親が晩年洛東中山に住み、中山内府と呼ばれたことにちなむ。家格は羽林家。家職は有職故実。戦国時代、孝親は正親町天皇の信任を得、織田信長の上洛後は公武間の折衝に当たっている。

　江戸時代の家禄は200石。幕末中山忠能は尊攘派の公家として活躍、その二女慶子は孝明天皇の典侍となり、明治天皇の生母となった。1884（明治17）年忠能が侯爵となった。孝麿は東宮大夫、宮中顧問官などを歴任した。

## 西村家
にしむら

　三条通室町の染呉服卸商。遠祖は奈良春日神社の工匠神人で若宮祭事の時に千切花の台を奉納したという。近江国甲賀郡西村（滋賀県）から上洛して三条通室町に住み、1555（弘治元）年に「千切屋」と号して法衣商を始めたのが祖。嫡流は明治時代に断絶したが、治兵衛家、総左衛門家、吉右衛門家などの分家がある。

## 二条家
にじょう

　公家・五摂家の一つ。九条道家の二男良実が二条富小路第に住んで、二条家を称した。鎌倉末期、道平は後醍醐天皇の討幕や建武新政に

参加、南北朝時代に一族は南北両朝に分かれて、共に関白をつとめている。江戸時代の家禄は1708石。昭実は「禁中並公家諸法度」の制定に協力したことでも知られる。また、幕末の斉敬は公武合体派の公家として知られた。1884（明治17）年基弘の時公爵となった。

斉敬の四男正麿は1902（同35）年に分家して一家を興し、男爵を授けられた。

## 長谷川家

紫野の今宮神社参道の菓子舗・一文字屋和輔を経営する旧家。1000（長保2）年創業という日本一古の菓子商の創業家。今宮神社が悪疫退散の祈願をした際に竹が使われて餅が供えられたこととから、初代がそれらを参拝者に振る舞ったのが始まりといわれる。「あぶり餅」で有名。

## 華園家

山科の浄土真宗興正派本山興正寺の住職。親鸞の末裔で、江戸時代は西本願寺派に属していた。幕末、鷹司政通の二男摂信が華園家を継ぎ、維新に功をあげて1872（明治5）年華族に列せられた。96（同29）年沢称の時に男爵となる。現当主真準は1975（昭和50）年真宗興正派本山興正寺門主となった。

## 日野家

公家。藤原北家日野流（真夏流）の嫡流。永承年間、資業が山城国宇治郡日野（京都市伏見区日野）に法界寺薬師堂（日野薬師）を建立したのが祖。家格は名家。家職は儒道・歌道。鎌倉末期、日野資朝は後醍醐天皇の側近となって討幕を計画して佐渡で斬られた。足利義政の妻富子も日野氏の出で、兄勝光と共に室町幕府内で大きな力を持っていた。江戸時代の家禄は1153石。1884（明治17）年資秀の時に伯爵となった。

現在の当主資純は国語学者で静岡大学教授をつとめた。その子資成も国語学者である。

## 広幡家

公家。正親町源氏。八条宮智仁親王の第三王子忠幸王は、尾張藩主徳川義直の養子となったが、1663（寛文3）年に源姓を賜って一家を興し、広幡氏を称した。清華家の一つ。家職は有職故実。江戸時代の家禄は500石。以後、武家転奏や議奏など、要職を歴任した。1884（明治17）年忠礼の時に侯爵となる。先代の当主増弥は海軍の技術少将として戦艦「大和」

の製造を担当していた。

## 細辻家
ほそつじ

　三条烏丸で永楽屋と号した呉服商を営む旧家。桓武天皇が平安京に遷都した時に創業したという伝承を持つ。事実上の総業は戦国時代頃で、織田信長に直垂を納めたという。1615（元和元）年絹布問屋となり、以後は代々伊兵衛を襲名して永楽銭を商標とした。幕末に織物卸商に転じ、明治時代には海外にも販路を広げた。現在は室町通りで細辻伊兵衛商店を経営する。

## 堀家
ほり

　堀金箔粉創業家。近江今津（滋賀県）出身の初代砂子屋伝兵衛が1711（正徳元）年創業、金地金から金箔をつくって売り歩いたのが祖。明治維新後は販路を全国に拡大し、各種金属箔粉を取り扱った。1950（昭和25）年堀金箔粉株式会社に改組。現在は10代目。

## 本庄家
ほんじょう

　宮津藩主。地下官人二条家諸大夫の出。宗資（桂昌院の実弟）は徳川綱吉に仕えて館林藩奏者役となり、1680（延宝8）年綱吉の将軍就任とともに旗本となった。その後も累進を重ね、92（元禄5）年常陸笠間藩（茨城県笠間市）4万石で諸侯に列した。以後各地を転々とした後、1758（宝暦8）年資昌の時に丹後宮津（宮津市）7万石に入封。1884（明治17）年宗武の時に子爵となる。

## 牧野家
まきの

　丹後田辺藩（舞鶴市）藩主。1590（天正18）年の関東入国の際に牧野信成が武蔵国足立郡石戸（埼玉県北本市）で5000石を領したのが祖。1633（寛永10）年1万1000石に加増され石戸藩を立藩した。44（正保元）年下総関宿1万7000石を経て、68（寛文8）年丹後田辺藩3万5000石に入封。維新後舞鶴藩と改称した。1884（明治17）年弼成の時に子爵となる。一成は貴族院議員をつとめた。

## 三上家
みかみ

　丹後国宮津城下（宮津市河原）で元結屋と号した豪商。酒造業・廻船業・糸問屋などを営んだ。1783（天明3）年に建てられた同家住宅は国指定重要文化財、宮津藩御用庭師によって作庭された同家庭園は京都府名勝に指定されている。

Ⅰ　歴史の文化編　　57

## 武者小路家
（むしゃのこうじ）

公家。藤原北家閑院流で三条西家の庶流。江戸時代初期に、三条西実条の二男公種が一家を興して武者小路家を称した。家格は羽林家。家職は和歌。公種の跡は甥の実蔭が継ぎ、霊元天皇に仕えて、その歌壇の中心人物として活躍した。江戸時代の家禄は130石。1884（明治17）年実世の時子爵となる。実世の長男公共は外交官として活躍、駐ドイツ大使などをつとめた。また、公共の弟実篤は作家となり、志賀直哉と共に「白樺」を創刊、白樺派を代表する作家となった。公共の子実光はフランス文学者、その弟公秀は政治学者として著名。

## 柳原家
（やなぎはら）

公家。藤原北家日野流。南北朝時代、日野俊光の四男資明は北朝に仕えて一家を興し柳原家を称した。家格は名家。本来は紀伝道の家であったが、室町後期以降は、紀伝道の伝統はすたれている。江戸時代の家禄は202石。

幕末、光愛は公武合体派の公卿として活躍、その娘の愛子は明治天皇に仕えて典侍となり、大正天皇の母となった。1884（明治17）年前光の時に伯爵となる。前光（さきみつ）の二女は歌人柳原白蓮である。「やなぎわら」ともいう。

## 楽家
（らく）

楽焼の陶家。中国からの渡来人である飴也を祖とすると伝える。戦国時代、飴也の子長次郎が楽焼を開始した。2代目常慶が吉左衛門を称し、以後代々当主は吉左衛門を名乗り、隠居後は「入」のつく名前に改名する。中でも3代目道入は「のんこう」と呼ばれ、名人として知られている。現在の当主は15代目である。

## 冷泉家
（れいぜい）

公家。藤原為家の四男為相が祖父定家の旧宅冷泉小路に住んで冷泉家と称した。家格は羽林家。家職は和歌。室町時代上冷泉家と下冷泉家の二家に分かれ、上冷泉家が嫡流である。上冷泉家の江戸時代の家禄は300石。1884（明治17）年伯爵となる。同家の時雨亭文庫は『明月記』を始め重要文化財級の資料を多数所有することで知られる。この文庫は1980（昭和55）年為任（ためとう）が公開して一躍冷泉家の名前が全国に知れわたった。国宝5点、重要文化財47点というのは、個人で所有するものとしては破格である。現在の当主・為人は美術史家で池坊短期大学学長をつとめる。

# 博物館

京都国立博物館
〈明治古都館〉

### 地域の特色

　本州の中央部、近畿地方にあり、府庁所在地は京都市である。人口はおよそ257万人。県は南北に細長く、北部の丹後・中丹地域の海岸線はリアス海岸で、天橋立などの景勝地や天然の良港に恵まれている。中部地域は大部分が丹波高地からなる山地で、由良川水系、桂川水系に分かれ、福知山、亀岡などの盆地が点在する。南部の山城盆地には桂川、宇治川、木津川が流れ込み、合流して淀川となる。府域には古くから人が住み、古墳も多い。京都市域は長岡京、平安京以降、明治の初めまで長らく日本の政治、文化の中心地として栄えてきた。現在も数多くの寺社仏閣、文化財があり、「古都京都の文化財」は世界文化遺産に登録されている。府域には数多くの博物館があるが、なかでも京都市内には歴史や文化を扱う博物館や美術館、寺社の宝物殿、大学博物館などが数多く存在し、万華鏡ミュージアム、嵐山オルゴールミュージアム、益富地学会館など小規模ながら特色のある博物館が多い。博物館の団体として、加盟施設が200を超えボランティア団体もある京都市内博物館施設連絡協議会、府下全域を対象とした京都府ミュージアムフォーラム、京都府南部地域ミュージアム連絡協議会や両丹ミュージアム連絡協議会など地域ごとの団体も活動している。

### 主な博物館

## 京都鉄道博物館　京都市下京区観喜寺町

　「地域と歩む鉄道文化拠点」をコンセプトにした鉄道の総合博物館。1972（昭和47）年に開館した梅小路蒸気機関車館に隣接して本館を建築し、大阪市にあった交通科学博物館の資料の一部を移転して、2016（平成28）年に開館した。鉄道の歴史や仕組みなどを、53両の展示車両をはじめとした数多くの実物資料、模型や体験型展示などで分かりやすく紹介する。営業

Ⅰ　歴史の文化編

線とつながる引込線では現役車両を展示することもある。蒸気機関車がずらりと並ぶ扇形車庫は国の重要文化財であり、移築した旧二条城駅舎もある。蒸気機関車の牽引する「SLスチーム号」を毎日運行しており、客車への乗車だけでなく転車台での方向転換や整備作業も見どころである。SL第2検修庫では蒸気機関車検修の作業風景を見学することができる。JR西日本社員による「鉄道お仕事たいけん」、旧国鉄やJR西日本のOBによるボランティアガイドツアーなども開催している。

## 京都市動物園　京都市左京区岡崎法勝寺町

　岡崎公園内にある、全国で2番目に開園した動物園。1903（明治36）年に大正天皇の御成婚を記念し、市民からの寄付金と市費によって建設された。園内は六つのゾーンに分かれ、行動を引き出すように工夫された「ゴリラのおうち」や、里山の動物と身近な自然の情報を提供する「京都の森」などがあり、およそ120種600点の動物を飼育している。学術研究と環境教育をよりいっそう推進するために設けられた「生き物・学び・研究センター」では、京都大学野生動物研究センターなどと連携した研究を行っている。非公開のツシマヤマネコ繁殖施設、市内で救護された野生の鳥類と哺乳類の治療などを行う野生鳥獣救護センターもある。サマースクールをはじめとした各種教育プログラム、講演会などの他、ボランティア活動や動物のエサなどのサポーター制度なども行っている。

## 京都文化博物館　京都市中京区東片町

　京都の歴史や美術工芸などを紹介する総合的な文化施設として1988（昭和63）年に開館した博物館。総合展示室では京都の歴史や美術工芸を幅広く多方面から展示しており、各時代の京都の姿や祇園祭、京都ゆかりの名品を展示する。年5〜6回程度の多彩な特別展も開催している。京都府所蔵の映画を上映するフィルムシアター、作家や団体に貸し出しするギャラリーもある。本館に隣接した別館は重要文化財の旧日本銀行京都支店で、内部を公開している。本館1階には、再現された江戸時代末期の京都の町並みに飲食店や雑貨店などが並ぶ「ろうじ店舗」がある。ぶんぱく子ども教室、ぶんぱく京都講座などの教育活動の他、より深く利用したい人向けの友の会やボランティア活動なども行っている。

## 京都大学総合博物館　京都市左京区吉田本町

京都大学が創設以来収集してきた膨大な資料を保管・管理して活用する、日本最大規模の大学博物館。学内外での研究や教育はもとより一般市民に開かれた大学の窓口として活動している。その歴史は1914（大正3）年に竣工した文学部陳列館に始まり、自然史、技術史の分野にまたがる総合博物館として2001（平成13）年に開館した。収蔵資料は約260万点あり、国宝、重要文化財などの文化財、国際的に貴重なタイプ標本などを含んでいる。常設展示室は自然史、文化史、技術史の分野に分かれ、巨大な石棺、熱帯雨林での研究現場を再現した「ランビルの森」、霊長類研究、教材に使われた機械メカニズム模型など多くの見どころがある。独自の特別展や企画展を年に2〜3回開催するほか、展示関連イベント、講演会、子ども向けの体験イベントなどの行事も行っている。

## 舞鶴引揚記念館　舞鶴市平

舞鶴市は第二次世界大戦の終結後、国外に残された日本人の引揚港として、13年間にわたり66万人もの引揚者・復員兵を迎え入れた歴史がある。記念館は引き揚げやシベリア抑留の史実を後世に継承し、平和の尊さを広く発信する施設として、引揚記念公園内に1988（昭和63）年に開館した。シベリアで抑留者と労苦をともにした所持品など全国各地から寄せられた資料を約1万6千点収蔵しており、そのうち570点は2015（平成27）年にユネスコ世界記憶遺産に登録されている。常設展示では防寒着や書類などの1千点を超える資料や写真、模型、収容所を再現した抑留生活体験室などで抑留や引き揚げの様子を分かりやすく紹介している。展示室内では資料の調査、聞き取り活動を行うボランティア「語り部」による案内もある。学芸員による出張講座や教育旅行の受け入れも行っている。

## 京都国立博物館　京都市東山区茶屋町

京都文化を中心とした文化財の収集、保管、公開を行う博物館。1897（明治30）年に帝国京都博物館として開館し、1952（昭和27）年に現在の名称になった。明治古都館（旧本館）を含むいくつかの建築物は重要文化財に指定されている。館蔵品と寺社などからの寄託品を併せた収蔵品は1万4

Ⅰ　歴史の文化編　　61

千件を超え、この中には数多くの国宝や重要文化財が含まれている。名品
ギャラリー（平常展示）では彫刻、書跡、金工、絵巻などを定期的に入れ
替えながら展示している。特別展は名品ギャラリーと交互に開催し、テー
マに沿った文化財を展示する。研究者による土曜講座や講演会、ボランティ
アと体験型教材を楽しむミュージアム・カートやワークショップなどの教
育普及活動、京都・らくご博物館などのイベントも開催している。市内小
中学校への訪問授業は文化財ソムリエと呼ばれる大学生・大学院生が講師
を務めている。

## 京都府立京都学・歴彩館　京都市上京区薮ノ内町

　図書館、文書館、博物館の機能を備えた京都府立総合資料館を前身とし、
京都に関する資料の総合的な収集・保存・公開、京都の歴史・文化の研究
支援や学習・交流の拠点として2017（平成29）年にオープンした施設。国
宝の東寺百合文書や重要文化財を含む、図書、古文書、行政文書、写真、
歴史民俗資料などを収蔵している。所蔵資料の展示や、研究者や文化人に
よる講座、シンポジウムなどを開催している。

## 京都府立植物園　京都市左京区下鴨半木町

　京都市街北部にあり、1924（大正13）年に「大典記念京都植物園」として
開園した生きた植物の博物館。園内の南半分には、正門花壇とバラを中心
とした造形花壇や洋風庭園などがあり、北半分には日本各地の山野の植物
を植栽した植物生態園などがある。観覧温室は日本最大級でバオバブなど
の熱帯植物が鑑賞できる。園芸相談や園芸ガイド、季節の植物展示や園芸
市、講習会や講演会など年間を通して多彩な催しを開催している。

## 京都水族館　京都市下京区観喜寺町

　梅小路公園内にある人工海水利用型の水族館。オオサンショウウオのい
る「京の川」、マイワシの群れが泳ぐ「京の海」大水槽、田んぼや用水路を
屋外に再現した「京の里山」、約30種5千匹のクラゲを展示する「クラゲワ
ンダー」などが見どころ。イルカのパフォーマンスや体験プログラムなど
も開催している。

62

## 京都国際マンガミュージアム　京都市中京区烏丸通御池

　京都精華大学と京都市が共同で運営し、マンガ資料の収集、保管、公開とマンガ文化の調査研究、展示などを行っているマンガ専門のミュージアム。建物は昭和初期に建てられた元龍池小学校の校舎を活用している。約30万点のマンガ資料を保存しており、このうち約5万点は総延長200メートルの書架「マンガの壁」に配架され、手にとって読むことができる。メイン展示「マンガって何?」をはじめ、マンガに関する多彩な展示およびイベントを開催している。

## 立命館大学国際平和ミュージアム　京都市北区等持院北町

　立命館大学の教学理念「平和と民主主義」を具体化する教育・研究機関として、また社会に開かれ、発信する社会開放施設として1992（平成4）年に開館した博物館。戦争と平和に関する資料を約4万点収蔵している。常設展示では20世紀の戦争や地域の紛争、平和創造の営みが紹介され、特別展も開催される。図書やAV資料を扱う国際平和メディア資料室、立命館大学などと共同研究を行う平和教育研究センターもある。

## 龍谷ミュージアム　京都市下京区堀川通正面下る

　龍谷大学の創立370周年事業として2011（平成23）年に開館した博物館。西本願寺の向かいにあり、建物も町並みに調和した外観となっている。街に開かれた仏教総合博物館として、展覧会事業を通した仏教文化の普及に努めることを理念としている。仏教の広がりや歴史を分かりやすく紹介するシリーズ展や、特別展・企画展を開催する。ベゼクリク石窟寺院の仏教壁画をデジタル復元した、大回廊復元展示も見どころ。

## 京都市考古資料館　京都市上京区今出川大宮東入ル元伊佐町

　京都市埋蔵文化財研究所の成果を展示公開して普及啓発を図る博物館。建物は大正時代建築の旧西陣織物館で、本野精吾によるモダニズム建築の先駆的作品として知られ、京都市有形文化財に指定されている。常設展では土器の変遷、国際都市京都などのテーマ別の出土品展示、触れる展示もある。企画陳列や特別展示、文化財講座や史跡ウォークなどの催しも開催

I　歴史の文化編　　63

している。

## 京都市学校歴史博物館　京都市下京区御幸町通仏光寺下る橘町

　日本で最初の学区制小学校である64校の「番組小学校」と、京都市の学校に残された資料、卒業生が学校に寄贈した資料を収集保存し活用する博物館。元京都市立開智小学校の施設を改修整備して1998（平成10）年に開館した。番組小学校をはじめ学校教育の変遷や学校給食の歩みなどについて紹介するほか、企画展、特別展を開催している。唱歌・童謡教室、館長談話室、刺繍教室などの事業も開催している。

## 京都市立青少年科学センター　京都市伏見区深草池ノ内町

　子どもたちが体験的に楽しみながら理科や科学を学べる科学館で、100点を超える体験型の展示がある。プラネタリウムにはドーム中央にサブ操作卓があり、学校団体などの学習投影では子どもたちと投影者が対面でやり取りできる。屋外には約40種の岩石や化石が並ぶ岩石園や、生きたチョウが観察できる「チョウの家」などがある。実験を実演するサイエンスタイムや実験教室など数多くの催しも開催している。

## 京都市環境活動保全センター（京エコロジーセンター）
京都市伏見区深草池ノ内町

　地球温暖化防止京都会議を記念し2002（平成14）年に設立された、環境学習、環境保全活動の拠点施設。地球規模の環境問題から暮らしのエコ、企画展もある展示室の他、図書室、屋上ビオトープなどがある。ボランティアによる案内や環境学習プログラム、講座なども開催している。

## 月桂冠大倉記念館　京都市伏見区南浜町

　酒どころとして知られる京都市伏見にある酒造会社、月桂冠株式会社による日本酒の博物館。1909（明治42）年建造の酒蔵を活用しており、建物や中庭、庭園も見どころ。日本酒の伝統的な製造工程、市の有形民俗文化財指定の酒造用具、創業以来の月桂冠の資料などを展示している。

## 島津製作所創業記念資料館　京都市中京区木屋町二条南

　計測機器、医療機器などを製造する企業、株式会社島津製作所の資料館。建物は創業者の島津源蔵が居住し、約45年間本店として使用した和洋折衷の建築である。創業以来製造販売してきた数多くの理化学器械や、医療用X線装置などの機器、歴史的な資料を展示している。

## 茶道総合資料館　京都市上京区堀川通寺之内上る寺之内竪町

　裏千家センター内にあり、茶道美術の展示公開ならびに普及活動を実践する「茶道資料館」と、茶の湯の専門図書館「今日庵文庫」を設置する資料館。茶の湯に関する企画展で美術工芸品や文献資料などを展示している。2階陳列室には重要文化財の茶室「又隠」の写しがあり見学できる。展覧会期間中の平日には気軽にお茶席を体験できる呈茶席があるほか、茶道文化検定も実施している。

## 亀岡市文化資料館　亀岡市古世町中内坪

　亀岡の歴史や文化を扱う博物館。常設展「亀岡の歴史と文化」では時代ごとの亀岡の様子や、ゆかりの戦国武将明智光秀のコーナーがある。亀岡にちなんだ企画展や特別展を年に3回程度開催する。ロビーでは国の天然記念物アユモドキも飼育展示している。演劇教室「ぶどうの会」や、文化財研修をはじめ城下町探訪やカイコ綿などのサークル活動のある友の会など、教育活動も盛んである。

## 日本の鬼の交流博物館　福知山市大江町仏性寺

　酒呑童子などの鬼伝説の舞台である大江山にある、鬼をテーマにした博物館。鬼文化研究所を併設している。約1千点の鬼に関する資料や書籍などを収蔵し、世界鬼学会の事務局も務めている。展示室では日本の鬼や世界の鬼、大江山の鬼伝説、鬼瓦について紹介するほか、特別展や企画展も開催している。

## 舞鶴市立赤れんが博物館　舞鶴市字浜

　舞鶴赤れんがパークにある、れんが専門ミュージアム。建物は明治時代

Ⅰ　歴史の文化編　　65

に旧海軍の魚雷倉庫として建てられた、わが国に現存する最古級の鉄骨構造のれんが建造物である。れんが建造物の魅力と歴史を理解してもらうことを目的とし、展示室では世界のれんが、日本のれんが建造物や体験展示の他、戦争と平和にちなむれんがの展示もある。

# 京都府立丹後郷土資料館（ふるさとミュージアム丹後）

宮津市字国分小字天王山

　丹後地域の歴史・考古・民俗を扱う博物館。名勝天橋立が一望できる場所にあり、敷地内には丹後国分寺跡や移築復元された旧永島家住宅がある。常設展では縄文時代から近代までの歴史や丹後の織物を紹介し、特別展や企画展も開催している。学芸員と歩いて学ぶ「ぶらり丹後」をはじめとした教育活動や友の会などもある。

# 京都府立山城郷土資料館（ふるさとミュージアム山城）

木津川市山城町上狛千両岩

　南山城地方の特色ある歴史と文化を扱う博物館。常設展「南山城の歴史と文化」では先史から江戸時代まで時代ごとの南山城の様子、製茶などの生業、信仰や年中行事などを紹介している。季節ごとの企画展や特別展、講演会やこども体験教室、友の会やボランティア活動の運営も行っている。

# 宇治市源氏物語ミュージアム　宇治市宇治東内

　平安時代に紫式部によって書かれた源氏物語の専門博物館。宇治は「宇治十帖」と呼ばれる最後の十帖の主な舞台である。展示室では復元模型や映像で源氏物語の世界を紹介するほか、図書室では図書の閲覧もできる。源氏物語に関する企画展や講座なども開催している。

# 名　字

〈難読名字クイズ〉
①審／②鴨脚／③五百磐／④一口／⑤溶定／⑥故金／⑦辻子／⑧谷利／⑨袋布／⑩二十一／⑪神服／⑫人羅／⑬真艸嶺／⑭看谷／⑮遊里道

◆地域の特徴

　京都府は田中、山本、中村の3つの名字が圧倒的に多いという典型的な関西型である。以下も井上、吉田、西村、山田と続き、大阪府とともにいかにも関西らしい名字構成となっている。歴史の古い京都市には数多くの独特の名字があり、北部の両丹地区では独特の名字構成なのだが、京都府全体をみると、ごく普通のランキングになっている。

　上位40位のうち、京都府独特の名字は29位の大槻くらい。大槻は宮城県・福島県の県境付近と京都北部の2カ所に集中している名字で、とくに綾部市や福知山市に多い一方、京都市ではベスト100にも入らない。

　41位以下では、53位足立、54位塩見、79位八木、81位四方、84位芦田などが独特。これらはいずれも丹波・丹後地域に集中している名字である。

　101位以下では、梅原、川勝、荻野、細見、糸井、衣川、坂根、人見が多いのも特徴。とくに川勝は全国の過半数が京都府にあり、その大半は南丹市と亀岡市に集中している。また、衣川は福知山市と県境を挟んだ兵庫

## 名字ランキング（上位40位）

| 1 | 田中 | 11 | 林 | 21 | 橋本 | 31 | 鈴木 |
|---|---|---|---|---|---|---|---|
| 2 | 山本 | 12 | 小林 | 22 | 森 | 32 | 藤井 |
| 3 | 中村 | 13 | 山口 | 23 | 渡辺 | 33 | 前田 |
| 4 | 井上 | 14 | 中川 | 24 | 岡田 | 34 | 藤原 |
| 5 | 吉田 | 15 | 谷口 | 25 | 佐藤 | 35 | 吉岡 |
| 6 | 西村 | 16 | 上田 | 26 | 加藤 | 36 | 山崎 |
| 7 | 山田 | 17 | 伊藤 | 27 | 山下 | 37 | 中西 |
| 8 | 木村 | 18 | 岡本 | 28 | 村上 | 38 | 石田 |
| 9 | 松本 | 19 | 藤田 | 29 | 大槻 | 39 | 大西 |
| 10 | 高橋 | 20 | 清水 | 30 | 長谷川 | 40 | 佐々木 |

Ｉ　歴史の文化編　67

県朝来市に多い。坂根は綾部市以北から山陰に広がっている。

● **地域による違い**

京都市は古くから都として栄えたことから、歴史の古い名字が多いが、都だったために各地から人が集まって来たこともあってあまり特徴はなく、西日本の名字の集大成のような分布となっている。

南部地域も歴史の古い地域だが、近年は京都市や大阪市へのベッドタウンとして開発されたことから、やはり特徴は乏しい。しいていえば、向日市で清水や長谷川、八幡市で北村、久御山町で内田が目立つが、これらも独特の名字とはいいづらい。

それでも綴喜郡や相楽郡にいくと、やや独特の分布となってくる。井手町では古川、和束町では岡田が最多で、木津川市に合併した旧山城町でも古川が最多だった。この他では、宇治田原町で上辻（かみつじ）、井手町で中坊、和束町で奥・坊、笠置町で中尾などsも多い。

一方、京都府北部は大きく違っている。京都市に近い口丹波地区の亀岡市では森や八木が多いくらいだが、南丹市では西田・川勝が多く、京丹波町には片山・上田が集中している。

中丹波地区では一変して、福知山市では足立、塩見、大槻、芦田が飛び抜けて多く、衣川、細見、植村も多い。綾部市では四方と大槻が圧倒的に多く、次いで塩見、村上、梅原が多いなど京都府全体の傾向とは全く違う。

旧丹波国は京都府と兵庫県にまたがっていた。そのため、こうした名字の集中地域も京都府だけではなく、県境を越えて兵庫県北部にまで広がっている。

足立は府内では福知山市に多いが、一番集中しているのは隣の兵庫県北部。ルーツは武蔵国足立郡（東京都・埼玉県）で、鎌倉時代に氷上郡に移ってきて広がったものだ。

芦田は福知山市と、府県境を挟んで隣の兵庫県氷上市の2市に全国の2割以上が住んでいるという特異な名字である。ルーツは丹波国氷上郡芦田（兵庫県丹波市青垣町）とも、信濃芦田氏の一族が来国したものともいい、はっきりしない。

一方、大槻と塩見は福知山市と綾部市に圧倒的に多く、兵庫県で多いのはともに旧市島町（丹波市）くらい。また、四方は綾部市の一点集中型。綾部市の人口の6%近くが四方で、全国の四方の3割は綾部市在住。ちな

みに、東京周辺や富山県射水市にある四方は「よも」とも読むことも多い。

ところが、丹後地区になると再び京都府全体の傾向に近くなる。明治維新後に軍港となったことで大きく発展した舞鶴市では、佐藤や高橋といった東日本系の名字がやや目立つほか、宮津市でも藤原や矢野がやや多いくらいで、全体的には大きな差異はない。特徴的な名字には宮津市の下野や、与謝野町の加畑、京丹後市の蒲田など、場所によって漢字の異なる「かばた」がある。

この他、京丹後市では梅田・川戸・坪倉・堀、与謝野町では山崎・白数・浪江・坂根、伊根町では奥野・永浜・三野が多いなど、丹後西部では独自の分布となっている。

● **公家の名字**

京都を代表する歴史的な名字といえば、やはり公家の名字である。一般には、公家の名字は「〜条」や「〜小路」「〜大路」というものだと思っている人が多い。確かに、公家にはこうした名字も多いが、それらが多数派というわけではない。

平安時代の公家の多数は藤原北家の一族である。したがって、公家のほとんどが藤原姓で区別がつかないため、公家たちは自らの邸宅のある場所を家号として使用して各家を区別した。なかには、菩提寺の名前や、京都郊外に持っていた領地の地名を使った家もあるが、いずれにしても公家の家号の多くは地名由来である。

京都は格子状に街路が広がり、東西方向を「〜条」、南北方向を「〜大路」といい、その間にある小さな道を「〜小路」と呼んだ。公家の屋敷はこれらの一角を占めており、一条家から九条家まで「数字＋条」という名字はすべて揃っている。しかし、「〜小路」という家は、姉小路家・油小路家・綾小路家・梅小路家・押小路家・勘解由小路・北小路家・錦小路家・万里小路家の9家のみ、「〜大路」と付くのは西大路家1家のみである。というのも、六角小路に面した公家は六角小路ではなく六角を家号とするなど、「小路」や「大路」の部分は名字として取り込まないことが多かったからだ。したがって、江戸時代に140家ほどあった公家のうち「〜小路」「〜大路」という名字を名乗っている家は少数派である。

なお、朝廷には公家以外にも多くの官僚たちがいた。彼らのなかにも「〜小路」「〜大路」という家はある。

I　歴史の文化編　　69

## ● 神官系の名字

京都には古代から続く有名な神社も多く、これらの神社には代々神官を務める有力一族がいた。

石清水八幡宮の神官は紀氏の一族が務めた。のち田中家と善法寺家に分かれ、明治以降善法寺家は菊大路家と改称している。一族には、竹、山井、壇などがある。

左京区の吉田神社の神官は伊豆国の出という卜部氏が務め、のち神社名から吉田家と改称した。『徒然草』を書いた吉田兼好もこの一族。また、吉田家の家老のような役割を務めた鈴鹿家は吉田神社周辺に一族が広がり、神道学者や国学者を輩出した。現在も左京区には鈴鹿氏が集中している。

伏見の稲荷神社の神主は古代豪族秦氏の一族。大西家と松本家の2家に分かれ、大西家からは祓川、安田、新小路、松本家からは毛利、沢田、市村、中津瀬などが出た。また、神主とは別に神職を務める荷田家があり、江戸時代には羽倉氏とも称した。

賀茂別雷神社（上賀茂神社）の神官は社務21人と氏人14人が奉仕したが、賀茂氏の末裔が独占した。一方、賀茂御祖神社（下鴨神社）の神官は鴨氏の末裔で、『方丈記』を書いた鴨長明は一族である。

## ● 僧侶・大谷家

神官だけではなく、僧侶にも代々続く名家があった。その代表が浄土真宗の大谷家である。浄土真宗の祖親鸞は公家日野家の一族。その末娘覚信尼は日野広綱に嫁いで覚恵を産み、以後子孫は本願寺の門主を世襲した。

室町時代初めに8代目の蓮如が京都を出て各地に布教して浄土真宗を一挙に大教団に発展させ、江戸時代に東西の本願寺に分裂した。明治時代になって僧侶も名字を名乗ることが義務づけられた際、東西両本願寺は、親鸞の廟堂のあった大谷の地名をとって、ともに大谷を名字とした。そして、両家とも宗教関係家としては異例の伯爵となっている。

## ● 千家と池坊家

京都には文化界の名家もある。その代表が茶道と華道で、ともに家元制度をとり、その宗家は京都で中世から続く名家である。

茶道を代表する家元が千利休を祖とする千家である。利休は堺の商家の出で、もともとは田中という名字だった。武野紹鴎に学んだあと織田信長、豊臣秀吉に仕えて茶の湯を大成、のち秀吉の側近として政治的な力も持っ

たが、自分以外が政治的な力を持つことを嫌った秀吉によって自刃させられた。

千家3代目の宗旦には4人の子どもがあった。長男の宗拙は仕官に失敗、子どもがいなかったこともあって家を継がず、三男の宗左に家督を譲った。この宗佐の子孫が表千家で、代々紀州藩に仕えた。四男宗室の末裔は裏千家となり、宗旦の二男宗守は高松藩に仕官したあと、引退後に京都の武者小路小川通に官休庵を構えて武者小路千家を興した。

なお、表千家、裏千家という名称は、寺之内通りから見て、宗左の不審菴が表に、宗室の今日庵が裏側にあることに由来している。

一方、華道を代表する家元が池坊家である。池坊のルーツは聖徳太子が建立したと伝えられる京都の六角堂（紫雲山頂法寺）。六角堂には、聖徳太子が沐浴したとされる池があり、そのほとりには小野妹子を始祖と伝える僧侶の住坊があったため「池坊」と呼ばれるようになった。

池坊の僧たちは、六角堂の本尊如意輪観音に花を供え、やがていけばなの名手として知られるようになった。なかでも、室町時代の12世専慶が名手として知られたことから、池坊家では専慶を流祖としている。そして、戦国時代の28世専応の時に理論を体系化し、専応に続く専栄・初代専好・2代目専好の3代で華道家元としての池坊が誕生した。現在の家元は45世である。

## ◆京都府ならではの名字
### ◎鴨脚
（いちょう）

下鴨神社の神官の名字。鴨の脚を広げた状態がイチョウの葉に似ていることから、これで「いちょう」と難読名字である。

### ◎勘解由小路
（かでのこうじ）

公家の名字。藤原北家日野流。正保元（1644）年烏丸光弘の二男資忠が一家を興して勘解由小路家を称したのが祖。明治時代には子爵となっている。漢字5文字の名字は、左衛門三郎とともに現存する名字としては最長である。なお、ルーツとなった地名は、現在では「かげゆこうじ」と読む。

## ◆京都府にルーツのある名字
### ◎一口
（いもあらい）

一口という名字も久御山町にある地名がルーツ。これは、出入り口が1カ所しかないところに人が殺到すると混雑して芋洗い状態になる、という

I　歴史の文化編　71

ことで「いもあらい」と読む。

◎上杉

戦国武将上杉謙信などで知られる上杉氏のルーツは京都府にある。藤原北家勧修寺高藤流の清房が鎌倉幕府六代将軍宗尊親王に従って鎌倉に下向、丹波国何鹿郡上杉荘（綾部市上杉町）を領して上杉氏を称したのが祖である。頼重以降は足利氏に従ってその重臣となった。

◎大江

山城国乙訓郡大枝郷（京都市右京区）に因む古代豪族の姓。延暦9（790）年桓武天皇の外祖母の土師氏が大枝朝臣の姓を賜り、貞観8（866）年に音人が大江氏と改称した。なお、平城天皇の皇子阿保親王の子孫とする説もある。音人は清和天皇に仕えて参議となり、「貞観格式」の編纂に参与するなど学問で活躍、以後菅原氏とともに代々文章道で朝廷に仕えた。

◎塩貝

全国の7割が京都府にあり、とくに南丹市に集中している。南丹市日吉町上胡麻の東部を古くは塩貝といい、ここがルーツ。戦国時代には塩貝将監という武将がおり、塩貝城に拠っていたが、明智光秀に敗れて落城したと伝える。

◆珍しい名字

◎鶏冠井

中世、山城国乙訓郡鶏冠井荘（向日市）を本拠としていた鶏冠井氏という国人がいた。鶏のとさかが楓に似ていることから、鶏冠井と書いて「かえでい」と読んだのが由来。地名は「かいで」となり、名字も「かいで」となった。現在でも京都市内などにある。

◎舌

古代、貴船の神が貴船山中に多くの神を従えて降臨した際、その中に牛鬼というおしゃべりな神がいた。牛鬼は、他言無用の天上の秘密をしゃべってしまったため、舌を八つ裂きにされて追放されたという。牛鬼は後に貴船に戻り、自ら舌を名字として貴船神社の神官になったと伝えている。

〈難読名字クイズ解答〉

①あきら／②いちょう／③いにわ／④いもあらい／⑤うねさだ／⑥かるがね／⑦ずし／⑧せり／⑨たふ／⑩にそいち／⑪はっとり／⑫ひとら／⑬まどれ／⑭みるたに／⑮ゆりみち

# II

## 食の文化編

# 米 / 雑穀

## 地域の歴史的特徴

　京都府南部の京都盆地は1200年も前から日本の中心として栄えてきた。府名は、794（延暦13）年の平安京遷都以来約1000年にわたってみやこ（都）として栄え、「京の都」といわれたことに由来する。

　若狭（現在の福井県南西部）と京都盆地を結ぶ街道は「さば街道」とよばれた。北海道からも乾燥させた魚が運ばれてきた。

　1485（文明17）年には山城南部で国人と農民が山城国一揆を起こした。国人だけでなく、農民も協力し、守護大名の畠山氏の政治的影響力を排除して8年間自治を行った。

　1509（永正6）年には、幕府が、大都市・京都で米場（こめば）を通さないコメの小売りを禁止し、米場以外でコメ市をたてることを禁じた。京都の米場はこの禁令によって独占を強め、卸売市場の先駆けに成長していった。

　1876（明治9）年には現在の京都府域が確定した。1890（明治23）年には琵琶湖の水を京都に流す悲願の琵琶湖疏水が完成し、首都の東京への移転で活気をなくしていた京都再興の礎になった。

## コメの概況

　京都府は、京都盆地と亀岡盆地を除いて平地が少ないため、総土地面積に占める耕地率は6.7％で、全国で8番目に低い。

　水稲の作付面積、収穫量の全国順位はともに34位である。収穫量の多い市町村は、①京丹後市、②亀岡市、③福知山市、④南丹市、⑤綾部市、⑥京都市、⑦京丹波町、⑧与謝野町、⑨舞鶴市、⑩木津川市の順である。県内におけるシェアは、京丹後市17.1％、亀岡市11.6％、福知山市10.7％、南丹市10.4％などで、この4市で半分近くを生産している。

　京都府における水稲の作付比率は、うるち米96.2％、もち米2.4％、醸造用米1.4％である。作付面積の全国シェアをみると、うるち米は1.0％で

全国順位が愛媛県と並んで34位、もち米は0.6％で群馬県、愛知県、徳島県と並んで31位、醸造用米は1.0％で静岡県と並んで22位である。

## 知っておきたいコメの品種

## うるち米

（必須銘柄）キヌヒカリ、コシヒカリ、どんとこい、日本晴、ヒノヒカリ、フクヒカリ、祭り晴
（選択銘柄）京の輝き、にこまる、ヒカリ新世紀、ほむすめ舞、ミルキークイーン、夢ごこち

　うるち米の作付面積を品種別にみると、「コシヒカリ」が最も多く全体の56.8％を占め、「キヌヒカリ」（21.4％）、「ヒノヒカリ」（16.8％）がこれに続いている。これら3品種が全体の95.0％を占めている。

- **コシヒカリ**　2015（平成27）年産の1等米比率は75.0％だった。丹波地区産「コシヒカリ」の食味ランキングはA'である。丹後産「コシヒカリ」は特Aだったこともあるが、2016（平成28年）産はAだった。
- **キヌヒカリ**　丹波地区産「キヌヒカリ」の食味ランキングは、2016（平成28）年産で初めて最高の特Aに輝いた。
- **ヒノヒカリ**　山城地域、南丹市などで栽培されている。
- **京の輝き**　農研機構と京都府が「収6602」と「山形90号」を交配して育成して、共同開発した。大粒で酒造適性に優れる掛米用品種である。丹波・丹後地区産「京の輝き」の食味ランキングはAである。

## もち米

（必須銘柄）新羽二重糯
（選択銘柄）なし

　もち米の作付面積の品種別比率は、晩生品種の「新羽二重糯」が最も多く全体の91.7％を占めている。

- **新羽二重糯**　京都府が改良羽二重糯から純系分離して1946（昭和21）年に育成した。同年に導入以来、京都の主要なもち米の品種として定着している。

Ⅱ　食の文化編　　75

## 醸造用米

（必須銘柄）祝、五百万石
（選択銘柄）山田錦

醸造用米の作付面積の品種別比率は「祝（いわい）」が全体の57.1%、「五百万石」が42.9%である。

● **祝** 京都府が在来品種の「野条穂」から純系分離し、1933（昭和8）年に育成した晩生品種である。一時栽培されなくなっていたが、1992（平成4）年度から京都府産のオリジナル米として復活した。

### 知っておきたい雑穀

**❶小麦**

小麦の作付面積の全国順位は29位、収穫量は34位である。産地は福知山市、南丹市、綾部市などである。

**❷二条大麦**

二条大麦の作付面積、収穫量の全国順位はともに16位である。統計によると、京都府で二条大麦を栽培しているのは亀岡市だけである。

**❸そば**

そばの作付面積の全国順位は30位、収穫量は31位である。主産地は福知山市、京丹後町、南丹市、伊根町などである。栽培品種は「在来種」「信濃1号」「信州大そば」などである。

**❹大豆**

大豆の作付面積の全国順位は34位、収穫量は33位である。産地は京丹後市、京丹波町、南丹市、福知山市、与謝野町などである。栽培品種は「オオツル」「新丹波黒」などである。

**❺小豆**

小豆の作付面積、収穫量の全国順位はともに北海道、兵庫県に次いで3位である。主産地は福知山市、京丹後市、綾部市、南丹市、京丹波町などである。

### コメ・雑穀関連施設

● **洛西用水**（京都市、向日市、長岡京市） 京都市西京区嵐山から洛西地

方にまたがる幹線延長20kmのかんがい用水である。5世紀後半に朝鮮の新羅から来た秦氏が、未開拓地であった嵯峨野に堰や用水路を築造し、農業の礎を築いた。現在の一ノ井堰は、1951（昭和26）年に京都府が10カ所余りの井堰を統合して築造した。西京区から長岡京市に至る200haの田畑を潤している。

- **上桂川用水**（亀岡市）　淀川水系桂川に室町時代に築造された寅天堰を最上流堰とし、徳川時代に築造された7井堰が亀岡盆地の760haにかんがい用水を供給していた。1959（昭和34）年の水害でこれらが壊滅されたため、7井堰を統合した上桂川統合堰を建設することになり、幹線水路を含め1963（昭和38）年に完工した。亀岡市は京都の穀倉地帯である。

- **広沢池**（京都市）　8世紀頃、洛西一帯が開墾された際、農業用水にするためにその原形がつくられた。現在の池は、989（永祚元）年に寛朝僧正が遍照寺を建立した際に築堤した。池周辺は歴史的風土特別保存地区に指定され「稲穂実る風景」を次世代に伝えるため、厳しい開発制限が課されている。古くから観月の名所で、数多くの俳句や短歌が詠まれている。

- **佐織谷池**（舞鶴市）　舞鶴市西部の下東に、江戸時代前期に築造された。近くを流れる由良川の水は塩分を含み農業に適さないため、由良川下流の16haの水田に欠かすことのできない水源である。森鴎外の小説『山椒大夫』の「安寿と厨子王」で知られる安寿姫の塚がある。毎年7月14日には安寿姫の慰霊祭が行われる。

- **綾部井堰**（綾部市）　12世紀に平重盛が綾部を支配していたときに築いた。由良川河口から52.4kmの左岸に位置する。堰堤長212.5m、幅45m、落差2mのコンクリート堰堤である。現在、綾部井堰は国土交通省、綾部市から福知山市前田までの用水路・排水路18kmは綾部井堰土地改良区が管理し190haの農地を潤している。

## コメ・雑穀の特色ある料理

- **丹後のばらずし**（丹後地方）　京丹後市、宮津市、与謝野町などで、正月や冠婚葬祭、誕生日などに欠かせない家庭料理である。具材は、グリーンピース、紅ショウガ、錦糸卵、シイタケ、カモボコ、カンピョウな

どと彩りが豊かである。丹後のばらずしは、これにサバのそぼろが加わる。具材は、家庭や季節によって異なる。

- **サバずし**（京都市）　ふきんの上にすし飯を置き、塩サバの身を張りつけ、ふきんで全体を包んで形を整えてから竹の皮で包む。これを並べて重石をし、一晩おくと、サバの脂がすしめしになじむ。京都市内の祭りに欠かせない料理で、たくさんつくって親戚などに配ることも多い。

- **衣笠丼**（京都市）　甘辛く炊いた油揚げと九条ネギを卵でとじ、ご飯にのせる。料理名にある衣笠は、京都市北区と右京区の境にある標高201ｍの山である。第59代宇多天皇が真夏に雪景色を見たいと衣笠山に白い絹をかけた故事から「きぬかけ山」ともよばれる。丼に盛った姿を衣笠山に見立て、名前がついた。

- **岩ガキ丼**（舞鶴市）　日本海に面した舞鶴市では、夏場に水中の岩場で岩ガキがとれる。岩ガキ丼は同市の名物料理で、地元産の新鮮な岩ガキと、近海で獲れた魚を原料にした舞鶴カマボコをご飯の上にのせる。

### コメと伝統文化の例

- **高盛御供**（京都市）　「高盛」という「神饌」を神に献上する豊穣感謝の儀式である。みそをつなぎにして、湯がいた小芋を高く盛り上げ、柿やサツマ芋を飾りつけ、ご飯を型にはめ込んだ「神饌」を北白川天神宮の神前に供える。開催日は毎年10月第1日曜日。

- **伏見稲荷大社の火焚祭**（京都市）　その年の稲わらや全国から寄せられた火焚串などを焚き上げて収穫を感謝し、恵みをもたらしてくれた神を山にお送りする祭りである。京都の秋の風物詩の一つである。開催日は毎年11月8日。

- **大原のさぎちょう**（京都市）　漢字では左義長と書く。別名は「どんど焼き」である。竹や木などでやぐらを組み、正月飾りなどを持ち寄って積み上げて燃やし、五穀豊穣や無病息災を祈る。開催日は小正月の1月15日頃。

- **水口播種祭**（京都市）　伏見稲荷大社の苗代田に籾種をまき、充実した生育を祈願する祭りである。本殿祭の後、境内の神田で行われる。種まきにあたっては、独特の歌詞の水口播種祭歌が歌われる。開催日は毎年4月12日。

● **賀茂競馬**（くらべうま）　上賀茂神社で行われる1093（寛治7）年に始まった伝統ある神事である。独特の装束をまとった乗尻（騎手）の乗った12頭の馬が、2頭ずつ左右に分かれて約400mを駆け抜け、速さ、作法などを競う。五穀豊穣を祈願するとともに、その勝敗によって米作の豊凶を占う。兼好法師の徒然草第四十一段にも「五月五日、賀茂の競馬（くらべうま）を見侍りにし」とある。開催日は毎年5月5日。

# こなもの

にしんそば

### 地域の特色

　近畿地方の北部に位置している。かつての山城国・丹後国の全域と丹波国の一部である。日本海沿岸から南東に延びる京都府は、北部と南部に分けられる。府庁の所在する京都市は、南部に位置する。現在の京都市は、延暦13（794）年に桓武天皇が遷都して平安京と称した。以来、明治2（1869）年までは、日本の首都であった。そのためか、京都の人の気質は、個人主義のところがあり、都会人としてのプライドをもち続けている。物腰は柔らかく、言葉もやさしいが、本当に打ちとけているかどうかは、京都から離れた人には理解しにくいところがあることは、よく語られていることである。

　京都府は京都市を含む山城国、丹波国、丹後国からなる。しかし、丹後国のうち篠山周辺は交通事情から兵庫に編入され、丹後の宮津と舞鶴はいずれも小さな城下町だった。北部の大半は丹後山・丹波高地などの山地で、山間に狭い福知山盆地・亀岡盆地がある。南部の京都市は京都盆地の中に位置する。日本海にせりだした丹後半島は、リアス海岸をもつ若狭湾となっている。丹波高地南部と京都盆地は、夏に暑く冬は寒い内陸型気候である。北部は、冬には降雪が多い、日本海型の気候である。江戸時代には、政治の中枢が江戸（東京）に移動したが、以前として江戸（東京）・大坂（大阪）と並ぶ大都市として栄えている。とくに、京都市は、古い伝統を活かしつつ、現代的な新しい京都に発展させようとしている。

### 食の歴史と文化

　京都府は盆地を除けば、ほとんどが山地である。魚介類は、若狭湾からサバ街道を経て運ばれた塩蔵品や乾燥品を利用した文化が生まれた。「サバの棒ずし」、タラと海老イモの「イモ棒」、「にしんそば」「グジ（アマダイ）の塩焼き」などが現在も高級料理なのは、新鮮な魚介類の入手が難し

かった時代の名残と考えられる。

農作物を栽培する面積が狭いので、京都だけで工夫して栽培されているのが「京野菜」である。代表的な野菜に聖護院ダイコン、時なしダイコン、その他などがある。

京都の郷土料理には、「おばんざい」という日常に食べる惣菜がある。安い食材を無駄なく使いこなし、美味しく作った家庭料理である。食材同士の組み合わせやだし汁の使い方を工夫した料理である。昔は、リヤカーにのせて、各家庭を売り歩いたようである。若狭湾から運ばれた塩漬けサバは、棒ずしとしたが、余ったサバずしは、翌日焼いて食べても美味しい。生麩、湯葉も食材として利用される。

保存食として、玄米のくず米で作った「きゃあもち」、「ブリの味噌漬け」がある。

### 知っておきたい郷土料理

## だんご・まんじゅう類

### ①だんご

必ず、挽きたての小麦粉を使って作る蒸しだんご。米の端境期に米の節約のために作るだんごである。作り方は、ご飯を炊くときに、炊き上がる寸前に、ご飯の上にぬれ布巾を敷き、その上に、どろどろとした濃度の小麦粉を流して蓋をして蒸す。蒸した後の小麦粉の生地は、鍋蓋にとり、熱いところを朝ごはんの前に食べる。食べ方は、包丁で四角または三角に切って、砂糖やみそ汁をかけて食べる。

### ②ねこだんご

京都の木津川流域に開けた水田と傾斜地のある地域では、午前と午後の間食に利用したり、山へ出かけるときのお供として利用する。

玄米のくず米の粉を水で捏ねて丸い形にしたものを、もち米のこねものの上に並べて蒸す。これを杵で搗いた後、ネコが背を丸くしたように形を作る。これを適当に切って、焼いて醤油をつけて炙る。醤油の香ばしさを楽しむだんごの一つ。

### ③茶だんご

製茶の雇い人たちの間食に食べるだんご。小麦粉に重曹と塩を混ぜ、水

を加えて混ぜる。この時に、干したヨモギを混ぜて色と香りをよくする。

こしき（丸形の蒸し器）の中に、竹のスノコを敷き、その上にあら布を敷き、これに製茶用の蒸気用の釜を載せ、この中でだんごを蒸す。どんぶり鉢に入れ、黒砂糖を湯で溶いておいたものの中に、もう一度蒸して、温かいうちにだんごを浸して、よくなじんだものを取り出して、黄な粉をつけて食べる。

④おはらみだんご

田植えの休みの日「半夏生」（夏至から11日目。京都では「はげっしょ」という）に「おはらみだんご」を神棚に供えて「田植えした稲の根がよくはりますように」と祈る。また、田植えを手伝ってくれた人々に手間代を支払う日でもあった。

うるち米の粉を熱湯で溶いて捏ねて作っただんごの生地で小豆餡を包み、巾着のような形にして蒸す。子どもや老人のおやつとしても作る。

⑤よもぎだんご

米粉に熱湯を加えて練ってから蒸し、さらに用意しておいた磨ったヨモギを混ぜ、小口にちぎり、平たく延ばし小豆餡を包んで編み笠のような形にする。雛祭りに作り、ひな壇に供える。

⑥さなぶりだんご

小麦粉の重曹と塩を混ぜて、水を加えて捏ねてだんごの生地を作る。黒砂糖で調味した小豆餡を、この生地で包んで蒸す。

このだんごは、和束町周辺では、「あまと苗」（「余った苗」の意味）と一緒に農業の神様に供え、収穫時期までの無事を祈る。「さなぶり」は「さのぼり」ともいい、「田植えが終わった祝い」の意味といわれている。

⑦いばら餅

夏至の頃に、ちまきとともに作る「粉もち」である。

もち米の粉とうるち米の粉にぬるま湯を加えて、もちの生地を作る。適当な大きさにちぎり、小豆餡をいれて包み丸い形にし、サルトリイバラ（サンキライ）の葉を両面につけて蒸す。サルトリイバラの葉を使っていることから「いばらもち」の名がある。京都のほか滋賀県などにもある。京都の銘菓の一つとなっている。

⑧花びら餅

初釜の菓子には「花びら餅」と定められている。正式には、「菱葩餅」

という。平安時代に、宮中で行われた新年の行事「歯固めの儀式」に用い
たものといわれている。明治時代になって裏千家十一世玄々斎が、これを
初釜に使うことを許され、爾来、初釜には欠かせない菓子となっている。
花びら餅は、ゴボウと白味噌餡を餅や求肥で包んだ菓子である。餡か皮
は薄いピンク色に染められていて、華やかにみえる。この餡と皮のピンク
色は濃すぎても薄すぎても趣がなく、ほどほどの淡いピンク色であること
が、「花びら餅」の掟だそうである。和菓子の老舗では、この時期には「花
びら餅」づくりで競い合うそうである。

⑨やつはし（八つ橋）

　米粉に熱湯を加え練ってから蒸し、さらに肉桂粉、砂糖、芥子を加えて
混ぜて、薄く延ばしたものを、長方形に切って鉄板でやいき、琴の形に反
り返した干菓子が主体であった。現在は、焼かない生の生地を四角に切り、
餡を包んだ「生八つ橋」も目立つようになった。「生八つ橋」には、液体
の肉桂を入れる。

　干菓子は、パリパリした歯ざわりと、口の中に広がる肉桂の香りを味わ
う。近世琴曲の創始者である八つ橋検校は、寛永16（1639）年に京都に
住み着き、姓を八つ橋と改めた。江戸時代の前期の元禄2年（1689）に、
聖護院八つ橋本店が、八つ橋検校の徳を忍び、琴の形の干菓子を作った。

⑩ぼたもち

　京都府の丹後地方の村では、彼岸のぼたもちは砂糖と塩味の両方の味の
ものを作る。塩味のぼた餅は、1週間の日持ちがする。

⑪洛北

　京都の竹濱義春老舗が作る「小麦粉と卵と砂糖でつくられる粗めの生地
に」、黒糖風味の黒飴とあっさりした白飴の2種類がある。見た目はごつ
ごつしているが、食べると深い味わいがある。


# お焼き・焼きおやつ・お好み焼き・たこ焼き類

## ①そばのきゃあもち

　そば粉にぬるま湯を少しずつ入れながら練り上げる。練り上げた生地は、
手で丸く平たく作り、蒸す。蒸したものは搗き、その生地で小豆餡を入れ
て包む。出来上がった「きゃあもち」は、フライパンなどでこんがりと焼

Ⅱ　食の文化編　　83

いて食べる。

## ②米からカステラ

　京都の「仙太郎」の有名な和菓子。仙太郎は「身土不二」（「しんどふじ」または「しんどふに」）を目指して和菓子づくりをしている。仙太郎の菓子は「からだにやさしい菓子」の代名詞といわれるほど、材料は産地も指定し、品質も吟味しや甘さを工夫している。小豆は丹波に専用の畑をもっている。東京のデパートに出店している仙太郎は、甘みは、常に糖度計で調べている。仙太郎の「米カステラ」は米粉を原料とし、砂糖には徳島産の和三盆糖蜜を使用し、普通のカステラよりも食感もよく、味も素朴であるのが人気である。和菓子専門店が生みだしたカステラでカステラに米粉をはじめて使ったのが仙太郎である。

## めんの郷土料理

### ①にしんそば

　江戸時代に、北海道の魚介類を積んだ北前船が日本海を経由して大阪（大坂）へ運ぶ途中で若狭に降ろした乾燥ニシン（身欠きニシン）や乾燥コンブは京都へ運ばれ、京都の「にしんそば」が作られるようになった。現在は京都の名物となっている。ルーツは北海道の江差にあると伝えられている。明治15（1882）年頃に、京都の松葉の2代目松野与三郎が考案したとの説がある。

### ②かけそば

　京都の山間部では、つくねいもをそば粉に混ぜて、そばを打つ地域もある。つくねいもがつなぎとなっている。生そばは茹でてから冷水に移し、洗いながら冷やしてザルにあげる。

　そばつゆのだしは煮干しでとり、醤油、砂糖で調味してそばつゆを作る。皿に盛ったそばに、そばつゆをかけて食べる。薬味に食べやすい大きさのミョウガをのせるのが特徴でもある。

▶「京たんご梨」「丹波クリ」は果物の京ブランド

# くだもの

### 地勢と気候

　京都府の面積の4分の3以上が山地や丘陵地である。県北部には丹後山地や福知山盆地があり、丹後半島と、舞鶴湾や宮津湾などで日本海に面している。丹後半島の日本海沿岸には砂丘地がある。県中央部には丹波高地や亀岡盆地、南部には京都盆地がある。

　気候は、丹後山地を境にして、北部と南部で異なる。北部の福知山盆地から丹後山地一帯は内陸性、丹後半島地域は日本海側の特性がある。舞鶴湾や宮津湾付近一帯は両者の中間の気候である。南部では亀岡盆地から南山城の山間地にかけては内陸性の気候である。京都市の市街地では近年、平均気温が上昇している。

### 知っておきたい果物

**クリ**　亀岡市から北に、南丹市、京丹波町から綾部市、福知山市あたりまでを丹波地方とよぶ。この地域で生産されるのが「丹波くり」である。「丹波くり」の歴史は古く、平安時代にさかのぼる。「丹波くり」は日本のクリのルーツといわれる。丹波のクリは、古くから献上物として都に運ばれるとともに、江戸時代には年貢米の替わりとして上納された。江戸時代に、尼崎の商人が丹波からクリを持ち帰り、京阪神で売り歩いたのがきっかけで全国に広まった。京都の秋を代表する味覚で、京のブランド産品である。

　京都府内のクリの生産量は1978（昭和53）年は1,500トンだった。現在では346トンに減少している。京都府におけるクリの栽培面積の全国順位は10位、収穫量は16位である。福知山市では、毎年、収穫期に合わせて「福知山地方丹波くりまつり」が催される。

**日本ナシ**　京都府北部の丹後半島で栽培されている「京たんご梨」は、2000（平成12）年に京のブランド産品に認定されている。

Ⅱ　食の文化編　　85

光センサーで糖度を計り、一定以上の糖度があり、Lサイズ以上で、形が良く傷がないなど条件を満たしたものをブランド産品としている。

京都府における日本ナシの栽培面積の全国順位は32位、収穫量は33位である。主産地は京丹後市で、ほかに八幡市、久御山町などである。京丹後市久美浜町は、京都府内で生産されるナシの9割を占める。明治時代に、砂丘地で基幹作物がなく、新たな現金収入を求めて取り組んだのが始まりである。当時、同じ日本海側に位置し、気候、風土が似た鳥取県を手本にしてナシ園を造成した。その後、国営農地開拓事業で造成された畑で規模を拡大していった。京丹後市産のナシは「京たんご梨」としてJA全農が地域ブランドの登録を受けている。京丹後市の現在の主力は「ゴールド二十世紀」である。「ゴールド二十世紀」は、「二十世紀」を改良した品種で、黒斑病に強い。このほか、「幸水」「豊水」「新興」「晩三吉」「新雪」などを生産している。出荷時期は8月上旬〜12月下旬頃である。

## サンショウ

サンショウの栽培面積の全国順位は5位、収穫量は3位である。主産地は福知山市、綾部市、京丹波町などである。

## ユズ

ユズの栽培面積の全国順位は19位、収穫量は11位である。主産地は京都市、宇治市、京丹波町などである。

## ハッサク

ハッサクの栽培面積の全国順位は14位、収穫量は15位である。主産地は宮津市などである。

## イチジク

イチジクの栽培面積の全国順位は15位、収穫量は8位である。主産地は城陽市、木津川市、京都市などである。収穫時期は7月上旬〜8月下旬頃である。

## カキ

カキの栽培面積の全国順位は、香川県と並んで27位である。収穫量の全国順位は20位である。カキの主産地は木津川市、与謝野町、宇治田原町などである。

大江山の麓に位置する与謝野町は、「大美濃柿」を使った「与謝ころ柿」とよぶ干し柿の産地である。同町加悦地域では、元日の朝にころ柿を食べる習慣があり、「年とり柿」ともよんだ。三方（儀式などで使われる台）に米を敷き、その上にダイダイと人数分のころ柿を並べて食べた。

このため、どこの家にもカキの木があった。収穫後、家々の軒に吊るしたカキは、大江山から吹き下ろす「大江山おろし」の寒風によっておいし

い干し柿に仕上がった。当初は自家用だったが、明治中期にはころ柿づくりが農家の副業になり、発達した。

## ミカン

ミカンの栽培面積の全国順位は25位、収穫量は26位である。主産地は宮津市、舞鶴市などである。

由良川と北近畿タンゴ鉄道の橋りょうを望む宮津市由良地区の山手では、安土桃山時代からミカンの栽培が行われている。現在は由良みかん組合の80人が35haの丘陵地で「由良みかん」などを生産している。舞鶴市の「大浦みかん」は、若狭湾と舞鶴湾に面した大浦半島の山間地で栽培している。

## ビワ

ビワの栽培面積の全国順位は、東京都、神奈川県、奈良県と並んで26位である。収穫量の全国順位は東京都と並んで26位である。

## リンゴ

リンゴの栽培面積の全国順位は、島根県、大分県と並んで28位である。収穫量の全国順位は38位である。

## 桃

桃の栽培面積の全国順位は31位、収穫量は32位である。主産地は京丹後市などである。京都府の最北端、日本海に面した京丹後市丹後町徳光の国営開発農地高山団地では、約2.5haのほ場で、「八幡白鳳」「塚平白鳳」「長沢白鳳」「山根白桃」などが栽培されている。ここでは1991（平成3）年から「桃の木オーナー制」を実施している。オーナーを呼んでの夏の収穫祭は恒例の行事になっている。

## ブドウ

ブドウの栽培面積の全国順位は、山口県と並んで32位である。収穫量の全国順位は33位である。主産地は京丹後市などである。

## キウイ

キウイの栽培面積の全国順位は、兵庫県と並んで32位である。収穫量の全国順位は38位である。

## ウメ

ウメの栽培面積の全国順位は40位、収穫量は35位である。主産地は城陽市などである。城陽市の青谷梅林では主に「城州白」を栽培している。

## メロン

主産地は京丹後市などである。京丹後市網野町は「琴引メロン」の産地である。琴引メロンは、鳴き砂で知られる地元の琴引浜から命名された。当初は露地栽培だったが、1990（平成2）年にハウス栽培に転換した。品種はハウス用の「アールスセイヌ」である。一株一果で大切に育て、糖度15度以上といった条件を満たしたものを「琴引メロン」としている。

同市久美浜町の砂丘地ではネットメロンの「ボーナス2号」を中心に栽

Ⅱ　食の文化編　　87

培している。JA 京都は、成長したメロンの中から、糖度が高く、容姿端麗なものを厳選して「砂姫メロン」という商標で出荷している。

## スイカ
主産地は京丹後市、精華町などである。京丹後市網野町は小玉スイカ「砂丘パロディ」の生産地である。海岸線に広がる砂丘地の畑にスプリンクラーなど散水設備を導入して栽培している。

## イチゴ
主産地は精華町などである。栽培品種は「とよのか」「さがほのか」などである。収穫時期は1月上旬～5月下旬頃である。

### 地元が提案する食べ方の例

#### アップル餃子（京都市）
フライパンにバターを入れ、火にかけ溶けたら、皮をむき薄いイチョウ切りにしたリンゴを砂糖を加えて炒める。シナモンを振り、粗熱がとれたら餃子の皮で包み、揚げ焼きする。

#### いちごミルクパンリゾット（京都市）
牛乳と砂糖を混ぜ、食べやすい大きさにちぎった食パンを耳から浸す。冷凍イチゴをかけ、混ぜながら食べる。冷凍イチゴがなければ、砂糖を使わず、イチゴジャムでもよい。

#### りんごとサツマイモのオレンジ煮（京都市）
鍋に、輪切りにしたサツマイモを並べる。その上に、8等分のくし形に切ったリンゴを重ね、干しブドウを散らす。オレンジジュースを注ぎ、落とし蓋をして煮る。

#### 梅干しの甘辛煮（JA 京都）
塩抜きした梅干し、酒、醤油、砂糖、みりんを鍋に入れ、火にかける。アクをとり、煮汁が少なくなったら、ハチミツを入れ、煮汁が少し残っているくらいで火を止める。

#### 梅ジャム（JA 京都）
一晩水に浸けたウメと水を火にかけ沸騰直前に止めてウメを水に30分浸す。これを3回繰り返す。裏ごしした果肉を混ぜながら煮詰め、とろみがついたら砂糖、レモン汁を加え再び煮詰める。

### 消費者向け取り組み

● みどり農園　井出町

# 魚　食

## 地域の特性

京都府は日本海沿岸から南東に向けて延びる府である。この府の大半は丹後山地・丹波高地などの山地である。むかしの行政区分に従うと、山城・丹後・丹波の一部からなっている。南部はかつて都のあった京都盆地で、日本海から離れている。日本海には丹後半島がせり出し、若狭湾の東側はリアス海岸となっている。

## 魚食の歴史と文化

都であった京都は、1000年にわたって政治・文化の中心として栄えてきた。京都の文化のルーツは中国大陸や朝鮮半島、南方から渡来した先進の外来文化にあった。外来文化は、北九州を経て、瀬戸内海を通って大阪（大坂）の淀川河口にたどり着き、摂津平野を経由して、京都盆地で定着したのであった。京都の食文化は、中国・朝鮮などの外来の食文化や日本各地から京都に流れこんだ食材によってつくり上げられたと考えられる。

魚食に関しては、海のない京都へは、日本海の魚や北前船で若狭湾の港に到着した北海道の物産が、若狭湾から京都に陸路で運ばれ、瀬戸内海の魚や大坂に到着した北前船の荷物は、淀川を通り京都に運ばれていたのである。

また、仏教の伝来により寺院が中心の精進料理が、京都の人々の食生活にも影響している。

## 知っておきたい伝統食品・郷土料理

**地域の魚**　　海産魚では、福井県の若狭湾から運ばれる日本海の魚のカレイ、アマダイ、マサバ、マイワシ、ウルメイワシ、カタクチイワシなど、瀬戸内海で漁獲されたマダイ・ハモ、アカガイなど、紀州の熊野浦のアワビが使われる。かつては、季節により、流通している魚介

類の種類は異なっていたが、流通機構の発達、漁場も魚を追って移動しているので、魚種による季節感がなくなってきている。昔は、北海道の身欠きにしんや棒だらは、若狭のほうから運ばれていたが、流通や貯蔵方法が発展したため、陸路でも空路でも運ばれる時代となっている。

## 伝統食品・郷土料理

### ①カレイ料理

　輸送機関が発達していなかった頃は、若狭からはひと塩のカレイか塩蒸しのカレイしかなかった。軽く焙って賞味する。ヤナギカレイのひと塩ものの生干しものが多い。

### ②マサバ料理

　かつては、若狭からひと塩のサバが運ばれてきた。現在は輸送法や低温流通が発達しているから、日本海ものばかりでなく太平洋のものも流通している。京都の祇園祭りのさばずしには欠かせない材料である。

### ③アマダイ料理

　かつては、若狭のアマダイに限られていたが、若狭の資源が減少したので、玄界灘で漁獲したものも流通している。腹開きをし、ひと塩にして12時間ほどおいてから焼く。ぐじの塩焼きという。

### ④ハモ料理

　祇園祭りはハモ祭りといわれているほど、夏祭りには欠かせない食材である。湯通しして梅肉で食べるか、吸い物の実などに使う。

### ⑤マダイ料理

　細造りにして付け醤油で食べる。

### ⑥アワビ料理

　水貝、ふくら煮で賞味する。

### ⑦マイワシ料理

　惣菜料理（おばんざい）にする。海から遠く新鮮な海の魚介類を手に入れにくかった京都では日常の生活の智恵から材料を無駄にしない惣菜を考えていた。代表的な魚介類には、塩さば、身欠きにしん、棒だらがある。マイワシも煮つけにし、保存を兼ねておばんざいの材料となっている。野菜と一緒の料理が多い。

## ⑧アユ料理

　京都には子アユから落ちアユまで成長させ、その過程で微妙に移り変わっていく香味・風味を食べ分ける、通人の集まるアユ茶屋・平野屋がある。江戸中期の享保年間（1716～35）より愛宕神社の近くにあり、店先で備長炭で焼いたアユを食べさせる。

牛しぐれ煮

▼京都市の1世帯当たりの食肉購入量の変化（g）

| 年度 | 生鮮肉 | 牛肉 | 豚肉 | 鶏肉 | その他の肉 |
|---|---|---|---|---|---|
| 2001 | 39,559 | 11,316 | 12,989 | 12,371 | 1,427 |
| 2006 | 38,028 | 9,856 | 13,678 | 11,905 | 1,393 |
| 2011 | 47,009 | 9,344 | 17,898 | 16,285 | 1,156 |

　京都の町は、794〜1868年の間、都が置かれた地である。そのために、現代の京都には、皇室や公家、大社寺が残した伝統文化が多く伝わっている。古い伝統のある土地の住民には、他の地域にない独特の気質がみられる。

　京都府の中心の「京都」は、昔は「京」といっていた。「京」とは、首都という意味があった。「都」には「人が多く集まる」の意味があったので、平安京（794年に長岡京から移って1868［明治元］年に東京へ移るまでの都）がより一層繁栄することを願って、「都」という文字をつけて「京都」とよばれるようになった。

　京都府は、京都盆地を除けば、領域の大半は山地で、農地は少なく限られた土地で栽培される米と、京野菜といわれている伝統野菜に特徴がある。若狭湾や丹後半島の沖合の日本海の魚介類が沿岸部では利用しているが、海から離れている京都には若狭湾の魚介類は塩蔵されて運ばれ、公家や社寺の食材となっていた。

　京都府のホームページによると、京都のウシについては、1310年に描かれたわが国最古の和牛書『国牛十図』という書物に「丹波牛」がとりあげられている。京都府の現在の代表的銘柄豚の開発は、1983（昭和58）年に京都畜産技術センターによってはじまり、（ランドレース×大ヨークシャー）×デュロック系統の三元交配豚を作り出した。京都府の丹波地方は、四季折々の豊かな自然、豊富な良質な水分、ストレスの少ない環境がウシやブタの飼育（肥育）に適しているといわれている。

　京都府の中心である京都市は、平安時代には、政治ばかりでなく日本文

凡例　生鮮肉、牛肉、豚肉、鶏肉の購入量の出所は総理府発行の「家計調査」による

化の中心として発達した。京都市の周囲の山々は緑に繁る樹木と川の流れがあり、四季折々の自然の風景を楽しませてくれる。京料理は京都の四季折々に情景に合わせた客へのもてなしとして発達した。また江戸時代中期から海から遠い京都では新鮮な魚介類が入手しにくく、そのために庶民の日常の暮らしの経験から、野菜や魚介類の乾物を利用した京都庶民の日常のおかずの「おばんざい」が発達した。また、寺院の多い京都では精進料理や仏教の教えに従い、食肉を利用した料理は少ないが、一方で「丹波牛」とか、丹波に棲息するイノシシの肉や鶏肉などが利用されていた。

総理府刊行の「家計調査」を参考に、2001年度、2006年度、2011年度の京都市の1世帯当たり食肉購入量を考察すると、2011年度の近畿地方の生鮮肉購入量は47,000g／1世帯、2011年度の京都市の購入量は47,009／1世帯で、両者の間にはほとんど差がなかった。京都市の1世帯当たりの2001年度、2006年度の生鮮肉購入量は近畿地方全体の1世帯当たりの食肉購入量に比べると少ない。牛肉、豚肉、鶏肉の各年度の購入量は、近畿地方のそれと比べても少ない。2011年度の鶏肉の購入量は近畿地方の鶏肉のそれと比べると増加している。

生鮮肉の購入量に対する食肉の購入量割合をみると、2011年度の牛肉の購入量は近畿地方のそれよりも多いが、2006年度、2011年度は減少している。とくに2011年度が減少している。豚肉については、2001年度の購入量の割合は、近畿地方の2001年度より10ポイントも少ないが2006年度、2011年度は増加している。鶏肉については、各年とも京都市の購入量の割合は、近畿地方全体の1世帯当たりのそれより0.4～1.2ポイントも少なくなっている。

関西域であるので、関東地方や東北地方の牛肉の購入量、あるいは生鮮肉の購入量に対する牛肉の購入量の割合に比べ、多くなっている。

京都府の北部の大半は丹後山地・丹波高地で、山間に福知山盆地・亀岡盆地があり、山の麓や盆地を利用して、ウシの飼育、養豚、養鶏が行われている。山地には野生の鳥類や獣類が棲息している。京料理の特徴は「だし」や京野菜を主体に考えるが、食肉の中では牛肉料理が多い。カツレツでは、関東では豚肉のトンカツを食べる。これに対して京都は「牛肉のカツレツ」（ビーフカツレツ）を食べる。近江牛を使った高級料理店もある。

Ⅱ　食の文化編　　93

## 知っておきたい牛肉と郷土料理

### 銘柄牛の種類

前にも述べたように、京都地区の食用としてのウシの歴史は、1310（延慶3）年に描かれた我が国最古の和牛書「国牛十図」に、「丹波牛」が紹介されている。

#### ❶京都肉

京都府のホームページによると「京都肉」は次のように定義づけられている。すなわち、京都府和牛という場所で飼育されている黒毛和種であり、京都府内で最も長く飼養されていること。京都市の中央卸売第二市場において食肉加工されたもの。（公社）日本食肉格付協会の枝肉格付けが A5、B4 であること。

#### ❷亀岡牛

この和牛は京都府の自然に恵まれたのんびりした田舎町（亀岡）で飼育されているもの。亀岡地域の緑豊かな大地と綺麗な空気、美味しい水に恵まれた土地である。亀岡地域の気温の差が、飼育中にウシの身を引き締めるのが美味しい肉を生産する理由であるといわれている。1985（昭和60）年にブランド化されたストレスのない環境で飼養された黒毛和種。亀岡は夏と冬の温度差が35℃もあり、この環境が身肉の締まった肉質を作り上げるのに適しているといわれている。亀岡市内で、14か月以上肥育され、亀岡市食肉センターで屠殺されたものである。

#### ❸京たんくろ牛

京都丹後地方で、㈱きたやま南山と（農）日本海牧場が開発した銘柄牛。品種は短角牛。うま味があり、赤身肉に霜降りが存在している。

### 牛肉料理

ステーキ、すき焼き、しゃぶしゃぶなど牛肉料理全般に広く利用されている。明治時代から営業している老舗の日本料理店の牛肉料理は、しゃぶしゃぶの提供が多いようである。京都市内には焼肉の店が多い。

京都のすき焼きには、牛肉の他の野菜に、ダイコンを入れる店と入れない店がある。

部位別料理　肩ロース（すき焼き、しゃぶしゃぶ）、牛ほほ肉（煮込み）、牛バラ肉（煮込み）、牛かた（焼肉）、牛リブロース（ビーフステーキ）、牛サーロイン（ビーフステーキ、しゃぶしゃぶ、ローストビーフ）、す

ね（煮込み）など。

- **牛佃煮** 京都の牛肉の佃煮は絶品（三嶋亭）。
- **料亭の牛肉料理** 時雨煮、肉叩き、肉さしみ、しゃぶしゃぶ、冷しゃぶ、網焼き、ステーキ、すきやきなど。

### 知っておきたい豚肉と郷土料理

**銘柄豚の種類** 京都ポーク、京丹波高原豚、京丹波ポーク、加都茶豚などがある。また、環境汚染のリスクがなく、費用や電気や火力などのエネルギーを節約して作る「エコフィーした」と明記している場合もある。京都ポーク・京丹波ポークは精肉として流通し、惣菜に使われている。ハム・ソーセージの原料となっている。

**❶京都ポーク**

1983（昭和58）年から京都府畜産研究所（現・京都府畜産技術センター）が地域銘柄豚肉の開発に取り組んだ。その結果、3種類の優良な系統豚（ランドレース種・大ヨークシャー種・デュロック種）を組み合わせた、繁殖力、食味、肉質などの調査を何度も繰り返して作り上げた三元豚である。飼養に当たっては、緑豊かな丹波の自然の中で、京都府の農家が特別な飼育管理マニュアルに基づいて、丁寧に飼養している。品質の高い肉質のブタに育てあげるために、大麦を配合した栄養のバランスのよい指定飼料を給与してじっくり育てている。京都ポークの肉質は、軟らかく、うま味・甘みを存分に味わうことができる。

エコフィード（食パンの耳、袋詰めパン、菓子パンなど）を給与した京都ポークもある。エコフィードとしては、生産者が自ら収集したパンや菓子のくずを配合飼料に30％以上混合して給与している。エコフィードの給与により肉の甘みは増え、軟らかい霜降り肉となっている。

**❷京丹波ポーク**

京都ポークのなかで、京都府船井郡京丹波町の岸本畜産が飼養し、出荷したブタを「京丹波ポーク」とよんでいる。とくに、パンや菓子を50％以上混合した独自のエコフィード（基礎飼料は大麦、圧ぺん大麦、小麦製品、芋などからなる）を給与して育成し、「エコフィードによる京丹波ポーク」と区別している。京都ポークと同様に精肉として流通し惣菜の材料となっている。ハム・ソーセージなどの加工の原料にもなっている。京丹

Ⅱ　食の文化編　95

波町の名物料理の「焼きうどん」に使われる。

## ❸京丹波高原豚

㈲日吉ファームが、自然豊かで、ストレスのない丹波高原の中で飼養した三元豚（大ヨークシャー×ランドレース×デュロック）である。丹波高原は夏と冬の気温の差が大きく、また、1日の中でも朝と夜の気温の差が大きい。気温の差の厳しい環境のもとで飼育するので、ブタ自体は強く育ち、締まりのある肉質が形成される。投与する基本飼料は、米や小麦、大麦を配合したものである。エコフィードとしてパンを基本飼料に対し50％を配合している。なお、基本飼料の中の米の配合割合は10～20％であることが特徴である。

エコフィードを与えることにより、肉色は浅く鮮やかで、美しい霜降りの肉質で、甘みがあり、軟らかい。

## ❹京丹波高原豚のバラ肉（三枚肉）

「肉のモリタ屋」は京丹波高原豚を一頭買いし、バラ肉のブロックを販売するなどの特徴ある精肉店である。バラ肉のブロックは、角煮、紅茶煮の最適の材料である。このバラ肉からは、非常に軟らかい角煮や紅茶煮ができる。

## ❺加都茶豚

㈱グリーン・ファームが京都府相楽郡南山城村の上仲製茶の茶葉（宇治茶）を加えた飼料を与えて飼養しているブタ（WLDの三元豚）である。茶葉に含まれるポリフェノールの機能性（抗酸化作用、抗がん作用、抗菌・抗ウイルス作用など）を期待して、茶葉を加えた餌を投与している。また、静かな山並みと茶畑に囲まれた南山城村の環境は、ストレスが無く澄んだ空気の環境の地域で、茶葉が加えられた飼料を食べ、健康なブタに成育している。もちもちと軟らかく、しっかりした食感をもっている。しゃぶしゃぶ、豆乳しゃぶしゃぶ、鉄板焼き、寄せ鍋などの食べ物がある。

## ❻京のもち豚

京都ポーク、加都茶豚はしっかりした歯ごたえを示すことから「京のもち豚」といわれ、精肉として惣菜に利用するほか、ハム・ソーセージの原料としても適している。

**豚料理**　だしのうま味を基本とする京料理店の豚肉料理はさっぱりした食感のしゃぶしゃぶを提供するところが多い。

96

- **肉じゃが**　水兵さんの栄養食、肉じゃがは舞鶴発祥ともいわれている。明治期に、海軍の舞鶴鎮守府が置かれ軍港として発展した。初代司令長官の東郷平八郎が、肉じゃがを入れた"肉じゃがパン"もある。今も当時の軍需品の保管庫の赤レンガ倉庫が残る。旧軍港4市（舞鶴、呉、佐世保、横須賀）交流会としての「グルメ交流会」がある。

### 知っておきたい鶏肉と郷土料理

奥丹波どり（♂コーニッシュ×♀白色ホワイトロック）、丹波あじわいどり（♂コーニッシュ×♀白色ホワイトロック）がある。

**❶奥丹波どり**

京都、兵庫の山間で特別な天然飼料を与え、平飼いされている。甘みがあり、脂肪分が少なく、鶏肉の特異な臭いが強く感じない。

**❷丹波あじわいどり**

福知山地域で特別に配合した飼料を与え、平飼いしている。脂肪分が少なく、シャキッとした食感の肉質。

| **鶏肉料理** | 水炊き（上京区の「西陣鳥岩楼」）、焼き鳥（北区の「わかどり」）、鶏料理全般（「金の鶏」京都駅本店 鶏料理）。 |
|---|---|

### 知っておきたいその他の肉とジビエ料理

京丹後地域では、イノシシやシカが捕獲され、宿泊施設ではイノシシやシカの料理を提供している。

京都市内にはイノシシ料理を提供する店は約20軒ある。主として牡丹鍋が多い。懐石料理に使う店もある。

- **猪肉（牡丹鍋）**　猪肉は豚肉と同じように扱っている。三枚肉のように脂肪組織層と赤身肉層がはっきりしている。脂肪層の多い肉である。イノシシ鍋だけでなく、角煮、炒め煮、酢豚風に調理して食べる。また、バーベキューの食材となっている。
- **鹿肉**　牛肉の赤身肉と同じように扱うことができる。脂肪層は少なく、赤身肉が多い。バーベキューの食材として利用されることが多い。たんぱく質は豊富であるが、エネルギーが小さいのでヘルシーな食材として注目されている。鞍馬口や美山町にはぼたん鍋を提供する店が多い。京丹波地区では、シカ肉は高タンパク質で脂肪の少ない健康によい肉とし

てアピールしている。たんぱく質含有量は牛肉や豚肉の1.5倍、エネルギー（カロリー）は牛肉や豚肉の3分の1、脂肪は25分の1である。とくに、京丹波の野生のシカ（ホンシュウシカ）は、北海道のエゾシカに比べても脂肪は少ない。京丹波のシカ肉の赤身の色は鉄を含むミオグロビンの含有量が多く存在していることによる。したがって、鉄分の含有量は多い。

▼京都市の1世帯当たり年間鶏肉・鶏卵購入量

| 種類 | 生鮮肉 (g) | 鶏肉 (g) | やきとり (円) | 鶏卵 (g) |
|---|---|---|---|---|
| 2000年 | 42,922 | 12,293 | 1,272 | 36,654 |
| 2005年 | 41,291 | 11,554 | 1,204 | 35,948 |
| 2010年 | 52,148 | 17,087 | 913 | 31,246 |

　京都は平安京・長岡京が築かれ、1000年にわたって政治・文化の中心として栄えた。近世になり政治の中心が江戸（現在の東京）へ移っても、京都は日本の文化として、東京、大阪、名古屋と並ぶ重要な大都市であることには変わりはない。現在の京都府は、京都市を含む山城国と、丹波、丹後からなる。丹波には特有の山の幸があり、丹後には京野菜の一つの万願寺とうがらしのルーツがあり、舞鶴港を中心とする若狭湾の魚介類は京料理の食材として重要であった。

　京都の食文化は、平安時代の仏教の影響を受けた平安時代の貴族の食生活の流れ、京野菜の色彩とうま味を活かした料理、若狭湾から運ばれる魚介類の料理などと考えるが、実際は、都としての京都へ各地から運ばれる食材の特徴を活かした料理であった。代表的な京料理の「おばんざい」は、安い食材でも食材同士の組み合わせやだしの利用により、手間をかけて美味しく作りあげた京都盆地の郷土料理である。干したタラを使った「いもぼう」、身欠きニシンを使った「ニシンそば」などは、遠く北海道から運ばれた保存食の利用の一環として生まれた京料理である。京都料理が日本全国の人々のあこがれの料理として位置づけられているのは、300年、400年と受け継がれてきた老舗が、伝統を守りつつ、時代の嗜好に合った料理に工夫しているからである。

　京都の代表的銘柄食肉には、京都では古くから自然を生かして長年飼育している「京都牛」（黒毛和種）、由良川の上流の自然豊かな環境の中でしっかり運動をさせじっくり育てた「美山豚」、美山川の水と特別な飼料で育てている日本で生まれた純国産の地鶏の「京地鶏」がある。京都市は鶏

肉の購入金額も全国1位になるほどである。京都の地鶏・銘柄鶏には、京地鶏の他、京赤地鶏、丹波黒どり、あじわい丹波鶏、丹波あじわいどり、奥丹波どりなどがある。あじわい丹波鶏は、鶏肉を熟成させてから出荷するなど、出荷時に工夫されているものもある。出荷に際しては、食べ方（すき焼き、水炊き、しゃぶしゃぶ、照り焼き、中華風料理、洋風料理）を考慮している。

　2000年、2005年、2010年の京都市の1世帯当たりの生鮮肉、鶏肉、鶏卵の購入量は、滋賀県の大津市の1世帯当たりの購入量に比べると、やや少ないか同じ量である。家庭では、すき焼き、しゃぶしゃぶ、水炊きなど食べるのが多いようで、惣菜としてのやきとりの購入金額は1,000円前後である。大津市も京都市も鳥料理専門店ではしゃぶしゃぶ、水炊き、すき焼きなどが得意の料理のようである。

### 知っておきたい鶏肉、卵を使った料理

●**だし巻き卵**　だし巻き卵は、卵焼きの一種であるが、溶き卵に出汁を入れて軟らかく焼いたものである。『料理物語』（1643［寛永20］年）にかつお節や昆布のだしの取り方が記載されているので、だし巻き卵が作られるようになったのもこの頃からと考えられている。北前船で大量に福井県の若狭の港に運ばれた昆布は、京都を中心とした関西方面に運ばれたことから関西では昆布のだしをとる調理法が作り出され、精進料理に盛んに使われるようになった。だし巻き卵が関西方面で発達し、後に関東でも作られるようになったといわれているのは、京都の「だし文化」の発達の影響を受けたためといわれている。

　もともと、関西で発展しただし巻き卵は、出汁をたっぷり入れので軟らかく焼き上がり、少量の薄口醤油と塩だけで調味しているのでさっぱりした味である。これに対して関東のだし巻き卵は、砂糖を入れるので甘いといわれている。焼き方に違いがある。だし巻き卵焼き用の長方形の鍋に油をひいて熱し、だし汁の入った卵の液をこの鍋に流し、焼けてきたら折りたたむよう操作を数回繰り返しソフトな食感の卵焼きの形を整える。関西では、手前から向こう側に、関東では向こう側から手前に折りたたむ。焼きあがったら、すだれにとり楕円状にしたり丸くしたりする。また、割りばしを使ってひさご形、松の形、梅の形にも整える場

合もある。

- **すずめ焼き** 五穀豊穣の神の伏見稲荷名物。お米を食い荒らすすずめ退治が発祥といわれる。すずめを醤油ダレで香ばしく焼き上げているので、頭から足まで食べることができる。
- **黄味返し卵** 1785（天明5）年の「万宝料理秘密箱」という江戸時代の料理本に掲載されている卵の料理で、通常のゆで卵と違い、外側にあるはずの白身が内側で、内側の黄味が外側になった不思議なゆで卵。京都女子大学の八田一教授が200年ぶりに再現に成功した。有精卵を使うところがミソ。"ブンブンこま回し"で卵黄膜を破り、比重の差で位置を入れ替え、転がしながら茹でて作る。
- **瓢亭の玉子**（ひょうてい） 南禅寺にある400年以上の歴史ある京懐石の老舗でミシュランガイドの三ツ星の名店「瓢亭」の名物料理。黄身はしっとりとしたやや半熟の煮抜き（ゆで卵）。薄く味がついている。朝粥も有名で、冬は鶏のだしにほぐしたうずらの肉が入る"うずら粥"がいただける。
- **かき丼** 舞鶴のご当地グルメ。舞鶴産の牡蠣と地元特産のかまぼこを、牡蠣が見えるように卵でとじた丼物で、牡蠣は5個以上を使用する。夏は岩牡蠣を使う。
- **蟹飯麺** 京都丹後のご当地グルメ。かき玉でとじた蟹のむき身がたっぷり入った蟹雑炊をラーメンの上に載せて土鍋で提供される。スープは鶏がらで、蟹味噌のトッピングも選べる。

### 卵を使った菓子

- **ロールケーキ割烹術** 舞鶴の海上自衛隊に保管されていた旧日本海軍の「海軍割烹術参考書」のレシピを市民が復刻した。材料は鶏卵375gに対して砂糖300g、麦粉225gを使用。卵は卵白と卵黄を分け、卵白を十分泡立てる。卵黄に砂糖を混ぜ麦粉と共に泡立てた卵白の中に入れ泡が消えないように静かに混ぜる。ローストパンに新聞紙のような物を敷きその中に材料を入れてオーブンで蒸し焼きにする。この「割烹術参考書」は、旧海軍の調理担当の育成のための教科書。日本食から、まだ馴染みのなかったチキンライスやシチューなどの洋食や洋菓子までの作り方が紹介されている。当時の食文化を今に伝える貴重な資料。このような時代背景によって舞鶴には洋食文化が広がっている。

Ⅱ　食の文化編

- **衛生ボーロ** 馬鈴薯でんぷん、砂糖、鶏卵などを練り、丸くまとめて焼いた伝統的な焼き菓子。明治時代に京都で生まれた。当時流行っていた「衛生」という言葉にちなみ命名。口に含むとふんわりとした香りが広がり、スッと溶ける独特の食感。関東では「たまごボーロ」とよび、大阪では「乳ボーロ」、九州では「栄養ボーロ」とよばれる。

## 地鶏

- **京地どり** 体重：雄平均3,300g、雌平均2,400g。水質に定評のある美山川の水と、雛のときから無薬の麦系主体の自家配合飼料で育てた。豊かな自然環境で平均130日間の長期間平飼いすることで、しっかりとした味とキュッとした歯ごたえが生まれる。また、アクや臭みが少なく、脂肪は白く食味はあっさりしている。軍鶏の雄に、横斑プリマスロックと名古屋コーチを交配した雌を掛け合わせた。流胤や共立が生産する。

- **地鶏丹波黒どり** 体重：平均3,000g。ロードアイランドレッドとオーストラロープを独自の交配により開発。繊維質の多い専用自家配合飼料を与え、肉質はきめ細かく、鶏肉特有の臭みはなく、ほど良い歯ごたえとコクがある。平飼いで飼養期間は平均100日間と長い。ヤマモトが生産する。

- **京赤地どり** 体重：雄平均3,400g、雌平均3,000g。きめ細やかな歯ざわりが特長の肉質。肉を3時間以内に届けるために朝引き処理を行っている。平飼いで飼養期間は平均85日間。ニューハンプシャー、ロードアイランドレッド、ロードサセックスを交配。中央食鶏が生産する。

## 銘柄鶏

- **あじわい丹波鶏** 体重：平均3,000g。平飼いで純天然特殊飼料を与えて平均50日間飼育。熟練職人が「成形、鮮度、品質、風味」にこだわり、特別な解体方法によって加工処理する。コーニッシュの雄に白色ロックの雌を交配。三栄商事が生産する。

- **丹波あじわいどり** 体重：平均3,000g。こだわりが生んだ低脂肪ヘルシーな体に優しい鶏肉。特殊飼料を与えることで、鶏特有の臭いが極めて少ない。低脂肪、低コレステロールな肉質で、シャキッとした歯ざわりを持ち、甘味とコクがある。平飼いで平均50日間飼育。コーニッシュ

の雄に白色ロックの雌を交配。三栄商事が生産する。

- **奥丹波どり** 体重：平均3,000g。京都、兵庫の奥座敷の奥丹波で大切に育てた鶏肉。純天然特殊飼料を給与することで、甘味が増し、脂肪分と鶏特有の臭いが少なくなる。指定農家で平飼いされ、飼養期間は平均50日間。コーニッシュの雄に白色ロックの雌を交配。三栄商事が生産する。

### たまご

- **葉酸たまご** 葉酸が普通の卵の約3倍入った卵。葉酸はホウレン草から発見されたビタミンで、主に緑黄色野菜に含まれている。葉酸は赤血球の形成を助ける。また、胎児の正常な発育に重要な栄養素。ナカデケイランが生産する。

---

**県鳥**

**オオミズナギドリ（ミズナギドリ科）** 英名 White-faced Shearwater。留鳥、代表的な水鳥、顔が白くて、海面すれすれを飛び、翼で海水面（water）を薙刀で薙ぎ切る（shear）様子から〝みずなぎどり〟と命名。舞鶴市の冠島はオオミズナギドリの有名な繁殖地で天然記念物として保護されている。

# 汁　物

## 汁物と地域の食文化

　京料理の源流は、神饌と精進料理にあると考えられている。現在の京都市は盆地の中にあり、海産物の入手が困難だった。そのために、京都の魚介類は江戸時代の交易船の北前船が運んでくる北海道の海産物や福井県の若狭湾の魚介類を入手し、利用した。仏教の教えにより食肉の文化の発達は遅かったが、山の幸は丹波で生産されたものを利用した。野菜の入手が難しいので、京都の地質や気候にあった京野菜を生み出し、京野菜の名の伝統野菜の種類は多い。庶民の料理「おばんざい」から推測すると、京都の料理は食材を無駄にしていないものが多い。このことは、精進料理の精神に似ているようなところがある。また、保存食を開発する技は優れていて、京野菜を漬物にして保存し、長期間大切に利用している背景を察することができる。

　「おばんざい」でも毎月の食材を工夫したものがある。正月の「京雑煮」は白味噌仕立て。その中に入る具は、焼かない丸餅、ダイコン、親芋、小芋、昆布、アワビ、ナマコなど。それらを溶け込むようにこってりとしたものである。京都の「京菜と鯨の鍋」は、大阪のクジラのハリハリ鍋に似たものであり、伊根町地区のオコゼを三枚におろした吸物「オコゼの吸物」は、ユネスコの世界文化財に申請するほどの魅力ある料理といわれている。

　京都が政治の中心であった平安時代に、外国の文化や宗教の関わりで生まれ、受け継がれている郷土料理や伝統料理は多い。現在の舞鶴、山陰との交通が便利になっているから、昔のように、京都料理に必要な魚介類を福井県から運んでこなくてもよい環境ではあるが、京料理には昔からの慣習とこだわりを誇示しているところが残っている。京料理の伝統を守るには必要なことかもしれない。山国の京都は京都の気候風土に適して栽培した京野菜も京都の郷土料理の発達に貢献している。

104　　凡例　1世帯当たりの食塩・醬油・味噌購入量の出所は、総理府発行の2012年度「家計調査」とその20年前の1992年度の「家計調査」による

## 汁物の種類と特色

　京都盆地の郷土料理には、平安時代の貴族や寺院の精進料理の影響を受けているものが多いが、「おばんざい」という日常食にみられるように、安い食材の性質を活かした料理、食材を無駄のないように大切に使った料理であるとともに、食材同士の組み合わせやダシを使って、一手間も二手間も加えて美味しい料理に仕上げたものが多い。

　汁物の仲間となる郷土料理には、長岡京市特産のナス・カボチャ・小豆を味噌と醤油で味付けした「いとこ汁」、イノシシの「牡丹鍋」、京都の名物のタケノコ、木の芽、ワカメを具にした白だし仕立ての「若竹汁」、鶏肉や豚肉と野菜を入れた「京のっぺい汁」、鮮魚の入手の難しい京都でのマダラの肝や白子を入れた「たら汁」、京水菜を入れた「京水菜汁」、水菜、壬生菜、クジラの薄切り肉の「京菜と鯨の鍋」（別名「ハリハリ鍋」）、オコゼのぶつ切りを入れた澄まし汁の「オコゼの吸い物」、小豆、サトイモなど秋の野菜を塩味の汁で煮込み、そこに小麦粉の団子を落とした「いとこ煮」などがある。

# 食塩・醤油・味噌の特徴

### ❶食塩の特徴
　京都府竹野郡網野町で作っている「翁之塩」がある。
### ❷醤油の特徴
　伏見の酒と同じ系列の水を仕込み水としている醤油の醸造会社が多い。刺身用、濃口醤油、もろみ（「京もろみ」）、「熟成醤油」「都淡口醤油」などがある。とくに、都淡口醤油は京料理の煮物、吸物、だし巻き卵などに適している。
### ❸味噌の特徴
　西京味噌、胡麻味噌などは天保年間（1830〜44）に作られている。京都・大原の鴨川の源流の流れる山間部でつくっている「大原の味噌庵」の手づくり白味噌は、京料理に欠かせない。

# 1992年度・2012年度の食塩・醤油・味噌の購入量

▼京都市の1世帯当たり食塩・醤油・味噌購入量（1992年度・2012年度）

Ⅱ　食の文化編　　105

| 年度 | 食塩（g） | 醤油（mℓ） | 味噌（g） |
|---|---|---|---|
| 1992 | 2,255 | 9,992 | 5,602 |
| 2012 | 1,137 | 6,987 | 4,519 |

▼上記の1992年度購入量に対する 2012年度購入量の割合（%）

| 食塩 | 醤油 | 味噌 |
|---|---|---|
| 50.4 | 69.9 | 80.6 |

　京都市の1世帯当たりの食塩・醤油・味噌の購入量は、1992年度も2012年度も近畿地方では比較的多い。家庭で料理する機会が多いと思われる。健康増進のための塩分摂取を少なめにしていることも感じられる。家庭で野菜の塩漬けを作る機会が減少したこと、外食や持ち帰り総菜などの利用が多くなり、家庭の味付けが不必要になったことが、2012年度の食塩や醤油の購入量を少なくしている一因とも考えられる。

　2012年度の味噌の購入量は1992年度に比べて80.6%であることは、家庭での味噌汁の利用は、それほど少なくなっていないと思われる。

### 地域の主な食材と汁物

　京都市内の伝統料理や郷土料理は、平安時代からの精進料理や宮中料理の影響を受けたものが多い。福井県の若狭湾から運ばれた塩蔵魚介類を利用した料理、京野菜を使った郷土料理、手に入る食材を無駄なく利用する「おばんざい」もある。市内から離れた山間部の農産物やイノシシなどを利用した郷土料理がある。

## 主な食材

### ❶伝統野菜・地野菜

　京野菜（聖護院ダイコン、水菜、壬生菜、加茂ナス、京山科ナス鹿ヶ谷カボチャ、伏見トウガラシ、えびいも、堀川ゴボウ、九条ネギ、クワイ、京タケノコ）、伝統野菜以外のブランド野菜（金時ニンジン、ヤマノイモ、黒大豆、紫ずきん、小豆、丹波くり、京たんごなし）、京の伝統野菜に準じるブランド野菜（万願寺トウガラシ、鷹ヶ峰トウガラシ）、通常の野菜も栽培している。

❷主な水揚げ魚介類

　カタクチイワシ、アジ、サワラ、ブリ、イカ、ズワイガニ、養殖（ハマチ、カキ、トリガイ）

## 主な汁物と材料（具材）

| 汁　物 | 野菜類 | 粉物、豆類 | 魚介類、その他 |
|---|---|---|---|
| 京菜と鯨の鍋 | みず菜 | | 塩鯨、ダシ（かつお節／昆布）、醤油仕立て |
| おこぜの吸物 | ネギ、ミカンの皮 | | オコゼ、醤油仕立て |
| 水菜と御揚げの炊き合わせ | 水菜 | 油揚げ | じゃこ、醤油 |
| キュウリのくずひき | キュウリ、ショウガ | くず粉、片栗粉 | ダシ（かつお節）、調味（塩／醤油） |
| いとこ煮 | ダイコン、サトイモ、ゴボウ、サツマイモ | 小豆、小麦粉 | 塩 |
| 若竹汁 | タケノコ | | ワカメ、だし汁、淡口醤油仕立て |
| 京のっぺい汁 | ダイコン、ニンジン、ゴボウ、ショウガ、サトイモ、干しシイタケ、干瓢、青ネギ | | 鶏肉、ダシ、淡口醤油仕立て |
| タラ汁 | ゴボウ、ネギ | | マダラまたはスケトウダラ、ダシ（昆布）、味噌仕立て |
| 京水菜汁（水菜と豆腐の汁、水菜とかきたま汁） | 水菜 | 豆腐 | 卵、澄まし汁 |
| いとこ汁 | ナス、カボチャ | 小豆 | 調味（醤油／味噌） |

### 郷土料理としての主な汁物

● いとこ汁　長岡京市の特産のナス、カボチャ、小豆を醤油と味噌で味付けした汁物。同市内の浄土谷という集落に伝わる。夜、おしょらいさん（精霊）に供えるために作る。「いとこ汁」の名は、材料を「カボチャ、

ナス、小豆」の順に「追い追い」に入れていくところ、「甥、甥」にか
けて「いとこ煮」の名がある。

- **けんちん汁**　秋から冬にかけてダイコン、ニンジン、ゴボウなどの根菜
  類、サトイモ、ジャガイモなどの芋類、大豆、コンニャク、油揚げを鍋
  に入れ、醤油で味付けた具だくさんの汁。一度にたくさん作り、小分け
  して何回か煮ながら食べる。

- **京水菜汁**　水菜はアブラナ科に属し、京都や大阪などで栽培し、鍋物や
  汁物に使われる。水菜にはいろいろな食材と組み合わせた汁物が多い。
  水菜と豆腐、水菜のかきたま汁、卵と水菜の水物などがある。

- **丸十のっぺい汁**　丸十とはサツマイモのこと（薩摩藩の旗印が「丸に十」
  の字であることに由来）。豚肉、ニンジン、シメジ、ギンナンなどをだ
  し汁に入れて煮る。火が通ったら、加熱したサツマイモのマッシュの団
  子にし（卵、片栗粉、塩を加えて団子にする）を、汁の中に入れたもの。

- **寒たら汁**　どんがら汁ともいう。冬のマダラの身や粗、白子（精巣）な
  どを加えた味噌仕立ての汁。椀に分けたら、天然の岩ノリをのせる。大
  勢で楽しく食すると美味しい。

- **タラ汁**　スケトウダラの味噌仕立ての汁。スケトウダラの身、粗（肝臓、
  白子、眞子）を味噌仕立てにした汁物。同じ汁物は富山の郷土料理にも
  ある。

- **若竹汁**　春のワカメとタケノコを組み合わせた澄まし汁。だし汁にはか
  つお節のだし汁を使い、淡口醤油で味を調える。白だしを使うところも
  ある。

- **切り干し大根の味噌汁**　だし汁に水戻しした切り干し大根、油揚げ、サ
  トイモを加えて煮る。味噌仕立てに仕上げる。京都のおばんざいの料理。

- **京菜と鯨の鍋**　「はりはり鍋」ともいわれる。昆布のだし汁に薄切りの
  クジラ肉とぶつ切りの水菜加えて煮る鍋物。水菜は煮過ぎないうちに引
  き上げて食べる。その食感がハリハリと歯に当たるので「はりはり鍋」
  といい、食欲が増す。

- **おこぜの吸物**　三枚におろしたオコゼの骨でだし汁をとり、これに一口
  大に切った身を入れた澄まし汁。オコゼは背びれに毒をもっているが、
  しっかりした白身のうま味のある魚である。

# 伝統調味料

### 地域の特性

▼京都市の1世帯当たりの調味料の購入量の変化

| 年　度 | 食塩（g） | 醤油（ml） | 味噌（g） | 酢（ml） |
|---|---|---|---|---|
| 1988 | 3,296 | 14,442 | 7,044 | 2,592 |
| 2000 | 1,940 | 7,873 | 4,921 | 2,375 |
| 2010 | 1,849 | 6,660 | 4,519 | 2,545 |

　京料理は、8世紀末の平安京遷都以来千数百年に及ぶ歴史の中で育てられた。日本の料理文化は、京料理によって誕生し、継続し、進化したといえよう。徳川家康の江戸開幕（1603）によって「江戸前」と称する独自の江戸の食文化が発達したが、京都の人々は江戸町人の食生活を所詮田舎料理ととらえていた。現在でも、東京を中心とした関東の人々の中には、京都の料理は高級料理ととらえている人は多い。

　奈良時代には、日本から唐（618〜907）へ遣唐使を8回も派遣し、唐文化とともに食習慣をもち込んだ。魚介類や海藻を調理加工して食べた。このときの調味には、塩、酢、味噌、酒などを使っていた。これらの調味料は四大調味料であった。桓武天皇（737〜806）によって京都に都が移される。京都は奈良と同様に海に面していないので、新鮮な魚介類は隣の県の琵琶湖の淡水魚の料理が高級料理であった。現在のように低温流通や貯蔵ができなかった時代は、日本海側の若狭や小浜に水揚げされた海産魚は塩蔵の形で京都に運ばれた。

　一般に京都の料理の味付けは、素材のうま味や色を残すためにうす味といわれている。総理府の「家計調査」をみると、1世帯当たりの食塩や醤油の購入量は、東北地方や関東地方のそれと比べるとやや少ない傾向にある。

　昔は、京都の人が客をもてなす場合、茶屋や酒店に前もって一人当たり

の値段を決めておいて、客をもてなしたそうである。その理由は、家で料理をつくれば、食材だけでなく容器などいろいろな費用がかかるので、茶屋や酒店を利用したらしい。現在も京都には江戸時代や明治時代から営業している料理店や、小さなしゃれた食事処が多いのは、古くからの京都の人々のもてなしの心が残っているからとも思われる。

京都の「おばんざい」は、京都の日常のおかずの呼び名である。江戸時代中期の頃から、京都の庶民の間に普及したおかずであり、食材を無駄なく利用している。このおばんざいを提供する食事処が、多くの人々によって利用された。最近は、京都の郷土料理ともいわれている。おばんざいは京野菜などの野菜中心の惣菜ともいえる。自分の家でなく気軽におばんざいを利用することから、食塩、醤油などの調味料の1世帯当たりの購入量が少ないのかもしれない。

平安時代の京都が文化の中心として発達していた時代には、宮中の神々を祭る年中行事として、現在の日本料理の様式に影響を及ぼした有職料理（生間流・四条流など）が盛んになった。さらに、寺院の精進料理、千利休が確立したといわれる茶道の懐石料理の影響を受けながら洗練された独自の京料理が形成された。京都は新鮮な魚介類の入手が難しいので、繊細な味付けや食材の持ち味を生かすこと、盛り付けの配色、料理を仕上げる真心の生きたものを特徴として、京料理は発展してきている。

京料理の特徴として白味噌を使うことがあげられる。雑煮は白味噌仕立てで食することは、知られている。琵琶湖から運ばれた鯉の料理の「鯉こく」も白味噌で仕立て、田楽にも白味噌でベースにしたタレを使うほど、甘たるい白味噌が使われる。代表的な京料理には、懐石料理がある。

## 知っておきたい郷土の調味料

京都府は奥深い山々で囲まれて京都盆地や福知山盆地が生活の地域となっている。京都府の醸造食品の清酒は有名である。酒造りは京都市の南部に位置する伏見に酒蔵が集中している。兵庫県の灘につぐ名醸地である。伏見や灘の水は伏流水に恵まれているから名醸地となったといわれている。京都府の味噌や醤油の醸造会社は京都市内にあるので仕込み水は伏見の水と同じ系列と思われる。

# 醤油・味噌

- **老舗・澤井醤油本店**　澤井醤油本店は京都市上京区丸太町にあり京都の御所から近いところにある。伏見の酒と同じ系列の水が仕込み水となっていると思われる。上京区には醤油・味噌の醸造会社が多い。創業明治12（1879）年の澤井醤油本店は、「マルサワ醤油」のブランドで刺身用たまり醤油、濃口醤油、もろみ（「京もろみ」）、「二度熟成醤油」「都淡口醤油」などを製造・販売している。「都淡口醤油」は、素材の色を際立たせる効果があり、煮物、吸い物、だし巻き卵、クリームシチューなどに使われる。京町屋の構造は細長いのが特徴である。これに合わせて店の中には商品も醤油を仕込む細長い桶が、入り口から奥へ向かって並んでいる。麹を作るムロは、木で囲まれた部屋になっている。

　京都市から離れたところでは、豊かな自然に恵まれた丹波・亀岡市でタケモ㈱がオーダーメイドの醤油を作り、「タケモ純正京むらさき」などのブランドの醤油も販売している。丹後市の木下醤油醸造所は、「だいまるしょうゆ」のブランドで知られている。本醸造醤油、もろみ、醸造酢、みりんなどを製造・販売している。丹波には綺麗で美味しい湧き水が豊富なので、この水を仕込み水としている。

- **生麹専門店の味噌**　生麹の大阪屋は、生麹専門の京の老舗（創業してから300年余の会社）。もろみ、味噌、甘酒、からし漬けなどを製造・販売している。最近の塩麹などの麹を使った万能調味料の普及により人気の会社となっている。本社は舞鶴市であるが、京都市内に麹を使ったスイーツの店も展開している。麹の働きと甘みを利用したスイーツの店である。京都市内の上京区の「本田味噌本店」の創業は江戸時代の天保年間（1830〜44）で「西京味噌」「ごま味噌」などを製造・販売している。平成11（1999）年8月に京都府田辺市に設立した非常に新しい吉兆味噌㈱は、「西京味噌」「合わせ味噌」「赤だし味噌」など、若い会社だから考えだした取り扱いに便利な味噌を製造・販売している。

　丹後半島の京都府中郡にある小野甚味噌醤油醸造㈱は、昔ながらの伝統的な手法で味噌「特撰田舎味噌」や醤油「かけむらさき」などを製造・販売している。

- **京都・大原の味噌庵**　味噌庵は明治時代から変わらぬ手法で味噌づくり

をしている。京都・大原の緑と鴨川の源流が流れる山間で作っているので、仕込み水は当然大原の山々の湧き水である。ほぼ手作りの製造工程で職人がじっくりとゆとりをもって作る。年に1回の仕込み（寒仕込み）なので、量産ができないのが欠点である。主として白味噌を作っている。つけ味噌や合わせ味噌にもよい。季節限定の漬物もつくっている。新しい感覚の「田楽みそ」「白味噌アイス」「白みそあめ」なども販売している。

## 食酢

日本で米酢が登場したのは、平安時代で、京の貴族専用の高級品としてであった。庶民に普及するようになったのは、食酢の原料の清酒が大量に生産されるようになってからである。食酢が普及してから酢味噌、ワサビ酢、芥子酢、たて酢などの合わせ酢が登場した。

● **千鳥酢**　京都を代表する食酢といわれている。製造元の村山醸酢は寛政元（1789）年頃の創業である。友禅染の色止めに食酢が使われるようになり京都には酢屋が急増したが、明治時代になり、色止めは化学薬品に押され酢屋の廃業が目立った。この苦境をのりきったのが、まろやかな酸味を特徴とする「千鳥酢」であり、京料理の店やすし店で愛用され、現在は京都を代表する食酢となっている。千鳥酢には揮発しにくいアミノ酸などの含有量が多いのがまろやかな食味となっている理由のようである。

## 食塩

● **翁乃塩**　京都府竹野郡網野町の夕日ヶ浦の海水をポンプで汲み上げ、トラックで工場へ運び、平釜で3日間直煮して濃縮し、4日目は別釜で煮詰める。海水の濾過に竹炭を使うのも特徴である。

● **富士酢プレミアム**　「富士」は「日本一」を意味するとのこと。この食酢は最高峰をめざした酢で、「日本酒の大吟醸のような繊細でうま味がある」との評価がある。製造元は丹波の山里で、昔ながらの「静置発酵」と「長期熟成」を工程に組み込んだ酢で、香りに刺激性がなく、酸味とコクがある（京都府宮津市の㈱飯尾醸造製）。

# ソース

● **オジカソース** 京都のソースメーカーとして大正7（1918）年に祇園で創業した。現在、工場は山科にあり、㈱OZIKAが販売している。原料コストを抑え、長期間販売できるように食品添加物を使わないで衛生的な環境で作っている。コクとうま味のあるウスターソースが主力商品。

# 食用油

● **玉締めしぼり胡麻油** 創業は文政年間（1818〜30）の京都市上京区の㈱山中油店の胡麻油。「玉締めしぼり」とは、ゴマを釜で焙煎し、玉締め機に入れてゆっくりと「ゴマにストレスがかからないように」して、油を抽出する伝統的製法。煎りたてのゴマの香りと練りゴマのような香ばしさがあり、ゴマのうま味もあり、まろやかな味わいのあるゴマ油。焼肉のタレの代わりに、このゴマ油が使える。

### 郷土料理と調味料

● **京雑煮** 京都の雑煮は、白味噌仕立てである。丸餅は焼かずに、別の鍋で炊いておく。アワビ・ダイコン・親芋・子芋・昆布・開きゴボウを入れる。材料が溶け込むほどに煮込む、白味噌のこってりした甘味が、京雑煮の特徴である。

● **しば漬け** 洛北八瀬大原の名物漬物。シソの葉を柴葉というところからしば漬けの名がある。ナス・キュウリ・シソの葉・ミョウガ・青トウガラシを塩漬けし、乳酸醗酵を促す。乳酸醗酵により生成される乳酸が、シソの香りを増幅させ、赤紫色になる。これを「生しば漬け」という。醤油・みりん・砂糖で調味して漬けたものを「味しば漬け」という。

Ⅱ　食の文化編　113

# 発酵

北野天満宮楼門

## ◆地域の特色

　福井県、滋賀県、三重県、奈良県、兵庫県、大阪府の各府県と隣接し、北西から南東方向に長さ約140kmの細長い形状をしている。北部の丹後半島と舞鶴湾、若狭湾で日本海に面する。北部に福知山盆地、中央部に亀岡盆地、南部に京都盆地がある。府の面積の75％以上が山地、丘陵地である。舞鶴、綾部および丹後は海洋性気候、それ以外は内陸性気候を示す。北部山間部は有数の豪雪地帯である。

　丹波や丹後などの中部地域で黒豆やアズキの栽培が盛んであり、南部では京野菜や宇治茶などが生産されている。京野菜として売られている主なものには、賀茂なす、伏見とうがらし、エビイモ、九条ねぎ、聖護院だいこんなどがある。南部の山城地域は、今の日本茶を代表する抹茶や玉露を生み出した「日本茶のふるさと」である。

## ◆発酵の歴史と文化

　日本酒や味噌、醤油の製造に欠かせない麹がいつ頃から使われるようになったのかは定かではない。歴史的な文書として残るものに、石清水八幡宮（八幡市）にある麹屋同士の紛争の記録（1246（寛元4）年）がある。八幡宮領地内には麹造りの座（麹座）が存在し、隣町である樟葉の麹屋と何度も紛争が起こった。これにより、今から800年ほど前に、麹造りを生業とする業者がすでに存在したことがわかる。

　もう一つは、文安の麹騒動の記録である。1444（文安元）年、酒麹の独占販売に京内の関連業者が反発したため、対抗した西京神人が北野天満宮（京都市）へ立てこもるという事件が起きた。西京神人とは、北野天満宮に奉職する集団であり、酒麹の販売独占と酒麹役（現在の酒税）の免除が認められていた。いわゆる、北野麹座と呼ばれるものである。鎮圧に向かった室町幕府と衝突し、北野天満宮は炎上し、死傷者も多数発生した。

これにより、当時、麴の製造が大々的に行われていたことがわかる。

## ◆主な発酵食品

**醤油**　京都では煮物、吸い物には淡口醤油、あめ炊き、かけ醤油には濃口醤油と使い分けされているといわれる。その他、再仕込み醤油なども造られている。京都市内には、御所の近くにある澤井醤油本店、1805（文化2）年創業の松野醤油のほか、五光醤油、小山醸造などがある。宇治市に丸五醤油、亀岡市に竹岡醤油、浅田黒大豆醤油醸造などがある。

**味噌**　公家、宮廷文化の中で育まれた白味噌（西京味噌）は「美しさと甘み」が特徴であり、短期熟成型で低塩分味噌である。長く都であった京都では、公家の文化圏であったため、保存性の高さよりも甘みを求める嗜好品や、長期保存には向かないものの宮廷料理の彩を添える調味料として使用されてきた。白味噌の代表ともいえる西京味噌は1830（天保元）年創業の本田味噌本店（京都市）の銘柄である。同社の初代、丹波屋茂助が今の京都御所に献上したのが始まりで、明治維新により都が江戸へ遷都され「東京」となり、京都をそれに対し「西京」とも呼んだことから、西京味噌といわれるようになった。塩分は5％前後と低く、麴を糖化させた自然な甘みとなめらかな口当たりが特徴である。白味噌は京都のお正月の雑煮には欠かせない味噌である。その他、1781（天明元）年創業の石野味噌（京都市）、小野商店（京都市）、小野甚味噌醤油醸造（京丹後市）、片山商店（亀岡市）などで造られている。

　味噌専門の販売店として、全国津々浦々から選りすぐりの味噌を30種類以上、量り売りをしている蔵代味噌（京都市）がある。

**日本酒**　伏見は、兵庫県の灘、広島県の西条と並び、日本三大酒どころといわれる。日本酒造りの歴史も古く、1594（文禄3）年、豊臣秀吉の築いた伏見城が建設された頃から始まった。その後、1635（寛永12）年に参勤交代が始まると、伏見の街に旅人や物資が集まるようになり、日本酒造りが大きく発展し銘醸地の基盤が形成された。そして明治時代後半には、天下の酒どころとして全国にその名をとどろかせるようになった。

　伏見は、かつて「伏水」とも書かれていたほどに、質の高い伏流水が豊富な地で、桃山丘陵をくぐった清冽な水が山麓近くで湧き水となってあらわれる。日本を代表する酒どころとなったのも、この天然の良水に恵まれ

ていたことが大きな要因とされる。

　吟醸酒向きの品種である、京都産の酒造好適米「祝」は、一時、栽培が
途絶えていたが、平成になり栽培が始まり、1992（平成4）年には約20年
ぶりに伏見で「祝」の酒が製品化された。現在、「祝」は丹波、丹後で栽培
され、「祝」を用いた酒は、伏見を中心に京都の蔵元で造られている。

　京都市伏見区には、黄桜、北川本家、キンシ正宗、月桂冠、小山本家酒
造、齊藤酒造、招德酒造、宝酒造、玉乃光酒造、豊澤本店、山本本家など
約20の蔵が、京都洛中には佐々木酒造など三つの蔵がある。その他、熟成
酒に力を入れている木下酒造（京丹後市）、ハクレイ酒造（宮津市）、若宮
酒造（綾部市）、与謝娘酒造（与謝郡）など、府内約40の蔵で造られている。

**焼酎**　　　丹後産の金時芋を原料とした芋焼酎を造る丹後蔵（京丹後市）な
　　　　どがある。

**ワイン**　　1979（昭和54）年に創業の丹波ワイン（船井郡）と天橋立ワイ
　　　　ン（宮津市）で京都産ブドウを使ったワインが造られている。

**ビール**　　1995（平成7）年に京都で最初の地ビールを造った黄桜京都麦
　　　　酒（京都市）では、丹波産黒豆や宇治抹茶などを原料にしたさま
ざまなビールを造っている。その他、江戸時代より酒造りに使われている
水「桃井」で仕込む京都町家麦酒（京都市）、西陣麦酒（京都市）、丹後王国
ブルワリー（京丹後市）などがある。

**酢**　　　京都の伝統産業の友禅染では、元禄時代には染料を定着させる「色
　　　止め」の働きがある酢は欠かせないものであった。そのため、京の町
には、酢屋がたくさんあった。明治時代になり化学薬品が使用されるよう
になるまで、その量は食用を上回っていたともいわれている。300年の歴
史のある村山造酢（京都市）のほか、齋藤造酢店（京都市）、飯尾醸造（宮
津市）などで伝統的な酢が造られている。

**大徳寺納豆**　　　　いわゆる糸引き納豆とは異なる、豆味噌に似た風味の大
　　　　　　　豆発酵食品であり、一般には塩辛納豆、寺納豆と呼ばれる。
大徳寺のほか、門前の店などで造られている。製法は、7月頃、浸漬した
大豆を3〜4時間煮た後、香煎（はったい粉）を混ぜて水分を飛ばし、麹室
に入れて1〜2週間発酵させる。これを桶に入れた塩水に入れ、天日で乾
かしながらかき混ぜる作業を2カ月ほど繰り返すと、色が褐色から黒に変
わって固まってくる。一休さんで有名な一休寺では、一休寺納豆として製

造、販売されている。

　浜松の浜納豆は同様にして作られているが、サンショウやショウガを加える。大徳寺納豆はマメと大麦と塩だけからなる点が異なる。

**しば漬け**　　ナス、赤ジソの葉、ミョウガを塩漬けし発酵させたものである。すぐき漬け、千枚漬けと並んで京都の三大漬物といわれている。

**すぐき漬け**　　スグキナの皮をむき塩漬けし水洗いした後、加温し乳酸発酵したもので、特有の酸味がある。

**千枚漬け**　　聖護院かぶらを薄く輪切りにして塩漬けし昆布と一緒に漬け込んだものである。

**菜の花漬け**　　開花前の菜の花のつぼみを塩漬けにしたものである。古くは伏見桃山付近で栽培されていた寒咲菜種が使われていた。

**西京漬け**　　京都で造られる、米麹を多く配合した白黄色の甘口味噌である西京味噌に、みりんや酒などを加え、魚の切り身を漬け込んだものである。

**へしこ**　　サバなどの青魚に塩を振って塩漬けにし、さらに糠漬けにした丹後半島の伝統食品である。


## ◆発酵食品を使った郷土料理など

**ぐじの酒蒸し**　　ぐじは京都でのアマダイの呼び方である。深めの皿に昆布を敷き、ぐじをのせて酒を振りかけ蒸し上げた料理である。

**万願寺とうがらしとじゃこの炊いたん**　　万願寺とうがらしを食べやすい大きさに切り、じゃこと一緒にだし汁、醤油、みりん、酒を入れて煮含める。

**白味噌の雑煮**　　皮をむいてサトイモとダイコン、ニンジンなどを入れて茹でる。器に移し、柔らかくした丸餅も入れ、最後にだし汁に白味噌をのばしたものを注ぎ入れて食べる。

**ふろふき大根**　　沸騰した鍋にくし形に切った聖護院だいこんと昆布だしを加えて柔らかくなるまで煮込む。白味噌や柚子味噌をつけて食べる。

Ⅱ　食の文化編　　117

**賀茂なすの田楽**　輪切りにした賀茂なすを、油で中が柔らかくなるまで焼く。その上に田楽味噌をのせて食べる。田楽味噌は味噌を酒、みりん、砂糖とともに少し煮詰めて作る。

**おこうこのじゃこ煮**　こうこは漬物の意味であり、特に沢庵のことを指す。漬かりすぎてすっぱくなったりした沢庵を、削り節や煮干し（じゃこ）と一緒に醤油、酒、砂糖で煮た料理である。

**湯引きハモ**　骨切りしたハモを熱湯に通すと、反り返って白い牡丹の花のように開く。これに、からし酢味噌や梅肉を添えて食べる。

**鷺知らず**　鴨川産の小魚1升につき醤油7合を入れ、砂糖、ショウガを少々加え、数時間煮て作られる、京都名産の小魚の佃煮である。主に使用される小魚であるオイカワの稚魚のことを「鷺知らず」と呼ぶことから、料理名にもなっている。

**ちりめん山椒**　京都市の名物で、ちりめんじゃこと実山椒を酒、醤油、みりんなどで味付けしたものである。

## ◆特色のある発酵文化

**種麹屋**　麹文化は、平安時代末期に北野天満宮で生まれた麹の製造販売権を独占する「北野麹座」から始まったといわれている。現存する種麹屋は全国で10軒程度しかないが、その中で京都に残っているのは「菱六」（東山区）だけであり、全国の酒造メーカーのほか、味噌、醤油メーカーに種麹を販売している。

## ◆発酵にかかわる神社仏閣・祭り

**石清水八幡宮（八幡市）**　平安時代前期に創建された、日本三大八幡宮の一つであり、本殿は2016（平成28）年に国宝に指定された。八幡宮領地内には、麹造りの座（麹座）が存在し、隣町である樟葉の麹屋との紛争の記録（1246（寛元4）年）が残っている。

**北野天満宮（京都市）**　菅原道真公を祭神とする全国約1万社余りの天満宮、天神社の総本社であり、学問の神として有名である。室町時代、麹造りを支配していた座（北野麹座）があったことから、酒造りに欠かせない麹と深い縁がある神社である。

**松尾大社（京都市）**　京都盆地西部、四条通の西端に鎮座する、酒の神としての信仰を集める神社であり、境内には酒造会社から奉納された多くの酒樽が並ぶ。毎年、11月に「上卯祭（醸造祈願祭）」が、4月に「中酉祭（醸造感謝祭）」が行われる。上卯祭では、松尾神は「神々の酒奉行である」とされる、狂言「福の神」が奉納される。境内にある「お酒の資料館」では、古くから伝わる酒造りの道具、酒器などが展示されている。

**梅宮大社（京都市）　甘酒祭り**　初めて酒を造って神々に献じた、酒造りの祖神とされる酒解神（さけとけのかみ）が祀られている。毎年2月に甘酒祭りが催される。

## ◆発酵関連の博物館・美術館

**月桂冠大倉記念館（京都市）**　伏見の酒造りの技や日本酒の歴史をわかりやすく紹介する博物館で、京都市有形民俗文化財に指定されており、伝統的な酒造用具が工程順に展示されている。

**キンシ正宗堀野記念館（京都市）**　幕末からの屋敷に、かつて使われていた酒造道具類が展示されている。創業以来酒造りに使われてきた名水「桃の井」は、今でもこんこんと湧き出ている。

**黄桜記念館（お酒の資料館）・河童資料館（京都市）**　各地に残るかっぱの伝説や祭り、民謡など幅広くパネルで解説するとともに、日本酒に関する資料が展示されている。

## ◆発酵関連の研究をしている大学・研究所

**京都大学農学部応用生命科学科、大学院農学研究科応用生命科学専攻**

　発酵分野、特に酵素を中心とした有用微生物学という領域を切り拓いた伝統のもと、さまざまな酵素から有用物質を生産するという応用研究で成果をあげている。

## 京都先端科学大学バイオ環境学部食農学科食品加工・発酵醸造コース

　発酵食品の微生物学的解析を通して、伝統的な発酵プロセスの理解や知られざる健康機能の解明を目指した研究が行われている。発酵の技術を活用した麹甘酒パフェなどの食品の商品化にも取り組んでいる。

### コラム　菌塚

　洛北にある天台宗の門跡寺院、曼殊院に日本で唯一の菌を供養する塚がある。微生物を使って酵素製剤を生産していた会社の社長だった笠坊武夫が1981（昭和56）年に供養石碑を建立したものである。表には、坂口謹一郎博士の揮ごうによる「菌塚」の文字が、裏には「人類生存に大きく貢献し犠牲となれる無数億の菌の霊に対し至心に恭敬して茲に供養の幟を捧ぐるものなり」とある。世界を見渡しても、菌の供養碑は珍しく、日本の微生物研究者のみならず海外の著名な大学の微生物学者も訪れる隠れた名所となっている。

### コラム　種麹屋、もやしや

　室町時代に種麹屋において木灰を蒸し米に添加することにより、耐久性の高い品質のよい胞子を得る画期的な技術が開発された。木灰により雑菌が生育できないアルカリ性の環境を作るとともに、木灰に含まれるミネラルなどの無機成分が麹菌の胞子着生量を増大させるというものである。木灰利用の種麹造りは、顕微鏡も殺菌装置もない時代に麹菌をほぼ純粋に繁殖させる秘訣ともいえるもので、微生物学的にみても、実に巧妙で進歩的な技術といえる。このような培養法や菌株などの秘伝が一子相伝で伝えられた。良好な菌株を保存するとともに、肉眼では見えないカビの胞子をほぼ純粋に培養して商うという世界でも類をみない産業が500年ほど前に、日本で存在していたことになる。種麹屋は、まさに世界最古のバイオビジネスということができるだろう。

# 和菓子／郷土菓子

引千切と雛菓子

### 地域の特性

本州の中央部、近畿地方に位置している。794（延暦13）年の平安京遷都以来、日本の中心都市として栄えてきた。明治維新によって首都が東京に移ったが、いまだ天皇の御所がある。かつての国名は山城国全域、丹波国の東部および丹後国全域が府域で、府庁所在地は京都市である。

地形は北部は日本海と福井県に接し、南は大阪府、奈良県、東は三重県、滋賀県、西は兵庫県に接している。

日本の歴史とともにある京都には、重要な文化財が多く平安遷都1200年の1994（平成6）年「古都京都の文化財」としてユネスコの世界遺産に登録された。長い伝統と歴史に育まれ、「衣食住」生活のすべてに匠の技が結集されている。茶の湯文化とともに完成した和菓子は、京都が発祥地である。しかし老舗の初代は意外と、京都に隣接する滋賀、三重、兵庫、奈良といった所の出身者が多い。そうした意味で郷土菓子の洗礼を受けていたことであろう。

### 地域の歴史・文化とお菓子

## 京の「雛あられ」と涅槃会の「花供僧」

① 「雛あられ」の違い、西と東

雛人形の男雛と女雛の位置が、関西と関東で異なっているのは今やよく知られている。そして「雛あられ」にも違いがあった。関東では、いわゆる「ポン菓子」という米を爆ぜさせて作る甘いあられで、京都を中心とした関西圏では、餅を賽の目に切って乾燥させて炙った直径1cm程度の丸いあられである。塩や醤油の味で、青海苔などの風味づけがされている。つまり正月のあられと変わりなく、ただ"雛"の字を付けたという感じである。

Ⅱ　食の文化編　121

この雛あられについては第Ⅰ部の雛あられの所にも記したが、どちらも明治以降でそう古いものではない。

関東のあられについては、1901（明治34）年刊行の『東京風俗志』に「供物は菱餅、葩煎、熬豆、などを始め栄螺、文蛤をも供ふ。」とある。この葩煎はもち米を炒って作ったもので、稲の花にみたてて縁起物とされ、江戸の元日には葩煎売りが登場していた。

②京都の「雛あられ」の原型

涅槃絵は２月15日で、お釈迦様の入滅した日である。関西では、この日にお供えするお釈迦様の「花供僧」という菓子がある。お釈迦様を追慕するこの日は、各家庭で正月のあられ餅や大豆を炒り、砂糖蜜でまぶし「お釈迦様の鼻くそ」といって供えた。京都では〝おせん処〟田丸弥の「花供僧」は有名で、毎年真如堂の涅槃会に授与される。京都の「雛あられ」の原型は、この「花供僧」ではないかと思われる。

「雛あられ」を京都では特に丹後地方で「ぼりぼり」とよんでいる。さらに兵庫県の丹波地方でも「ぼり」とよぶ。食べる時の音からきていると思われるが、炒った豆やあられに砂糖蜜をからめたもので、「花供僧」と同じである。この「ぼりぼり」だが、『日葡辞書』（1603［慶長９］年）をみると「Boribori（ぼりぼり）煎餅などを食べる時の形容」と記されていて興味深い。

③矢代弘賢の『諸国風俗問状答』にみる「涅槃会」の供物

この本は1813（文化10）年に出版されたものである。その中のいくつかの地方を見てみよう。「伊勢国白子領（三重県）……在家にて、黒豆餅の饗等炒り交へて、持仏に供ふ。これ釈迦ほとけの鼻屑という也……」「大和国高取領（奈良県）幾内の俗、正月用（い）る所の餅華を貯へ置き、此日煎て供物とす。又正月の餅を饗のごとく切置、煎って用ふ。又蓬を入れてダンゴを製し供するもあり、何れも名付けてハナクソと唱申候。」「若狭国小浜領（福井県）…いり豆・いり米など供える家は稀に御座候。」「備後国福山領（広島県）…正月に切たるあられを煎り、そなへ物にいたし候家も御座候。」「阿波国（徳島県）供物の儀は団子並餅花煎に米・黒豆を相交へこれをそなへ申候。」「肥後国天草郡（熊本県）かかつり花とて、籾をいりたるを供。」とあられや米を煎ったものが多く供えられている。

④阿波国に見る雛祭りの供え物

　前述の書物には、「雛節供にあられ」の記述がほとんどなく、今日と同様に菱餅や蓬餅の記述がある。ただ１カ所今日の徳島県で次のような記述がある。「……蓬餅を菱形にして供へ、柿・蜜柑・鯛・鮎など生菓子で作り、あるひは、はぜ・落雁の魚鳥貝類、ワケギを供え、花籠に桃・桜を生け申し候。」とあり、今日と変わらない光景だが、ここに「はぜ」がある。『東京風俗志』にあった葩煎で、もち米を炒ったものである。この葩煎が最も古い雛節供の供物だったのではないか。

⑤「流し雛」と「雛送り」

　雛祭りの古い形は「流し雛」で、紙などの形代に身の穢れを託し川や海に流す「祓え」であった。今日に残る風習としては、鳥取の流し雛がある。古い我が国の雛祭りは、雛を送ることを主にした行事であった。現在でも「お雛様の片づけが遅くなると、娘の縁談が遠くなる」といわれる。こうした俗信は、"雛送り"の重要さを伝える先祖からのメッセージだったのであろう。

　雛祭りの当日、あるいは翌日、御馳走をたくさん持って近くの山や海に出かける行事がある。愛知県の旧津具村（設楽町）ではかつて、旧暦３月４日にあられを持って、雛様を１体ずつ抱えて小高い丘に登り「山見て、川見て　また来年おいでましょう」とよばわりながら雛人形に里を見せて遊んだ。

⑥お雛様の国見と「葩煎」

　こうした行事の大掛かりなものが平安貴族の「お雛様の国見」だった。雛の前身は「くさひとがた」といって、カヤやワラで作った等身大の人形だったようだ。それを「蒭霊」といった。これを小高い丘に据えて人々の穢れを祓い豊作を祈り、祝宴をして一緒に国見をした。

　どうやらこの時「葩煎」が関係していたのではないか。「葩煎」はもち米を炒ると爆ぜて白い花のようになる。それが稲の花に見立てられ予祝行事に必要な供物であった。この「葩煎」については「鳥取県」の項でも記したが、『守貞漫稿』によると、江戸の町では正月の喰い積み台に米と小土器が添えてあって各自が米を炙って食すことが記されている。

　筆者は十数年前、上賀茂神社の神饌を取材させていただいた時、まさに小土器に葩煎が盛られていたのを見たことがある。「葩煎」は焼き米の仲

Ⅱ　食の文化編　　123

間で、米の古い食法だが、神事と深くかかわっていた。

　なお、貴族たちの多くは河原で雛遊びをしたようだ。そのおやつとして携帯に便利なように、菱餅を砕いて炒り、あられにしたのが今日の「雛あられ」の最初という説もある。

⑦「雛祭り」と「涅槃会」の供物

　京都の雛菓子の代表格・引千切（ひっちぎり）は、こなしや外郎（ういろう）生地を貝柄杓の形に引きちぎった上部に、漉し餡やきんとんがのっている。『守貞漫稿』によると、関西では新粉で作り「いただき」の名があり、江戸では小ぶりなものを涅槃会に供える、と記されている。

　先に丹波や丹後地方で、雛あられを「ぼりぼり」または「ぼり」と称すると記した。柳田國男の『分類食物習俗語彙』によると「ぼり」は福知山市地方で焼き米のことで、オシャカサマノハナクソの日に子供らが「ケンケン　ドンドン　豆おくれ　豆がなけりゃボリおくれ」と唱えながら歩く、とある。焼き米は葩煎（はぜ）のことと思われるが、同じ呼び名の「ぼり」が涅槃会の供物になっていた。

　また『分類食物習俗語彙』に「ハナイリ」がある。これは壱岐の島（長崎県）や佐賀県の馬渡島で2月15日のお釈迦様の日に「糯籾を炒って花のようにはぜからせたもの。他地方で同様のものをハナクソなどという戯語も、これから起こったものであろう。」とある。

　「葩煎（はぜ）」は神仏への大事な供物であった。

　なお『和漢三才図会』（1713［正徳3］年・寺島良安著）に「糠（ろく）があり火で米を爆させたもの。……」とある。

### 行事とお菓子

#### ①八坂神社の白朮（おけら）でお雑煮

　京都の正月は八坂神社の白朮火をいただいてきて、これを火種にして大福茶の湯を沸かし、雑煮を炊き、神棚の燈明の火となる。白朮火は神社の御神火で、白朮は薬草、これを燃やすと強い香りが邪気を退散させるところからきていた。その火を吉兆縄（竹の素材が入っていて消えにくい）に移し、クルクル回しながら帰宅し、昔はカマドに火をつけて新年が始まった。三ヶ日は白味噌仕立てのお雑煮だが、家によって2日に「ぜんざい」を食べる。4日が鏡開きで、この餅で水菜のすまし雑煮を作る。

②旧京北町（京都市）の「納豆餅」

　京都市の北部、丹波山間地域では、正月三ヶ日の朝は「納豆餅」で祝う。桜の名所で知られる常照皇寺は、納豆発症の地といわれ、開山の光厳法皇と関係していた。光厳法皇は南北朝時代の人で、厳しい修行をしていて村人が暮れに炊く味噌豆を藁苞に入れて差し上げたところ、糸が引いて納豆ができ、美味しかったので村人に振る舞い広がったという。

　この地方では餅に納豆を包み、抱えるほどの大きい餅を作り、囲炉端で炙ったり、お湯で温めたりして少しずつ食べる。餅は搗きたてではなく、直径20cm弱の大きな丸い伸し餅で、固くなってそれを焼いて作る。平皿に餅をのせ、焼いた部分を木杓子でつつきながら内側に入れ、やわらかな部分を外側にし、塩で和えた納豆を餅で挟んでオムライスのような形にしてできあがり。固くなったほうが美味しいという珍しい餅。

③旧久美浜町（京丹後市）の雛祭りの「ぼりぼり」（あられ）

　節供もちは白、緑、赤色の菱餅と「ぼりぼり」を作り、白大豆の炒ったものと、ぼりぼりの炒ったものを混ぜ、菱餅とともにお雛様に供える。「ぼりぼり」は、餅を搗いた時ナマコ型にしておき、刃物で切りやすくなったら3cmの賽の目切りにし、風の通る所に広げて干し、貯蔵しておく。節供が近づくと鍋で炒る。ふつうは醤油味だけだが、濃いめの赤砂糖水を鍋で煮立たせ、炒った「ぼりぼり」を入れて手早くかき回してできあがり。雛祭り用には食紅で3色の「ぼりぼり」をこしらえる。

④伊根町・お釈迦様の誕生日の「はなくそまめ」

　伊根町は丹後半島の町で、この地方では1月遅れで5月8日に行った。この日作る「はなくそまめ」はあられ、大豆、青大豆、茶豆、黒豆を鍋で炒る。別鍋に米粉、もち粉を混ぜて水で溶き、糊状にする。これに好みで砂糖を加え、炒ったあられや豆を加え、ひと煮立ちする。味がしまったら平皿に移して固める。木杓子で切り分け、小皿に入れて食べる。

　この地方では、飯釜やおひつに残ったご飯を集めて干飯にし、鍋で炒ったものを「ぼりぼり」とよんでいる。

⑤丹波山間・旧京北町（京都市）のサナブリの「いばら餅」

　サナブリは田植えの終わったお祝い「田植饗」で、この地方では6月22日頃の夏至の日には「ちゅう」といって、村中一斉に休む。この日には粽や「いばら餅」を作り近所に配る。嫁さんはこれを持って里帰りを

した。「いばら餅」は、米粉2、もち粉8の割合で作る粉餅で、粉はよく捏ね適当な大きさにして餡を包み、サルトリイバラ（サンキライ）の葉2枚ではさんでよく蒸し上げる。クマザサの葉で三角形の粽も作る。

⑥暑気払いの「水無月（みなづき）」

6月30日の「夏越祓（なごしのはらえ）」にいただく和菓子で、半年の罪や穢れ（けが）を祓い、残りの半年も無病息災でいられるよう祈願する。白外郎に小豆をのせた三角形の和菓子で、かつての氷室の氷片をかたどっている。

## 知っておきたい郷土のお菓子

- **上生菓子（じょうなまがし）**（京都市）　極上の和菓子のこと。江戸時代の中期頃、京都から発祥し、全国に伝えられたとされる。今日的には京都で作られた贈答用の菓子や、祝儀、お茶席などのあらたまった席の菓子を指す。季節感を取り入れ、和菓子職人が伝承の技術を駆使して1つ1つ手作業で完成させる。素材は主に「こなし」といって漉し餡に小麦粉または薯蕷粉（じょうよこ）などを混ぜて様々な色に着色し、竹べらや布巾、裏漉し器等を使って成形する「手形もの」と、木型を使う「型抜き」の手法がある。花鳥風月など季節感を重んじ、形や色は、江戸時代の「琳派の美学」を根底に装飾的で意匠的。味は茶を引き立てるため控えめ。菓銘は古典文学などから付けられ、菓銘を聞いて情景を想起し、形、色彩、香り、味など五感で楽しむ芸術といわれている。

- **雪間草（ゆきまぐさ）**（京都市）　春の上生菓子。菓銘は鎌倉初期の歌人藤原家隆の「花をのみ　待つらん人に　山里の　雪間の草の　春を見せばや」に因むもので、溶けかかった春の雪の隙間から芽ぐむ草を「雪間草」という。草を緑色のきんとんで仕立て、残雪の白を山芋のきんとんで表している。

- **水牡丹（みずぼたん）**（京都市）　夏の上生菓子。じっとりと汗ばむ京の夏には菓銘も涼やかに「水牡丹」は、紅色の漉し餡を上質の吉野葛で包み、茶巾絞りにして絞り口を上にする。「沢辺の蛍」「涼風」など葛を使った菓子がある。

- **風花（かざはな）**（京都市）　蒸し菓子の薯蕷饅頭で冬の主菓子（おもがし）。山の近い京都では、冬の晴れ間に風に乗ってひらひらと雪が舞ってくる。これを「風花」という。織部風の薯蕷饅頭の上に雪の結晶の焼印が押されている。寒い季節なので茶席でも湯気の上がる温かいものが喜ばれ、蒸籠（せいろう）や食籠（じきろう）に入れ

て出される。

- **現代の京菓子**（京都市）　京菓子司末富では、京菓子の繊細な造形美とクラシック音楽をコラボさせて、サティ「ジムノペティ」、ドビュッシー「月の光」、グリーグ「ピアノ協奏曲第二楽章」等を菓子にして披露している。

- **道喜粽**（京都市）　1503（文亀3）年創業。応仁の乱で焦土化した京の町で、荒廃した御所の天皇に日々「御朝餉」（餅を塩餡で包んだ物）を進献し、御所には「道喜門」があった。1512（永正9）年以来京の餅座を預かり「餅屋道喜」とも称した。鞍馬の笹を使い粽の製法を考えこれを「道喜粽」といった。粽は2種あり吉野葛を煉って作る「水仙粽」と漉し餡を煉り込んだ「羊羹粽」があり、包む笹の表裏で区分けしている。正月の「菱葩餅」もこの店から発している。

- **麦代餅**（京都市）　1883（明治16）年創業の中村軒の名物餅。白い大きな餅を二つ折りにし、十勝産の小豆餡を挟み、香りよい黄な粉がかかっている。元々この餅は農作業の間食として食べられ、1回分は麦代餅2個で、これを田畑まで届け、麦刈り・田植のすんだ半夏生（7月2日頃）に、代金を支払ってもらったわけで、そこから「麦代餅」の名がある。餡は昔ながらのおくどさん（竈）でクヌギの割り木で炊いている。店は桂大橋の傍の茶屋で、向かいに桂離宮の木立が望める。

- **菊寿糖・葛切り**（京都市）　江戸末期創業の鍵膳良房の銘菓。菊寿糖は中国の故事により菊は長寿の花とされ、四国和三盆糖を菊花型で押した縁起菓子。葛切りは吉野葛を使い注文のつど作る。透明で幅広の心太のようだが、なめらかでコシがあり、沖縄産の黒糖で作った蜜で頂く。1965〜1975年（昭和40年代）頃は青貝の美しい器に入っていたが、現在は漆塗りの器が使われている。

- **阿闍梨餅**（京都市）　1856（安政3）年創業の満月が大正時代に創製。大納言粒餡をもち米生地の焼き皮で包む名物餅。比叡山で千日回峰修行を行う高僧「阿闍梨」がかぶる網代笠をかたどる。

- **唐板**（京都市）　863（貞観5）年に疫病鎮護のため、御霊会の際に神前に供えられた疫病除けの菓子。1477（文明9）年創業の水田玉雲堂は上御霊神社の傍に店を構え、代々小麦粉生地のこの煎餅を手焼している。

- **清浄歓喜団**（京都市）　大陸より伝来し、聖天（歓喜天）の仏供でもあ

る唐菓子を亀屋清永が精進潔斎して作る。桂皮、白檀など数種の香が練り込まれた餡を小麦粉生地で包み巾着形に整え揚げてある。その昔は僧侶が作り供えたものだった。

- **月餅**（京都市）　寛政年間（1789～1801）、大津で創業の月餅屋直正の銘菓。明治維新の際に高瀬川の傍に移る。白餡を砂糖と卵入りの小麦粉生地で包み焼いた物で、上に芥子の実が散らしてある。

- **神馬堂やきもち**（京都市）　上賀茂神社そばの名物餅。神馬のお堂がすぐ脇にあったことからの店名。神社の葵祭は有名で、人も牛車も葵の葉で飾ることから、このやきもちも「葵餅」ともよばれる。

- **粟餅**（京都市）　北野神社鳥居前にある沢屋が作る名物餅。餡と黄な粉の2種で味わえる。1638（寛永15）年発行の『毛吹草』には「山城名物北野粟餅」として記されている。店内で作りたてを味わうことができる。

- **聖護院八ッ橋**（京都市）　山伏の総本山・聖護院のすぐ近くに本店を構える。肉桂の香りの米粉と砂糖を合わせた生地を焼いた京都を代表する銘菓。生八ッ橋や、生八ッ橋で餡を包んだ「聖」もある。昔からの焼いた八ッ橋は琴の名手・八橋検校にちなみ、琴をかたどったともいわれる。

- **州浜**（京都市）　1657（明暦3）年創業以来一子相伝の植村義次の銘菓。大豆を煎り粉にして、飴と砂糖と合わせ半割の青竹3本で形に成形した棹物菓子。小口切りにすると横断面が洲浜形になる。洲浜は海中に洲が差し出た形で、蓬莱山や秋津島を表すといわれ縁起の良いもの。植村義次の初代は近江の人で、洲浜は伊賀・甲賀忍者の食糧をヒントに生まれたとも伝えられる。下鴨神社の神饌にも洲浜の名がある。

- **味噌松風**（京都市）　亀屋陸奥の名菓。白味噌風味の生地をひと晩寝かせてから片面ずつ、両面を焼いて芥子の実を散らしてある。はじまりは、信長に攻められ食糧を断たれた石山本願寺へ亀屋陸奥の3代目主人が作り献上したものという。その後、顕如上人により「松風」の名を賜った。

- **御池煎餅**（京都市）　1833（天保4）年創業の亀屋良永がすべて手仕事で作る麩焼煎餅。もち米に砂糖を加えて搗いた餅生地を焼き、薄く砂糖蜜を塗り再度亀甲目の網で炙る。風味だけが残り、はかなく消える食感。

- **ちご餅**（京都市）　工芸菓子でも名高い三條若狭屋が創製。白味噌餡を求肥で包み氷餅をまぶした餅菓子。竹串に刺し3本を1包みにしてある。

祇園祭の稚児に用意する味噌をつけた餅にちなむ。唐櫃形の木箱入り。

- **真盛豆**（京都市）　竹濱義春、金谷正廣などが作り、茶事などに好まれる。丹波黒豆を炒って芯にし、大豆粉と砂糖を混ぜた洲浜粉で包み、青海苔をまぶした豆菓子。天台真盛宗を興した真盛上人により創製された。その後苔寺で有名な西方寺へ伝授された。北野大茶の湯で豊臣秀吉が絶賛し、細川幽斎は「苔のむす豆」とよんだ。

- **あぶり餅**（京都市）　「かざりや」「一文字屋和助（一和）」が作る、今宮神社参道の名物餅。黄な粉餅を竹串に刺し、炭火で炙り白味噌のタレをかけた香ばしい餅。平安時代より無病息災を願った縁起菓子。

- **みたらし団子**（京都市）　加茂みたらし茶屋の名物団子。下鴨神社の御手洗祭りの際、氏子の家庭で作られ神前に供えられた米粉団子がはじまり。現在は竹串に5つの団子を刺して焼き、甘辛のタレをかける。

Ⅱ　食の文化編

# 乾物 / 干物

蝶々ゆば

## 地域特性

　京都府は日本海沿岸から南東に向けて伸びる大都市である。平安遷都（794年）の平安京から明治時代初期まで、天皇の御所がある。山城の国、丹波の国、丹後の国にまたがり、府庁所在地は京都市である。本州の近畿中央部に位置し、福井県、滋賀県、三重県、奈良県、兵庫県、大阪府と多くの府県に隣接し、1000年にわたって政治、文化の中心としても栄えてきた。丹後半島は舞鶴、若狭湾で日本海に面し、北部に丹後山地、福知山盆地、中央部に亀岡盆地、南部に京都盆地があり、府の75％が山地、丘陵地である。日本の歴史の都は外来文化と国内文化が合流し、都として栄えた。

　中国、朝鮮などの外来文化は九州から瀬戸内海を通って大阪の淀川から京都盆地に、北前船による海の産物、山の産物は若狭湾から陸路京都へと運ばれる。仏教の伝来からの寺院が中心の精進料理の発展が京都の人々の食生活に影響を及ぼしていると思われる。

　丹波栗、丹波黒豆、丹波大納言、大原ゆば、万願寺唐辛子などなど、多くの食材が京の都に運ばれ、錦市場では今なお多くの食材が品揃えされている。

## 知っておきたい乾物 / 干物とその加工品

### 夜久野の蕎麦

　京都府福知山市の夜久野は福知山盆地を中心とした平地で、それを取り囲む市域面積の大部分を占める山間地西部は東経135度線上に位置しており、京都府唯一の火山「宝山」があり、麓には火山灰土の夜久野高原が広がっている。標高300〜500mの丘陵地は霧が多く、昼夜の寒暖の差が大きいことから、良質な蕎麦が育つ。冷涼で肥沃な高原だけが生み出す蕎麦である。

**伏見唐辛子**　京都の伏見地区で栽培されている在来種で、果肉は大きく、10〜15cmぐらいの細長い形で頭の部分に特徴があり、くびれている。丸ごと焼いたり、天ぷら、煮物などに利用されている中辛タイプである。

**八房唐辛子**　1つの房に10個もの実がまとまって、上を向いてなる。鷹の爪より太く長いが、辛味はやや劣る。枝のまま乾燥して、観賞用としても楽しめる。

**京ゆば**　豆乳を煮立てて、表面にできる薄い膜をすくい取って乾燥したもの。ゆばの歴史は古く、今から1200年前に最澄が中国から持ち帰ったといわれている。日本に最初にゆばが伝わったのは、京都比叡山の天台宗総本山延暦寺であった。精進料理の材料として使われ、坊さんに大変好まれたという。江戸時代の文献『豆腐百珍』（1782年）にはゆば料理が記載されており、いろいろな種類が作られ、一般庶民にも広まったとある。京の都は海から遠く生鮮食品に恵まれず、限られた食材から工夫を凝らす生活の知恵が生んだ食べ物である。

　貴重な栄養源だった僧侶たちの食糧。「建仁寺ゆば」「大徳寺ゆば」「東寺ゆば」などの名称は、その寺で作られていたことを語っている。精進料理や懐石料理など京都を代表する食材である。近年は和食だけでなく、洋食にも健康的食材として利用されている。

　名前の由来は豆乳の表面がしわになり、姥の顔に似ていることから「うば」と呼ばれた。また、豆腐の「うわもの」の音が濁って「ゆば」となったともいわれている。豆乳はマメ科の1年草である大豆の種子を加工したものである。

**＜製造方法＞**

① 大豆を一晩水に浸けて戻す。

② 水を注ぎながら挽く。

③ 大釜で煮て、布でこして豆乳を作る。

④ 深さ5〜10cmくらいの木枠で仕切った鍋に移し、微調整された火にかけて、じっくりと皮膜を作り上げる。

⑤ 皮膜を竹の串でそっと引き上げる。引上げはゆばの張り具合や火加減を見ながら、早からず遅からず絶妙なタイミングで1枚1枚ていねいにそっと引き上げる。職人技である。

Ⅱ　食の文化編

⑥ 半乾燥のところで切り、成形してから温風乾燥する。

干しゆばにはさまざまな形に加工した製品があり、以下にも紹介する製品のほかに小巻ゆば、結びゆば、竹ゆば、平ゆばなどがある。

● 大原木ゆば　真ん中を昆布で結んだ京ゆば。ゆばとゆばの間にだしがしみ込んでうま味を引き出すように加工した製品。

● 巻ゆば　ゆばをいく重にも巻いて作る。水分を含むと広がってボリューム感が出る。

● 蝶々ゆば　蝶々のような形に成形したゆばで、料理の華添えに使う。

● 京ゆば　京都周辺で生産されるゆばで、仕上りが平たいので板ゆばとして多く加工され、寺院、料亭や土産ものとして多く使われている。

<栄養と成分>

ゆばは、豆乳から作られるので、大豆加工品と同じ栄養価があり、消化吸収がよく、栄養価が高い。鉄分のほか、亜鉛、カリウム、ミネラルなどが豊富で、子供や高齢者の栄養補給に適している。

<品質の見分け方>

やや白黄色でクリーム色のゆばが見栄えがよい。薄く固いため壊れやすく、取扱いに注意を要する。長時間経つと、外観は変わらないようだが酸化が進み、油臭が出てきて変色する。常温で3か月ぐらいを目安に乾燥した場所に保管し、強い紫外線に当たると酸化が早くなるので冷蔵庫か冷暗所に保管する。利用は、乾燥したまま吸い物に直接入れたり、煮たり、ゆっくりと弱火で火を通す。煮汁はゆばをやや大目にするのがポイントで、火を落とすとまた固くなるので注意する。

## 京の薬味

京都丹波で育てた黄金唐辛子や国内産の唐辛子を原料として、石臼製法で引かれた和歌山県産朝倉山椒や高知県産青海苔などを使い、独特のブレンドによる風味豊かな京の薬味。京の薬味は、清水寺の参道の一休堂、山城屋、おちゃのこさいさいなど販売店が多い。一味唐辛子、七味唐辛子、柚子唐辛子、山椒などがある。

## 聖護院干し大根

京都府与謝野町で契約栽培した聖護院大根を乾燥した干し大根は、カブラのような丸い形に仕上げ、京野菜の1つとして京都の食材に欠かせない逸品である。

## 浮粉（うきこ）

小麦粉から取ったでんぷん。小麦粉に水と食塩を加えながらもむとタンパク質は固まり、小麦粉に含まれるでんぷんは水と一緒

に流れ出る。それをふるいで水と分離し、乾燥させると、本葛粉に似た固まりとなる。これを製粉機で粉にしたものが浮粉である。さらに沈殿したものを取り出したものが麩の原料となるグルテンである。

京都では、葛餅などの和菓子やかまぼこの増粘剤などにも利用されている。

**まくさ** 原草は全国で種々採れるが、寒天の主原料である天草の属に類したマクサは紅藻類テングサ目テングサ科で、日本、北朝鮮、韓国などの沿岸域に広く分布している。日本国内では京都府舞鶴湾や京丹後市網野町の浅茂川で年間を通じて見ることができる。

マクサはところてんや寒天の原料として有名である。ところてんは乾燥させたマクサを湯で煮出した後、冷やして固めたもの。天突きという道具で細い糸状に押し出したものに、ポン酢や黒蜜などをかけて食べる。

ところてんを凍結乾燥したものが寒天である。マクサは多年生の海藻で、寿命は3年程度といわれており、春先から夏にかけて成長するため、京都府沿岸ではそのころに漁獲されている。マクサは波打ち際から水深15m以深にまで分布し、天草場と呼ばれる大規模な純生群落を形成する。天草場はマクサの漁場としてのみでなく、サザエ、イセエビ、稚貝のよい餌場となっている。採取したマクサは浜に天日干しして乾燥保存する。

**万願寺唐辛子** 京都市、舞鶴市は大正末期には貿易港として栄えていた港をもち、万願寺唐辛子の発祥の地といわれている。収穫は5月上旬〜9月中旬と比較的長いため、京野菜としての人気が高い。万願寺は寺の名前でもあるが、在来種伏見唐辛子と、カリフォルニアワンダー唐辛子を交配して誕生したもの。果肉が大きくて分厚く、柔らかく甘みがほんのりとあり、肩がくびれる特徴があり、種が少なく、食べやすいのが受けている。京野菜として錦市場などでも有名である。伝統的に生産されており、「京の伝統野菜」として指定されている。

**甘唐辛子** 京都の伝統野菜の伏見唐辛子と万願寺唐辛子、山科唐辛子などの仲間。京都では唐辛子の実だけでなく、葉も「きごしょ」と呼ばれ、煮物や佃煮にしても食べられ、葉唐辛子といって、葉もほんのり辛くおいしいと人気である。甘唐辛子の多くは早採りしたもので、時々赤いものも見るが、これは品種が違うのではなく、赤ピーマンと同じように枝になったまま完熟させて赤くしたものである。

Ⅱ　食の文化編　133

**獅子唐辛子**　ナス科のトウガラシ属で「南蛮唐辛子」または「南蛮」とも呼ばれている。辛い唐辛子と同じトウガラシ属になり、辛くない唐辛子、唐辛子甘味種、ピーマン、パプリカも甘い唐辛子の部類である。

　獅子唐辛子の名前は、でこぼことした起伏があり、形が獅子の顔に似ていることから付けられたといわれる。普通はあまり辛くないが、たまに凄く辛くなり、まさにいわゆる唐辛子そのものの味が紛れていることがある。育つ環境の違いによるもので、乾燥など強いストレスの中で育つと辛くなるようだ。辛いものの多くは小ぶりで中に種が少なく、これは受粉不良によるものだが、激辛唐辛子になったものもある。

**京都笹粽**（ちまき）　京都美山町（現南丹市）では端午の節句や7月2日頃の半夏生（げしょう）（二十四節気の1つで夏至から11日目に当たる日）に食べる笹粽は新潟の三角粽とは違う。うるち米と餅米を7対3の比率で細く長い棒状にして団子状にした後、4枚のクマ笹で巻く。イ草8本を使い笹の内側に縦の笹が隠れるように結び上げるのが特徴である。笹の美しさが有名である。

**＜作り方＞**
　① 餅米とうるち米を洗って、2～3週間日陰で干して粉にひく。
　② 粉をお湯で耳たぶくらいの柔らかさになるまでこねる。
　③ 約50gを手に取り、8cmほどの円錐状の団子を作る。
　④ 笹で団子を包む。
　⑤ 10本を束にして、約15分間蒸す。

**京都湯豆腐**　乾物の代表的素材である大豆。大豆加工の代表的な豆腐。京都での精進料理には湯豆腐が欠かせない。現存する最古の湯豆腐店が南禅寺の山門のそばにある。底冷えの京の冬、身も心も温まる冬の代表料理でもある。素朴な味わい。豆腐の起源は中国で、日本には奈良、平安時代に遣唐使の僧が寺の食事に取り入れたといわれている。いつの考案かわからないが、江戸時代に入ってから豆腐は庶民の味になる。社寺の門前で参拝者に精進料理を出す店が増え、江戸後期には南禅寺前にある湯萩腐店（とうふ）が『都林泉名勝図会』に登場する。

　京都では、嵯峨豆腐森嘉の柔らか硫酸カルシウムを使う店と、自前で石臼で作る「奥丹」のような店の2つに分かれているようだ。

134

## Column：抹茶と煎茶

　抹茶の産地は、茶道具から発展した京都府宇治市、愛知県西尾市などが有名である。春の一定期間、茶畑に覆いをして日光を遮断。うま味成分のアミノ酸のテアニンを相対的に増やす。摘んだ葉を蒸した後に乾燥したものがてん茶。抹茶はてん茶を臼で粉末にしたもの。煎茶は覆いをせず栽培した葉を蒸し、もみながら乾燥して作る。

# Ⅲ

営みの文化編

# 伝統行事

祇園祭

### 地域の特性

　京都府は、日本海に通じる。その領域は、北部と南部に分けられる。北部の大半は、丹後山地などの山地で、山間に福知山盆地や亀岡盆地がある。南部は、京都盆地である。日本海には丹後半島がせりだし、若狭湾に面した東岸は、リアス海岸となっている。名勝天橋立はここにある。京都盆地は、夏暑く冬寒い内陸型で、気温差が大きく、降水量は少ない。北部は、冬に降雪の多い日本海式気候である。

　京都には、長岡京・平安京が築かれ、1,000年にわたって政治・文化の中心として栄えた。近世には、政治の中枢は江戸に移動したが、依然として江戸・大坂と並ぶ大都市であり、淀川の水運や日本海航路の物流が盛んであった。また、西陣織・京友禅・丹後縮緬・京焼・清水焼などの伝統工芸が今日に伝わる。また、伏見の酒造りや宇治茶も名高い。

　数多い寺社群は、世界遺産ともなっており、現在の京都は、日本を代表する国際的な観光都市でもある。

### 行事・祭礼と芸能の特色

　「千年の都」といわれる京都は、社寺の町でもある。ほぼ毎日のようにどこかの神社、どこかの仏寺で行事が執り行なわれている。それを数えあげるのは、むずかしい。そのなかには、たとえば八坂神社（祇園）の祭礼のように全国各地に分布をみる祇園祭の祖型をなすものも少なくない。また、仏寺の本山も数多く存在することも周知のとおりである。

　国の指定文化財（重要無形民俗文化財）である芸能には、壬生狂言・嵯峨大念仏狂言・久田の花笠踊・六斉念仏（京都市内の各所）、松尾寺の仏舞などがある。

## 主な行事・祭礼・芸能

### 十日ゑびす大祭

1月10日、京都ゑびす神社のまつり。京都ゑびす神社は、西宮神社、大阪今宮戎神社と並んで日本三大ゑびすと称され、「えべっさん」の名で親しまれている。1月10日は、ゑびす神の誕生日とされ、この日の大祭を中心に前後5日にわたって（1月8日〜12日）祭礼が続く。

8日は「招福祭」。宝恵籠社参と湯立神事、餅搗き神事が行なわれ、参拝者に吉兆笹（福笹）が授与される。9日の「宵ゑびす祭」と10日の「ゑびす大祭」では、夜通し開門されており、夜を徹して神楽が奉納され、福を求める多くの参拝者でにぎわう。「商売繁盛で笹もってこい」という威勢のよいゑびす囃子がさらにまつりを盛りあげる。

11日の「残り福祭」には、祇園町や宮川町の舞子たちの奉仕により、福笹を受けた人びとに福餅が授与される。

### 貴船神社雨乞い祭

毎年2月9日に行なわれる貴船神社の祭礼。貴船神社は、創建が白鳳時代（7世紀後半〜8世紀初頭）といわれ、祭神は、水の神。古くから雨乞い・止雨が祈願されてきた。

まつり当日は、拝殿で献饌・祝詞奏上・玉串奉奠などがあって、そののち笛と太鼓での祈祷が続く。終了後、一同は、奥宮に参り、さらに雨乞滝に向う。一の滝で、宮司が、「大御田のうるおうばかりせきとめて、いせきに落とせ川上の神」という秘歌を唱えると、一同が雨乞滝を堰き止めて、はじめに神職に水をかけたあと、川を下りながら互いに水をかけあう。

なお、貴船神社では、7月には、水の恩恵に感謝しての「水まつり」が行なわれる。

### 北野天満宮梅花祭

毎年2月25日に行なわれる北野天満宮のまつり。この日は、祭神の菅原道真の忌日（延喜3＝903年死去）で、道真がウメの花が好きだったということから、梅花を添えた神饌を供え、祭典を行なう。もとは、菜種の花を挿して献じたので、「菜種御供」とも呼んだ。

神饌の中心は、玄米2斗4升を蒸しあげたもので、これを2つの大小の盤に丸く盛る。また紙立と呼ぶ紙袋に玄米を入れ、その上に梅花を挿した

Ⅲ　営みの文化編　**139**

ものを、男女の厄年にちなんで42個、もしくは32個、三方に載せて供える。ほかに、神酒（白酒、黒酒）を献じる。祭典ののち、神饌は参詣者に授与され、これをいただくと病気がなおる、とされている。

境内の梅園では、地元の上七軒芸妓による野立ての茶席が設けられる。

なお、大阪の道明寺天満宮でも3月24日・25日に菜種御供祭と称したまつりが営まれ、そこでは、ウメの実をかたちづくった団子が献じられる。

### 葵祭（あおい）

毎年5月15日に行なわれる賀茂別雷神社（上賀茂神社）、賀茂御祖神社（下賀茂神社）、両社のまつり。正式には「賀茂祭」というが、供奉者から牛馬まで葵の葉をつけ、さらには家々の軒にも葵の葉を吊したことから「葵祭」と呼ばれるようになった。

両賀茂神社は、京都遷都の後は、皇城鎮護の社として天皇の参拝を受けることも多く、石清水祭、春日祭（奈良）とともに三大勅祭のひとつに数えられる。古くは、4月の酉の日を祭日として行なってきたが、応仁の乱後の文亀2（1502）年に中絶。その後、元禄7（1694）年に再興したが、明治3（1870）年に再び絶えた。明治17（1884）年に復興した後は、祭日を5月15日として今日に至っている。

当日は、早朝に勅使以下が京都御所に集まり、行列を整えて下賀茂神社まで練り歩く。勅使以下、平安朝の文武官や下人の装束をまとった人びとの行列からは、往時の宮廷風俗をしのぶことができ、まつりの呼びものとなっている。

下賀茂神社では、祭典の後、東遊（宮廷の儀式舞のひとつ。もとは東国の神遊びで、のちに宮廷芸能として定着した。現在、武官舞として駿河・求子の2曲が残る）や走馬などを行なう。終了後、上賀茂神社まで練り歩き、上賀茂神社でも、東遊・走馬の儀を行なう。その後、賀茂堤を南下して御所に戻る。

古く、このまつりは都人が群集し、桟敷や物見車に乗って見物したことは、『源氏物語』の記述からもうかがえることである。

### 祇園祭（ぎおん）

7月17日〜24日（もとは6月7日〜14日）を中心とする祇園社（八坂神社）のまつり。「祇園御霊会」、略して「御霊会」ともいう。清和天皇の貞観11（869）年、疫病退散のために神泉苑において御霊会を営んだのがはじまり、と伝えられる。疫病除けを祈願する、都市の夏まつりのひとつの源流といわれる。

140

八坂神社に祀られる牛頭天王は、中国からの伝来説をもつが、日本では疫病退散の神とされる。ことに、疫病のなかでももっとも恐れられていた疱瘡（天然痘）封じの神として崇められるようになった。疫病を避けたいという心情は、平安の都に住む人びとにとって貴族であれ庶民であれ共通の願望であったに相違ない。御霊会は、天正17（1589）年に一時中絶されたが、慶長8（1603）年に再興。その後も時々の変遷があり、今日の祭礼の形態が整えられたのは、主祭神を素戔鳴命とした明治のことである。

一般には、16日の「宵山」と17日の「山鉾巡行」が有名であるが、まつりは7月1日の「吉符入」（祭礼の決定と神事の打ち合わせ）にはじまり、29日の奉告祭に終わる。山鉾の順番を決めるくじ引き（2日ごろ）、各鉾所での鉾の組み立て（10日ごろ）、神輿を四条大橋まで担ぎ出して鴨川の水で洗う神輿洗いと、それを迎える堤灯行列（10日）、鉾の上に乗る稚児たちが位をもらうために八坂神社へ行く稚児の社参と曳山の組み立て（13日）、詩吟・狂言・舞踊・茶の湯などの芸能の奉納（15日）、組み立てた鉾の上での祇園囃子の演奏（12日から16日）、白装束の巫女たちによる市内各所での鷺舞（17日）、神輿が御旅所から神社に還る還幸祭（24日）など、宵山と山鉾巡行のほかにもこうした行事が続くのである。24日には、お別れ鉾11基の巡行のほか、屋台など300人余りの行列もみられる。

名物の山鉾は、四輪車の台上に人形・囃子方を乗せる2階屋台を付け、屋根の上に長い鉾を立てたもの。あるいは、同じ四輪車の台上に人形のつくりものを乗せ、山の上にマツを立てたもの。台の周囲には豪華なゴブラン織りやペルシャ製の華氈・朝鮮錦などの胴掛、前掛、見送りをめぐらす。現行の人形・屋台の彫刻・彩色などには、江戸時代美術の粋が集められている。

山鉾には、祇園囃子と称する特有の祭囃子がつく。「コンチキチン」と響く鉦を拍子に笛・太鼓の音が重なるそれは、現在各地に流布する祭囃子に大きな影響を与えたといわれる。さらに、山車（山鉾）の構造なども各地のまつりのそれに与えた影響は大きい。

## 大文字五山の送り火

毎年8月16日、東山の如意ヶ岳（大文字山）で行なわれる盆行事。山の中腹部に「大」の字の形に火床を75カ所設け、この火床にマツの割木を組んで、午後8時ごろ一斉に点火する。「大」の字の大きさは、横の一画が40間（約72メート

ル）、左の一画が80間（約144メートル）、右の一画が68間（約122メート
ル）という壮大なものである。鴨川の河原やビルの屋上には、これを見る
ために人びとが群集する。

その起源には、さまざまな説がある。一説には、昔如意ヶ岳の山麓にあ
った浄土寺が火事になり、そのとき本尊阿弥陀如来が頂上に昇って光明を
放ったので、その霊験を伝えるために弘法大師が盆に際してそれを「大」
の字に改めた、という。また、一説には、弘仁年間（810〜23年）に飢饉
があって病気が流行ったとき、弘法大師が悪霊退散を祈願してこの山で
75の火焔を苗松で焚いたのがはじまり、ともいう。ほかにも諸説あるが、
真偽のほどは定かでない。

現在は、夏の京都をいろどる観光行事として定着し人気を呼んでいるが、
本来は、盆の精霊の送迎に由来する習俗なのである。

**石清水祭**　　　毎年9月15日（もとは旧暦の8月）に行なわれる石清水八
幡宮の祭礼。その創始は、清和天皇の貞観5（863）年8月で、
宇佐八幡宮の放生会を模したのがはじまり、という。古くは「八幡放生会」
と称せられ、葵祭（加茂祭）を北祭と呼ぶのに対して、南祭と呼ばれた。
それに奈良の春日祭を加え、古来、三大勅祭として皇室の崇敬を受けた。
応仁の乱（1467〜77年）のあと長い間途絶えたが、延宝7（1679）年に再
興。明治以降は、放生会を仲秋祭に改め、さらに石清水祭と称するように
なった。

古いまつりの形式は、他の勅祭と同じく勅使の奉幣・宣命にはじまり、
神馬引き回しの儀などが行なわれる。その間に金光最勝経を講じ、次いで
神前で多くの鳥類を放ち、魚類を放生川へ放流する。神仏習合の様式であ
る。それが終わると、相撲を奉納した。

現在は、当日の午前、3基の鳳輦（輿）を神庫から出し、多くの神具・
供奉員の行列を整えて頓宮に渡り、勅使の奉幣・祭文奉献の儀ののち、神
馬引き回しと神楽の奉納があり、夕方5時ごろに還御となる。

**時代祭**　　　毎年10月22日に行なわれる平安神宮のまつり。平安神宮は、
明治28（1895）年、平安遷都1100年を記念して桓武天皇を祭
神として創建された。そして、その年の10月、記念祭の一環として、平
安から明治に至る日本の風俗の移り変わりを行列に仕組んで見せたのが、
時代祭の起こりである。

142

当日朝、鳳輦が市庁前に渡御し、そこに設けられた行在所で祭典を行なう。終了後、市庁前から西に進み、寺町通り・丸太通りを通って御所富小路入口内に行って、そこに待機していた時代風俗行列をしたがえて烏丸通り・四条通り・河原町通りなど市内を練り歩く。平安神宮に還御するのは夕方である。

時代行列は、徳川城使上洛式・豊公参朝列・織田信長上洛列・城南流鏑馬式・藤原文官参朝式・延喜武官出陣式・延喜文官出陣式という順に続く。その次に鳳輦。いずれも、学者・有識者の考証を得て組まれた風俗行列であり、日本風俗史を知るうえでも価値あるまつり、といえよう。

## 鞍馬の火まつり

毎年10月22日（もとは9月9日）に行なわれる鞍馬山の由岐神社のまつり。

夜更け、5〜6歳以上の青少年が大小さまざまな松明（束ねた柴をコワという板で巻き、それを藤蔓でしばったもの）を肩に担いで、「サイレ、ヤリイリョウ」と叫びながら町内を練り廻す。やがて、山門石段に張り渡した注連縄を切って、神社に上り参詣する。神社では、2社の神霊を神輿に移し、褌姿の男がこれを担ぎ、女たちが神輿の綱を引いて御旅所に渡御する。御旅所では、巫女の神楽が奉納され、神前で20本ばかりの割り竹を末広に刺した松明（神楽松明という）が焚かれる。神輿担ぎが松明を担いで庭を7回半回り、これを夜明けまで繰り返すのである。

この夜、鞍馬は火の海のようになり、その光景は壮観であり幻想的でもある。それを求めて、毎年多くの見物客を集めている。

## おけら参り

正月元旦、八坂神社の行事。大晦日から元旦朝にかけて、社前にオケラ（菊科植物で薬草）を材料とした篝火を焚く。オケラの篝火の煙のたなびく方向で、来る1年の吉凶を占う神事が本義であった。煙が東へ流れると近江国はその年が凶年、西に流れると丹波が凶年になる、といわれた。また、参詣の人びとは、互いの悪口を言い合い、それに勝つとその年の吉凶を得るともされた。

人びとは参詣ののち、その清浄な火を吉兆縄と呼ぶ火縄に移して家に持ち帰る。そして、その火で灯明を灯したり、雑煮やおせち料理をつくるための火種とする。そうすることで、1年の穢を払うことにもなる、という。

なお、元日に神火を受けて来て、それを火種にして灯明を灯したり雑煮

Ⅲ　営みの文化編　　143

などをつくる例は、富山県の八幡神社（泊市）などのほか、全国的にも分布をみる。

## ハレの日の食事

京都市内の正月では、白味噌仕立ての雑煮を食す。また、正月の膳に欠かせないのが丹後から運ばれてくるブリで、これは焼きものが一般的。北部の山間の地では、正月にあわせてにしん漬（ニシンとダイコンの米花漬）がつくられた。

京都では、棒ダラや身欠きニシンがよく使われる。これは、北前船が運び、若狭（福井県）に降したものが運ばれたからで、海から離れた京都での貴重な保存食材であった。その代表的な料理が芋棒（サトイモとタラの煮つけ）とにしんそばである。

夏の祇園祭では、さばずしとハモの料理が知られる。サバは若狭から、ハモは大阪方面から入ってきた。とくに、若狭ものの魚は、京都の食文化を彩り、支えてきたのである。

いわゆる京料理というものは、懐石料理と精進料理の流れをくむものといえよう。とくに、だしを上手に使って洗練された煮ものに特色がある。そのところでは、日本料理のひとつの原型をなす。それが、主として料亭料理として今日まで伝えられてきたのも京都ならではのことであろう。

# 寺社信仰

伏見稲荷大社

## 寺社信仰の特色

京都府には長く都が置かれたことから、寺社信仰でも日本の中心となっている。世界遺産「古都京都の文化財」は京都市の賀茂別雷神社（上賀茂神社）・賀茂御祖神社（下鴨神社）・教王護国寺（東寺）・清水寺・比叡山延暦寺・醍醐寺・仁和寺・高山寺・西芳寺（苔寺）・天龍寺・鹿苑寺（金閣寺）・慈照寺（銀閣寺）・龍安寺・西本願寺（本願寺）・二条城、宇治市の平等院・宇治上神社から成り、いずれも篤い信仰を今に伝える。

なかでも賀茂神社と総称される上賀茂・下鴨の両社は、賀茂の厳神と畏れられ、王城鎮護の神、山城一宮と崇められた。全国の賀茂／加茂神社の総本社でもある。上賀茂神社の葵祭は祇園祭・時代祭とともに京都三大祭とされ、上賀茂には〈やすらい花〉†の民俗が伝承されている。

祇園祭は京都市の八坂神社の例祭で、日本三大祭でもあり、〈京都祇園祭の山鉾行事〉†はユネスコの無形文化遺産にもなっている。祇園精舎の牛頭天王を八坂郷に祀ったのが始まりと伝え、1868年以前は感神院と称された。全国の八坂神社や須賀神社の総本社となっている。

時代祭は平安遷都の10月22日を祝う祭で、1895年に平安遷都1100年を記念して創建された京都市の平安神宮が行っている。その主祭神は平安遷都を断行した桓武天皇である。

日本で最も盛んな信仰といわれる稲荷信仰の総本社も京都にある。京都市の伏見稲荷大社がそれで、京都府で最も多くの初詣客を集めている。伏見稲荷の土でつくられた伏見人形は日本各地の土人形・郷土玩具の原型ともなった。〈京都の郷土人形コレクション〉‡には伏見人形の他、御所人形や賀茂人形も含まれている。

丹波一宮は亀岡市の出雲大神宮、丹後一宮は宮津市の籠神社、同二宮は京丹後市の大宮売神社とされ、いずれも名神大社である。出雲大神宮は元出雲、籠神社は元伊勢とも称されている。

凡例　†：国指定の重要無形／有形民俗文化財、‡：登録有形民俗文化財と記録作成等の措置を講ずべき無形の民俗文化財。また巡礼の霊場（札所）となっている場合は算用数字を用いて略記した

## 主な寺社信仰

### 穴文殊

京丹後市丹後町袖志。本尊は石造文殊菩薩立像で、高さ10mの海食崖に形成された奥底知れぬ海食洞の上に安置されている。昔は真言宗清涼山九品寺であったが、今は袖志にある曹洞宗壽雲山万福寺の境外仏堂となっており、8月24日・25日に文殊大祭典（施餓鬼）を営む。本尊は1609年に経ヶ岬の海心洞から遷したと伝えるが、初め天竺から経ヶ岬へ渡り、後に当穴に垂迹し、さらに九世戸へ移ったともいう。九世戸の文殊とは、宮津市の天橋立にある日本三文殊の一つ、切戸文殊（智恩寺）であることから、元切戸文殊とも称する。袖志は丹後半島の北端にあり、経巻を立て並べたような奇岩怪石の断岸絶壁をなす経ヶ岬は近畿地方の最北端となっている。耕地には恵まれず、漁業や千枚田での農業を営んできた。〈丹後の漁撈習俗〉‡の一つ、海女の潜水漁法も営まれていた。

### 大宮神社

京丹後市弥栄町野中。丹後半島中部山岳地帯の野間谷各村の総鎮守。大宮売命を祀り、大年神と御子聖神を配祀する。棟札から1332年創建で、1694年再建とわかる。祭礼は昔は9月8日・9日、今は10月第2土曜日に営まれ、野中地区が〈野中の田楽〉‡を、大谷地区が獅子神楽、田中と中津の両地区が太刀振りを奉納する。田楽は古態を崩さずに伝承する稀有な存在で、5人の子どもが、ビンザサラを手に持つ飛び開き・ハグクミ・ササラ踊（オリワゲ）、ビンザサラを膝前に置く手踊り、扇を持つ扇の舞（ユリ舞）の5形式を舞う。野中は野間谷の中心で、旧野間村の役場などが置かれた。野間村の南隣の世屋村では〈丹後の藤布紡織習俗〉‡が盛んであった。〈丹後の紡織用具及び製品〉†が、〈丹後半島の漁撈用具〉‡などとともに、宮津市の丹後郷土資料館に展示されている。

### 松尾寺

舞鶴市松尾。真言宗醍醐派。京都府と福井県の境をなす青葉山（若狭富士）の中腹に建つ。唐僧の威光上人が当地に至り青葉山の双峰を眺めたところ、霊験高い唐の馬耳山を想起、登拝すると松の大樹の下に馬頭観音を感得、草庵を結んだのが始まりと伝える。本尊は馬頭観音坐像で、西国29となっている。修験道場として栄え、寺坊65を数えたという。1119年には鳥羽天皇が参詣して寺領4千石を与え、銀杏

の木を手植したという。国宝の絹本著色普賢延命像は鳥羽上皇の寵妃、美福門院（藤原得子）の持念仏と伝えられている。5月8日には仏誕会（花祭）があり、本堂では〈松尾寺の仏舞〉†が披露される。釈迦・大日・阿弥陀の3如来の仏面を被った6人の舞人が、篳篥や龍笛の演奏に舞うもので、古代にインドから伝来した舞楽の演目「菩薩」を今に伝えると考えられている。

**高倉神社**
綾部市高倉町。1181年、後白河天皇第2皇子の以仁王（高倉天皇の兄）を高倉天一大明神として祀ったのが始まりと伝える。王は1180年に平氏追討の令旨を発したが、逆に平氏に攻められ宇治で敗戦、南都へ落ち延びる途中で流れ矢に当たり没したと伝えるが、実は丹波へ逃れ、吉美郷里（綾部市里町）へ落ち延びて没したという。腹痛に御蔭があるとして、7月土用の丑祭には多くの参詣がある。例祭は10月で、里町にある里宮へと神輿行列が巡行し、本社と里宮で〈ヒヤソ踊〉が奉納される。吉美郷6町各4人のササラと、有岡町の太鼓・笛各1人が行う素朴な田楽踊で、以仁王を癒やすため村人が始めたという。里町には市立資料館もあり、日東精工の専務であった守田種夫氏が収集し、年代・用途別に整理して寄贈した〈丹波焼コレクション〉†150点を収蔵している。

**大原神社**
福知山市三和町大原。綾部街道の宿場町として栄えた町垣内の産土神。伊弉冉尊・天照大神・月弓尊を祀り、安産・養蚕・五穀豊穣・交通安全の神と崇められる。南丹市美山町樫原の大原神社を元宮としており、初め樫原に鎮座し、後に金色の鮭に導かれ、黄色の牛に乗り、当地へ遷座したと伝える。天一位大原大明神と称された。当社への参詣は大原志とよばれ、春祭に参って境内の小石を猫と称して持ち帰り、蚕棚に置いて鼠害を防ぎ、秋祭に返納した。川合川の対岸の町はずれには〈大原の産屋〉があり、古い出産の民俗を今に伝えている。土間の砂は子安砂とよばれ、安産の御守として授けられる。この砂を枕の下に敷いて寝ると安産するといわれ、無事出産したら御礼参りをして返納する。

**薭田野神社**
亀岡市薭田野町佐伯。保食命・大山祇命・野椎命を祀る。当地を拓いた人々が本殿裏の塚に食べ物と野山の神を祀ったのが始まりと伝え、後に丹波国司の大神朝臣狛麻呂が塚前に社殿を造営して国土安泰と五穀豊穣を祈り、佐伯郷の産土神としたという。8月14日には御霊・河阿・若宮の3神社とともに灯籠祭を営む。盂蘭盆

147　　　　　　　　　　　　Ⅲ　営みの文化編　147

行事と習合した五穀豊穣神事の夏祭で、稲作を表す人形を乗せた5基の役灯籠（神灯籠）と、移動式舞台の台灯籠が祭礼行列に加わり、御霊神社と佐伯灯籠資料で串人形浄瑠璃の〈佐伯灯籠〉†が奉納される。亀岡（亀山）は丹波国分寺が置かれるなど古くから栄え、西国21穴太寺や大本の本部があることでも知られるが、1970年頃までは寒天の製造でも有名で、亀岡城址近くの文化資料館には往時を伝える〈亀岡の寒天製造用具〉‡が伝承されている。

## 多治神社

南丹市日吉町田原。田原川から少し西に入った場所に鎮座。大山咋神と天太玉命を祀る。田原郷の惣鎮守。天智天皇第3皇子の志貴皇子（田原天皇）が創建したという。1302年の棟札に多沼大明神とあることから、式内社の多沼神社に比定される。田原の地名は多沼→多治→多治→田原→田原と転じたのであろうか。本殿前には樹高約16mの多羅葉（葉書の木）2本がある。5月3日には拝殿で〈田原の御田〉†が行われ、作太郎と作次郎が稲作の過程を演じる。1302年の開始と伝え、笑いを誘う即興を交えながら軽妙に筋を進める姿は狂言の原初形態とみられる。10月の大祭には〈田原のカッコスリ〉‡が奉納される。鞨鼓を着けた4人の稚児を中心に、鼓や締太鼓の演奏者、サンヤレ、踊り手などが歌に合わせて踊る。1414年の開始と伝え、当時流行した風流踊を伝承している。

## 三宅八幡神社

京都市左京区上高野。小野妹子が所領の愛宕郡小野郷に鎮座する伊太多神社の境内に宇佐八幡宮を勧請したのが始まりと伝える。妹子は遣隋使として渡海する際、宇佐八幡に祈願して危難を逃れたという。後に南朝の忠臣、児島（三宅）高徳が当地へ移住、崇敬したことから三宅八幡宮とよばれたとされる。俗に虫八幡と称され、子どもの疳の虫封じの神として広範囲から多数の参詣を集めるが、昔は田の虫除けの神であったのが、いつしか子の虫除けの神になったともいわれる。上高野の近辺では京都市中の子を里子として預かり育てる保育業が盛んであった。子どもの無事成長を祈願する大型の絵馬が盛んに奉納され、〈三宅八幡神社奉納子育て祈願絵馬〉†124点が今も大切に残されている。画題は81点が参詣図となっており、なかには638名の参詣行列図もある。

**壬生寺**（みぶでら）　京都市中京区壬生。律宗大本山。心浄光院宝憧三昧寺と号し、壬生地蔵と親しまれる。園城寺の快賢僧都が創建した地蔵院が始まりで、1259年に平政平が再興し、間もなく円覚十万上人導御が中興したという。13世紀頃作の地蔵菩薩半跏像が本尊であったが、1962年の放火で焼失し、現在は律宗総本山の唐招提寺から迎えた地蔵菩薩立像を本尊としている。鎌倉時代の十一面観音像は現存し、中院の本尊で洛陽33-28となっている。2月節分の厄除大法会などに国重文の大念仏堂で演じられる〈壬生狂言〉[†]は、融通念仏（大念仏）を中興した導御が1300年に始めたとされ、右京区清涼寺の〈嵯峨大念仏狂言〉[†]、上京区引接寺の〈千本ゑんま堂大念仏狂言〉とともに京の三大念仏狂言と称される。8月9日の精霊迎え火には〈京都の六斎念仏〉[†]の一つ壬生六斎念仏踊が奉納される。

**光福寺**（こうふくじ）　京都市南区久世。医王山と号す。洛西33-19。本尊は蔵王権現で、蔵王堂と親しまれる。桂川の西岸に建ち、一帯は蔵王の森と称され、京の七森に数えられた。天台密教僧の浄蔵貴所が村上天皇の勅願で平安京の裏鬼門に開基したと伝える。浄蔵が金峰山での行を終えて都へ戻る時、蔵王権現が現れ都の衆生を守ると告げて木像と化した。桂川へ至ると奇瑞があり、当地に一晩で梛が生えた。これを弁財天と医王善逝（薬師如来）の影向と感得し、堂宇を創建して蔵王権現像を安置したという。今も礼拝は弁天堂→薬師堂→子守勝手社→蔵王堂の順が守られている。長く天台宗三鈷寺末であったが、近代に四宗兼学から西山浄土宗へと改めた。8月31日の八朔祭法楽会には〈京都の六斎念仏〉[†]の一つ久世六斎念仏踊が奉納される。豊富な太鼓曲と秀逸な技術で見応えがある。

**茶宗明神社**（ちゃそうみょうじん）　宇治田原町湯屋谷。1592年、永谷家の一族が隣の立川の糠塚から当地へ移り、湯山社として天照大神と豊受大神を祀ったのが始まりとされる。後に大神宮神社と改称し、1954年に永谷宗円（1681～1778）を茶宗明神として合祀した。宗円は1738年に〈宇治茶手もみ製茶技術〉を中核とする青製煎茶法（宇治茶製法）を発明し、緑茶を飛躍的に普及させたことから、煎茶の始祖と崇められる。宗円は湿田の排水工事にも功績があったので、地元では干田大明神と崇められた。4月に春の大祭、10月に秋の大祭があり、多くの茶業者が宗円の徳を讃えている。宗円の10代後に永谷嘉男がいる。嘉男は茶業の再建を目指して

Ⅲ　営みの文化編　　149

1952年に江戸風味お茶づけ海苔を発売、大ヒットとなり、翌年に永谷園を創設した。

**涌出宮**（わきでのみや）　木津川市山城町平尾。和伎座天乃夫岐売神社、和伎神社とも称す。伊勢国渡会郡五十鈴川の畔、舟ヶ原から天乃夫岐売命（天照大神）を勧請したのが始まりで、その際、一夜にして鎮守の森が涌き出したと伝える。後に田凝姫命・市杵嶋姫命・湍津姫命を伊勢から勧請して併祀したという。降雨の神と崇められ、山城国の祈雨11社に数えられた。祭祀の大部分は8つの宮座が行い、〈涌出宮の宮座行事〉†と称される。2月14〜17日の居籠祭は与力座・古川座・歩射座・尾崎座が行う。深夜の森マワシや野塚神事の際は、氏子は家に籠り、音を立てないので、音無しの祭とよばれる。神の来臨と饗応を軸とした厳粛かつ古風な祭をよく残している。3月21日は女座の祭で大座・中村座・岡之座の女衆が担い、9月30日のアエの相撲と10月16日・17日の百味御食（秋祭）は同3座と殿屋座が担う。

# 伝統工芸

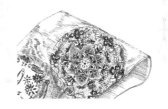

西陣織

## 地域の特性

　京都府の北には、日本海に面して丹後半島があり、日本三景の一つ天橋立などがある。東に福井県と滋賀県、西に兵庫県と大阪府、南に奈良県がある。山地や丘陵地が多く、夏は暑く冬が寒い。四季の移り変わりが鮮やかで、季節を感じさせる巧みな意匠が伝統工芸にもみられる。

　京都は、794（延暦13）年の遷都以降、1000年以上日本の都であり、公卿、武士、僧侶や神職、商人や職人、農民や町衆たちが、さまざまな物を創造し、年中行事や人付き合いの方法なども含む多彩な文化を創出した。京都府の伝統工芸には、京都に暮らす人々の文化が色濃く表れている。

　京都は、中国の唐の都を手本とした、朝廷を頂点とする社会であった。次第に武士が台頭し、仏教各宗派が勃興する。仏像などの美術工芸から日用品まで文化の産物が発達したが、応仁の乱（1467～77（応仁元～9）年）で荒廃する。復興と戦乱の後、関ヶ原の戦いを征した徳川家康が、1603（慶長8）年、江戸に幕府を置き政治の中枢とした。江戸時代の京都は、特に手工業と商業、文化を中心に繁栄し、伝統工芸を発展させた。明治維新後は、海外にも開かれ、現在は先端工業を基盤としつつ、訪問者の自然、歴史、文化に対する旺盛な好奇心に応える国際観光都市として発展している。

## 伝統工芸の特徴とその由来

　平安時代に都が置かれた京都では、朝廷のもとで染織、漆、木竹、石などさまざまな分野の工芸が発達した。特に織物職人たちは、公家の装束をつくる高度な技術を確立し、公家の衰退や応仁の乱の戦災を乗り越えて、「西陣織」と呼ばれる高級織物の産地を形成した。平安時代の宮中に由来する京人形は、西陣織の布地を活かして発展した。

　染め物についても奈良時代以来の、絞りやろうけつなどの技法を継承し

Ⅲ　営みの文化編

た。室町時代には、絞りを進化させた「辻が花染」が流行し、江戸時代には、扇絵師の宮崎友禅斎が考案した友禅染が、糸目糊置きと色差しの技法による自由な絵画的表現により一世を風靡した。「京鹿の子絞」と「京友禅」は、国の伝統的工芸品に指定されている。なお、丹後には、古代から受け継がれてきた「藤布」を伝える里がある。

伝統的な木工芸や漆器も、都の技として受け継がれ、仏具、茶道具などに名品を生み、国の伝統的工芸品「京指物」「京漆器」に指定されている。「京焼・清水焼」は、江戸時代初期に始まり、茶道、会席料理から家庭用にとブランドを確立している。京都府には、朝廷に由来する多彩な伝統工芸や、藤布のような里山に由来する伝統工芸があり、人々の暮らしに浸透した独特な文化を伝えている。

## 知っておきたい主な伝統工芸品

### 西陣織 (京都市)

西陣織は、祇園の舞妓のだらりの帯のような金銀糸入りの錦織や、涼しげな紗や絽、滑らかなビロード、芸術的な爪掻本綴織など多様である。共通点は、先染めの紋織であること。国の指定する技法は12種類ある。綴・経錦・緯錦・緞子・朱珍・紹巴・風通・捩り織・本しぼ織・ビロード・絣織・紬。製品も、帯のほか、財布やバッグ、洋装品、緞帳など幅が広い。高い技術と多品種少量生産が、西陣織の特徴である。

西陣織の源流は、古墳時代の5世紀頃に渡来人の秦氏が現在の太秦周辺に来住し、養蚕と絹織物を伝えたことにある。平安京遷都後、朝廷は織部司を置き、織部町 (現在の京都市上京区) の職人たちに、綾や錦などをつくらせた。次第に、織物工房は官営から民営となる。中国の技法を研究し、唐綾を開発した。周辺の大舎人町に集住し、鎌倉時代には「大舎人の綾」と呼ばれる織物を生産した。室町時代には、大舎人座という組織をつくり、公家や武家の需要にも対応した。室町時代、職人たちは応仁の乱で離散するが、西軍・山名宗全の陣地の跡の周辺に戻り、仕事を再開し、後の織物の街「西陣」を築いた。

西陣織は、専門の企業が、図案、意匠紋紙、撚糸、糸染、整経、綜絖、整理加工などの製造工程を分業し、一体となって完成させる。明治時代にフランスからジャカード機を導入し、錦や唐織を効率的に製織するように

なったように、常に前進している。

## 京鹿の子絞（京都市）

鹿の子絞は、小鹿の夏毛にある白い斑点のような模様が特徴で、真っ赤な髪飾りや帯揚げなどになり、和の装いを盛り上げる。細かい疋田絞りは特に鮮やかである。「竜田川」と謳われている。

京鹿の子絞には、疋田絞、一目絞、傘巻絞、縫締絞、唄絞、帽子絞、桶絞、板締絞など50種類以上の技法があり、職人は一つの技法を専門に行う。青花で描かれた下絵に従い布地を括る。広く染め分けるには、桶絞や帽子絞の技法で防染し染料に浸す。乾燥させて糸をほどくと、糸で括られた部分は染まらずに白く残り、括った跡が括り粒と呼ばれる小さな隆起やしわになる。色としぼが、複雑で微妙な意匠となり、絞り染め独特の柔らかく華やかな美をつくり出す。湯のしなどの仕上げを行い、きもの、洋服、室内装飾品、小物などさまざまな製品に仕立てられる。

始まりは奈良時代といわれ、室町時代には、絞り染めと描き絵や摺箔、刺繍などを合わせた「辻が花染」が開発されて人気となり、江戸時代以降は、さらにさまざまな技法を駆使して発展し、江戸時代中期には、鹿の子絞りが全盛期を迎えた。1976（昭和51）年に国の伝統的工芸品に指定され、絞りを楽しむ新たな商品づくりや海外向けの商品などが開発されている。

## 京焼・清水焼（京都市）

京焼・清水焼は、陶石や陶土など原料のない場所で発達し、京の文化に育てられた点に特徴がある。伝統技法による精緻で優美な器と、斬新な意匠の作品が、美を競い、使い手の思いに応えている。

京焼の名は、江戸時代初期に登場し、本阿弥光悦を祖とする、楽家の作と考えられている。同じ頃に瀬戸の陶工が、三条大橋東側の粟田口に登り窯を築き、野々村仁清が仁和寺の門前の御室窯で瀟洒な色絵の茶器を焼き始めたとされている。仁清の弟子、尾形乾山は、兄の尾形光琳とともに琳派の名品を制作した。

やがて、窯は粟田口、清水、五条坂に集約され、洛東の「古清水」と呼ばれる色絵陶器が完成する。18世紀後半には奥田頴川が磁器の制作に成功し、五条坂の窯が盛んになる。その後も、初代清水六兵衛や青木木米、永楽保全などの名工が現れ、歴史的な技法を復興し、独自の創造を加え、茶道、煎茶道などの器に秀でた手腕を発揮した。

明治時代以降は、社会の変化に応じて、粟田焼は海外に市場を求めた。当時の名作は、今も海外に所蔵されている。清水は五条坂とともに「清水焼」として煎茶道具などをつくり、日本陶芸界の中心となる陶工を輩出した。河井寛次郎らが指導した京都市陶磁器試験場では、原料や釉薬（ゆうやく）などの科学的な研究も行われた。技法の研鑽（けんさん）は、京都の文化を担い高みを求める京都の使い手たちに促されたものと思われる。

**京漆器（京都市）**
きょうしっき
京漆器は、薄手で洗練された雅な意匠を特徴とし、棗（なつめ）（茶道において抹茶を入れる容器）や香合、炉縁などの茶道具、椀や菓子器、盆などの食器、花器や飾り棚などの調度品が主な製品である。製法の基本は、他産地の漆器と同様に、木を乾燥させ、木地をつくり、下地作業をして、漆を塗り、加飾を施して仕上げる。

木地は「木地師」、塗りは「塗師（ぬし）」、蒔絵は「蒔絵師」と工程ごとに専門の職人が仕事をする。技法は多彩で、木地には、板物、曲物、挽物などがある。薄手に仕上げるが堅牢であるように、重箱の角を処理するなど手を掛ける。漆の色もさまざまであるし、光沢の出し方にも工夫を凝らす。加飾は、平蒔絵、高蒔絵、研出し蒔絵に加え、螺鈿（らでん）や青貝の手法も用いる。作品の構想から材料である木材の吟味、制作工程すべてに気を配り、一流のものづくりが行われている。

奈良時代に唐（中国）から伝えられた蒔絵や螺鈿の技法を、平安建都とともに受け継ぎ、室町時代には、茶道具として発達した。安土桃山時代には、大名の好みに合う豪華な「高台寺蒔絵」がつくられた。江戸時代には、本阿弥光悦が、金蒔絵に青貝などを配した光悦蒔絵と呼ばれる華麗な意匠を考案し、琳派（りんぱ）という技法として現代にまで受け継がれている。

**京指物（京都市）**
きょうさしもの
京指物は、1000年以上も都であった京都で培われた、木目の美しさを活かす感覚が生きている木工芸である。繊細で上品な意匠が「京もん」と呼ばれ、人気を集めてきた。主に箪笥、棚、机などの家具類、茶器や香合、風炉先屏風などの道具類が製作され、特に茶道具類の評価は高い。

原材料となる樹木は、スギ、ヒノキ、ケヤキ、ヤマグワ、ホオノキ、シタン、ジンダイスギなどの針葉樹、広葉樹、唐木、香木、埋れ木など60〜70種類に及ぶ。しかも一本の木にも、幹や枝の別や、板目、柾目、木口目などによる表情の違いがある。どのような表情を活かして仕上げるかが、

京指物の醍醐味である。

　日本は豊かな森林資源に恵まれて木工芸が発達したが、最も古い指物は、正倉院の御物の厨子や櫃などにみられる。京指物は、平安遷都（794（延暦13）年）で平城京の木工寮の職人たちが京都に集まり、平安京造営に携わったことに端を発する。そこから、さまざまな木工芸が発展した。

　指物師は、板と板、板と棒、棒と棒を組み、指し合わせた指物をつくる。表面は、白木を活かしたり、摺り漆、木地蒔絵、木象嵌などの装飾を施したりする。彫師は、平安時代までは主だった仏像に加え、能面、欄間、根付、版木彫など時代に合わせた木彫刻を行っている。木地師（轆轤師）は、轆轤を使って椀、盆、茶筒、こけしや独楽などもつくる。檜物師がつくるのは曲物。ヒノキやスギを薄く削ったヘギ板を熱い湯に浸し、柔軟にして円形に曲げ、両端をヤマザクラの皮で綴じる。柄杓、弁当箱、湯桶など、角ものでは折敷、三方、筥などをつくる。現代ではワインクーラーやあかりなどもつくられている。指物、彫物、挽物、曲物、箍物、刳物など京都で発達した木工芸の技法は、それぞれ携わる職人が違うが、包括して1976（昭和51）年に伝統的工芸品「京指物」として国から指定された。

## 京石工芸品（京都市）

　京石工芸品の主な製品は、庭園などに配される、石燈籠、手水鉢、石塔、石仏などである。一人のつくり手が制作の初めから終わりまでを一貫して行うところに特色がある。つくり方は、製品によって異なるが、石に線引きをし、鑿やびしゃんなどの道具を使い、形を削り出し、彫刻を施し、組み立てなどの仕上げ工程に至るのが基本的な流れである。

　石の加工は、古墳時代から行われていたが、京都の石工芸は、平安遷都に石造物が必要となったことに始まる。平安時代には、仏教が盛んとなり、寺社に石仏や石塔などが納められた。安土桃山時代に入ると、茶道文化の影響を受けて、石燈籠が庭などに置かれるようになる。京都には、比叡山麓の白川の里に良質な花崗岩があり、工具の進歩もあり、石工芸の業界が確立されてきた。

　石でできた作品は、風雨にさらされ、日光を受け、苔がつくなどその姿が時とともに徐々に風格を増す、息の長い工芸品である。例えば鎌倉時代の石塔が寺の庭の脇役となり、次に旅宿の玄関を飾り、やがて茶庭にひっそりと置かれて、時を超えていく。先人の名品「本歌」を知る京の石工た

Ⅲ　営みの文化編　　155

ちは、常に後世に残る優れたものを意識して制作に取り組んでいる。

## 京人形（京都市）

京人形は、豊かな表情と西陣織などの装いに漂う上品で優しい雰囲気に特徴がある。種類が多く、五月人形には、本格的な甲冑を小型にしたような芸術的なものもある。雛人形、市松人形、風俗人形などのほかに創作人形もある。良質な素材と伝統的な技術、感性にこだわる創作の姿勢をもつつくり手が生み出す、得もいわれぬ存在感を備えた人形である。

京人形は、頭師、髪付師、手足師、小道具師、胴着付師など専門の職人の仕事を組み合わせて制作される。人形師が目指すイメージに向けて、職人と意見を交わし、高度な技と感性が積み上げられ、深みのある気品をもった品質の高い人形にまとめられるのである。

縄文時代の土偶や古墳時代の埴輪も人形であり、信仰や呪術の対象とされたといわれている。疫病を払う人形に穢れを移し、川に流して厄を払う慣習なども伝えられている。平安時代には、宮中の姫君が遊ぶ人形「雛」が愛され、京の人形師が制作を始めた。江戸時代には、子どもの誕生や成長を祝うために飾る節句人形が誕生した。女児の雛人形に対して、男児の五月人形がつくられ、次々と趣向を凝らした人形が生まれた。木彫に彩色をした嵯峨人形、裂地を木目込んだ加賀人形、胡粉仕上げの白い肌の御所人形などである。京都の伝統的な織物を活かして、今も人々の心を癒す華やかなだけではない奥の深い人形が生み出されている。

## 京扇子（京都市）

京扇子の特徴は、種類の多さにある。使う人や目的、季節や場所などを意識した扇がつくられる。構造からは板扇と貼扇に大別される。板扇は薄い木片を連ねたものである。貼扇には紙扇と絹扇がある。内裏雛のもつ檜扇や、ビャクダンなどの香木をつないだ扇などは板扇である。紙扇には、5～6本の細い板の片面に和紙を貼った蝙蝠扇、能扇や舞扇、茶席扇や祝儀扇などがある。絹扇は、木綿や絹、レースを貼った扇子である。

最も古いのは檜扇である。877（元慶元）年と記された東寺の仏像の腕の中から発見されている。次に蝙蝠扇がつくられ、竹と紙でつくられる現代のような紙扇がつくられるようになった。13世紀頃には中国へ輸出され、インドを経てヨーロッパにわたり、ルイ王朝で象牙にレースを貼った豪華な扇などになり愛用された。その後日本へ逆輸入され絹扇を生み出した。

京扇子は多品種であるため、素材も幅広い。板扇には、ビャクダンのほかヒノキ、スギなどが用いられる。貼扇の骨の主なものは、マダケ、ハチク、モウソウチク、象牙や牛骨である。中骨を薄く細くつくり、親骨を彫りや塗りで装飾し、要の部分で留める。紙は和紙、生地には綿や絹を使う。飾り扇を例に取ると、2層に分かれるよう加工された地紙に金箔なども用いた飾りを施し、折り型を用いて骨の数に合わせた折り目をつけ、扇骨の通る隙間を地紙にあけ、糊をつけて中骨を差し込む。両端に親骨を糊付けして仕上げる。

## 截金 (京都市)

截金は、仏画や仏像などに、金箔などを細く切って貼る加飾技法である。切金とも書き、細金とも呼ばれた。髪の毛ほどの細さの直線や曲線、小さな三角や菱形などを組み合わせ、仏像の衣や装身具を彩る。青海波やアサの葉などの繊細で上品な模様が、雅な雰囲気を醸し出す。仏教美術を中心に、香合や筥など工芸品や室内装飾などにも用いられている。

金箔の場合には、4～6枚を焼き合わせて厚みをもたせ、鹿皮を張った台の上で竹刀を使い、0.1mm程度の幅で平行に1本1本丁寧に切り出す。2本の筆をもち、一方の筆で切り出した金箔に膠と布海苔を混ぜた接着剤を含ませ、もう片方の取り筆で金箔を貼っていく。金箔のほかに、銀箔やプラチナ箔なども用いる。

截金は、7世紀頃に仏教とともに大陸から伝えられたとされ、飛鳥時代の法隆寺金堂の仏像や、正倉院の琴などに施されている。奈良から平安京に受け継がれ、仏教の興隆により仏像や仏画の装飾として盛んに用いられ、13世紀頃に最盛期を迎えた。その後、戦乱の世の中で截金の手法は衰退し、金泥技法が出現する。江戸時代は、東西両本願寺が庇護する少数の截金師がその技を受け継いでいた。現代になって、截金を茶道具や調度品などの加飾として普及するつくり手が現れ、国の重要無形文化財の認定を受けるなど、高い評価を得ている。

Ⅲ　営みの文化編　　157

# 民 話

## 地域の特徴

　京都府は北から丹後、丹波（東部）、山城の三つの旧国からなる。丹後地方は府内で唯一海に面しているが、平地は少なく、山地が日本海に迫る。リアス海岸に良港が発達し、舞鶴・宮津・久美浜など、江戸時代から明治期に、西廻航路の寄港地として栄えた。丹波地方は小盆地と山地からなり、北に由良川、南に保津川が流れる。この保津川を下り、材木などの物資が京の都に運ばれた。また、鯖で知られる福井県若狭地方の海産物が山地の街道を通り、都に向かった。

　山城地方には京都盆地が広がり、淀川水系で大阪方面とつながる。奈良の平城京にも近く、8世紀末から1000年の間、平安京が置かれた。その市中・郊外を洛中・洛外と呼び、公家、武家、町衆、寺社が軒を連ねた。旅文化の発達につれ、都の名所旧跡が評判になり、多くの案内書が編まれた。その伝統を受け継ぎ、観光は現在も京都の産業であり文化である。

## 伝承と特徴

　京都府は長く都に接し、古代以来の史書、地誌、縁起、説話、物語、紀行、随筆などに民話関係の記事が残される。近代の民俗学・民話研究を意識した記録としては、1925（大正14）年の『口丹波口碑集』が早い。続いて1933（昭和8）年の『京都民俗志』、1941（昭和16）年の『丹波の伝承』、1954（昭和29）年の『何鹿の伝承』があり、伝説・世間話を中心に民話を集める。同様の民話集は以後も多い。昭和30年代（1955〜64）には『京の怪談』『町々の伝説』などを含む緑紅叢書が刊行された。1968（昭和43）年、京都府立総合資料館が船井郡和知町で昔話調査を行った。以来、丹波・丹後地方、京都市域を除く山城地方で昔話が調査され、大学の研究者や学生、郷土研究者らが精力的に携わった。ほかにも地元新聞社や出版社が関連書籍を出版している。これらの報告書や図書は、府立総合資料館

が収蔵し、その後身の府立京都学・歴彩館で閲覧できる。

　伝承の特徴としては、政治・文化の中心地に近い土地柄のため、民話に歴史的事件の影響が目立つ。さらに、事件の記録も話と相互に影響し、それらの複雑な交渉の跡がうかがえる。これは特に伝説に著しく、多くの歴史上の人物が主人公にされている。また、物語の伝承・改作・伝播にかかわった宗教者の痕跡が寺社に残る。昔話については、北陸地方の「そうろう」系の結末句が丹波地方で聞かれ、若狭方面からの影響を示す。また、新潟県の「いちごさけた」系の結末句が丹後地方の一部に伝わり、西廻航路による伝播を思わせる。一方、同地方の「これでむかしのたねくさり」は、他地方では聞かれない独特の結末句である。

### おもな民話（昔話）

**蟹満寺縁起**（かにまんじえんぎ）　木津川市山城町綺田の蟹満寺（かばた）（かにまんじ）について、12世紀初頭の説話集『今昔物語集　巻16』にこんな話が記されている。

　昔、山城国久世郡に住む父娘があった。あるとき、娘は人に捕まっていた蟹（かに）を助けた。一方、父は田を作っている時、蛙（かえる）を呑もうとする毒蛇を見て、婿にするから蛙を放すよう言った。その夜、立派な身なりの男が現れ、約束を果たせと迫る。父は三日後の再来を願い、その間に丈夫な倉を作った。娘は倉に籠（こも）り観音を念じた。男は怒り、蛇になって倉を巻き、尾で戸を叩いた。音が収まり、蛇の鳴き声がして、夜が明けると、大きな蟹と数千の蟹が蛇を殺していた。その蛇の遺骸を埋め、蛇と蟹の供養のために寺を建立し「蟹満多寺」（まただら）と名付けた。人々はこれを「紙幡寺」（かむはたでら）とも呼んだ（『京都の伝説　乙訓・南山城を歩く』）。

　特定の寺院の由来を説く縁起だが、類似した昔話「蟹報恩」が全国に分布する。田の水不足に困った父が、娘を与える代わりに蛇に水を願い、そのために生じた娘の災厄を、知恵や援助者の働きで解決する。こうした物語は古くから伝わっていたらしく、これが蟹の恩返しの形をとり、蟹満寺に結びつき、縁起になったと考えられている。古来、蛇は山野や水界の主（ぬし）とされてきた。一方、蟹も滝・淵・池などの主で、それらが争う話も各地に伝わる。

**舌切り雀**　よく知られた昔話だが、北陸と北近畿地方には、糊（のり）を舐（な）めた人間が舌を切られ、雀に変身する話が伝わる（『日本昔話

Ⅲ　営みの文化編　　159

通観28　昔話タイプ・インデックス』)。京丹後市丹後町尾和の「舌切り雀」は、お婆さんが障子を貼るために炊いた糊を、「娘か子供だかがちょっと糊食べてみよう思って、ひとつねぶったらあんまりうまかったで、炊いたったもんみんな食べてしまって」という具合に話が始まる。

お婆さんはその娘に障子の穴から舌を出すよう命じ、舌を切ると、娘は雀になって藪に飛んでいく。お爺さんが藪に訪ねていくと、雀が機織りをしている。表から入るよう言われたお爺さんはご馳走され、宝の入った小さい葛籠を貰って帰る。これを真似たお婆さんは裏から入り、大きな葛籠を貰う。その中からガマや虫が現れ、お婆さんは気絶した(『ふるさとの民話—丹後町の昔話—』)。

**竹切り爺**　竹を切っていた爺が殿様に名を問われ、「日本一の屁こき爺」と名乗って面白い屁をひり、褒美を貰う。隣の爺が真似をして糞をひり、尻を切られる。西日本では、爺の名乗りが「丹後但馬の屁こき爺」になる例があり、旧丹後国の府北部ではその傾向が強い(『日本昔話通観14　京都』)。

与謝郡伊根町本坂の話は「昔、ある所に屁こき爺さんがありました」と語り出される。殿様の藪で竹を切って咎められた爺は「丹後但馬の屁こき爺」と名乗り、「丹後但馬のたんたら屁、備後備中びり備中、四十雀ひゅひゅうひゅう」と屁をこく。隣の爺は、豆を食べすぎて失敗する。話の結末句は「これも昔のたねぐっさり」である(『丹後伊根の昔話 京都府与謝郡伊根町』)。

**愚か村話**　特定の村の人々の愚行を笑う一連の笑話。具体的な村名が伝わり、全国で40近い愚か村話が知られている(「愚か村話」付図『日本昔話事典』)。村が違っても内容は似ていて、事実談とは考えられないが、時代に即した趣向も追加される。中心の町から離れた村で、文化的には隔たりつつも、経済的に交流のある村が「愚か村」にされるようである。京都府にも例があり、綾部市黒谷の「黒谷話」は話数も多い。同地は平家の落人伝承をもつ有名な和紙生産地で、山村ながら、原料や製品の交易を通じて他村や町と交流があった。船井郡和知町中で話された黒谷の男の「暖簾知らず」の笑話は次のような内容である。黒谷の男が夏に伊勢参りをし、宿屋で蚊帳に入って寝ることにした。ところが暖簾を知らず、これを蚊帳と間違えて潜り、大丈夫だと思って寝た。すると蚊に食われ、

文句を言うと、暖簾を潜って、次に蚊帳を潜るよう教えられる。次の宿で
そうすると、また蚊に食われる。この宿には暖簾がなく、蚊帳の端を潜っ
て入った後、次に反対側の端を潜り、外に出てしまっていたのだった（『丹
波和知の昔話―京都府船井郡和知町―』）。

　また、西瓜の皮を食べ、種があるからといって果肉を捨ててしまう「西
瓜知らず」の話もあるが、同じ趣向の話が黒谷話や野間（京丹後市弥栄町）
の話、切畑（同市網野町）の話としても話され、その類型性をよく示して
いる（『日本昔話通観14　京都』）。

## おもな民話（伝説）

### 丹波の始まり

保津川下りやトロッコ列車で有名な保津川の峡谷は、
大昔、湖だった丹波地方の水を流すため、神々が切り裂
いた所といわれている。その水が赤かったので、丹（赤）の波、つまり「丹
波」の地名になったという伝説が亀岡市や南丹市に伝わる（『京都　丹波・
丹後の伝説』『日本伝説大系8　北近畿編』『京都の伝説　丹波を歩く』）。『口
丹波口碑集』が記す話では、大国主命が黒柄岳（京都府亀岡市・大阪府高
槻市）に神々を集め、樫船明神（高槻市樫田）がつくった船に乗り、鍬山
明神（亀岡市上矢田）がつくった鍬で山を切り裂いた。水が引いた土地に
桑を植えたので「桑田」の名が起きた。峡谷の入口の両側にこれらの神々
を祀ったのが桑田神社（同市篠町山本）と請田神社（同市保津町立岩）で
ある。こうした伝説は日本各地の盆地にあり、「蹴裂伝説」と呼ばれている。

### 浦島太郎

与謝郡伊根町本庄浜の宇良神社（浦島神社）は平安時代の
「延喜式神名帳」に見える古社で、浦島子または浦島太郎を
祀ることで知られる。浦島の伝承は古く『万葉集　巻9』、『日本書紀』「雄
略天皇22年条」、『丹後国風土記逸文』に記され、「書紀」「風土記」は丹
後国の出来事とする。当初の主人公名は「浦島子」で水江浦の住人。島子
は海で出会った不思議な女性と結ばれ、蓬莱を訪れる。これが後のさま
ざまな文芸に取材され、物語が発展した。室町時代の『御伽草子』から「浦
島太郎」の名が現れ、著名な物語に近づく。江戸時代後期の丹後の地誌『丹
哥府志』が引用する浦島明神の「社記」は、浦島太郎と浦島子の二人がい
たという設定である。

　それによると、浦島明神は島子を祀る神社で、島子はいずこともなく現

Ⅲ　営みの文化編　　**161**

れ、当地の長であった浦島太郎の養子になった。浦島太郎は月読尊の末裔で日下部氏の祖先。その弟に曽布谷次郎、今田三郎の二人があった。太郎には子供がなかったが、天帝から夢告を受け、海辺で出会った島子を息子にした。ある日、島子は海で五色の亀を釣った。亀は美しい女性になり、竜宮の乙姫と名乗り、島子を誘う。島子は竜宮で三年を過ごすが、あるとき、故郷を思い出し、玉手箱を貰って帰る。故郷は変わり果て、出会った107歳の老婆に尋ねると、老婆の祖母に聞いた話で、昔、島子という者が海で姿を消したそうだという。浦島太郎の墓を尋ねると、大木を指差し、その墓に植えた木だと答える。途方に暮れた島子が玉手箱を開けると、紫の煙が立ち上り、皺だらけになって死んだ。島子は雄略天皇22（483）年に海に出て、淳和天皇の天長2（825）年に帰った。その間、およそ342年である（『日本伝説大系8　北近畿編』『京都の伝説　丹後を歩く』）。

　このほか、京丹後市網野町の浅茂川湖周辺にも浦島伝説が伝わる。

**足跡池**　　昔、巨人が山を運んだ、その足跡が池や泉になったという伝説が日本各地にある。関東・中部地方の巨人ダイダラボッチが有名だが、ダイラボウ、ダダホシなどとも呼ばれる。名前のボッチ、ボウが「法師」「坊」と理解され、大太法師、大道法師のように怪力の僧の話にも変化した。これがさらに武蔵坊弁慶になった例もある（「ダイダラ坊の足跡」柳田國男）。京都府でも、乙訓郡の旧大谷新田村（京都市西京区大枝西長町）に大道法師の「足跡清水」があった。『都花月名所』によると、6尺（約1.8m）ほどの五つの指の跡が見分けられたという。また、『京城勝覧』や『都名所図会』によると、京都市右京区嵯峨の広沢池の東、鳴滝に向かう道の途中にも大道法師の「足形池」があった。面白いことに、この池は現在「弁慶」の足跡とされている。昭和初期、鳴滝から御室にかけて映画関係者が多く住んだ。その一人、映画監督の稲垣浩の思い出によると、当時の大スター片岡千恵蔵が、まだ珍しかった自動車を運転し、監督宅のすぐ上にある「弁慶の足跡池」に落ちた。その後、監督たちは「ここが千恵蔵遭難の池だ」と噂したという（『ひげとちょんまげ　生きている映画史』）。

**蛸薬師**　　京都市中京区新京極東側町に「蛸薬師」として知られる永福寺の薬師堂がある。同寺は元、二条室町にあったが、豊臣秀吉の都市改造で現地に移転する。旧地の薬師堂は境内の池の島にあり「水上

薬師」「沢薬師」と呼ばれていた。これが蛸薬師になったという（『京都の伝説　洛中・洛外を歩く』）。ほかに諸説あるが（『蛸』）、『新京極今昔話その1』が紹介する「蛸薬師如来略縁起」によると、建長年間（1249〜56）のこと。永福寺の僧、善光の母が病気になり、蛸を食べたがった。善光は殺生戒を破って蛸を求め、箱に入れて帰ったところ、怪しんだ人々に中を見せるよう迫られる。善光が薬師を念じて蓋を開けると、蛸は八軸の経典に変わり、その霊光で母の病も治った。経典は蛸に戻り、池に入ったので「蛸薬師」と呼んだという。

## おもな民話（世間話）

**狐話**　狐に化かされる話は多いが、相楽郡和束町原山の「狐に騙された話〈わが家が火事〉」は、人も狐も智恵を競い、まるで落語を思わせる。話者の「お爺ちゃん」の頃という。仲間が集まって狐の騙し方を研究しようと、福司山の上に登り、狐が入って来ないよう蚊帳を吊り、狐の好物の鼠の油揚げを作った。狐・狸が、娘や老人や坊主に化けて現れたが、一行は面白がって見物する。すると、半鐘が鳴り、見ると我が家が火事である。蚊帳を飛び出して駆け付けると、何事もない。その間に、油揚げは狐らに食べられていた（『山城和束の昔話』）。

**タクシー幽霊**　京都盆地の北端、京都市北区の深泥池に、タクシー幽霊の話が伝わる。昭和40年代（1965〜74）から市内で話題になっていたが、仏文学者・詩人で「お化けを守る会」を主宰していた平野威馬雄は、「ぼくも京都でタクシーに乗るとよく聞いている」と1976（昭和51）年の著書『日本怪奇名所案内』に記している。平野は自身が運転手から聞いたという話を紹介する。池近くのバス停で、黒い着物の痩せた女性を乗せ、目的地の京都大学に着いて後の席を振り返ると、女性はおらず、座席がぐっしょり濡れていた。「京都のタクシー運転手で、この人と同じ体験をした者が、ほかにも数人、いたという」ことだが、同様な怪談は各地・各時代にあり、外国にも例がある（『現代民話考3』『ピアスの白い糸』）。類型的な話が深泥池に結びついたもので、同地には大蛇や鬼の伝承もあり、近代以前から異界への通路だと人々に考えられていた所だった（『京都魔界案内』）。

Ⅲ　営みの文化編　　163

酒呑童子

### 地域の特徴

　京都府は、日本列島のほぼ中央部に、近畿地方においても中央部から北部に位置している。北は日本海に接し、南は淀川水系を経て、大阪湾に通じている。旧国名でいえば、山城国の全域、丹波国の東部4郡、丹後国の全域を含む。784(延暦3)年の長岡京、794(延暦13)年の平安京遷都以来、江戸時代まで王城の地であった。そのため数多くの歴史的事件がこの地で生じた。

　地形的には北部に山岳地帯があるが、由良川水系が数多くの谷を形成し、日本海側との交通路を確保した。また、南部は淀川水系が瀬戸内海との結びつきを緊密にしたため、これら水系を使った日本海側と瀬戸内との交通の便の良さが、この地を長きにわたり日本の中心地とした。特に山城国には東海・東山・北陸・山陽・山陰道が通過し、平安京成立以後は都を中心に交通のネットワークが整備され、日本中の人や物資が京へと集まるようになった。

　都には古代から公家・寺家・武家が集中し、さらにそれらを支える商人・手工業者が町衆・町人として居住し、独特の都市文化を生み出した。そのことが都市と農村の交流をも進め、丹後や丹波の風俗文化にも影響を与えた。また、この地域は古くから多様な文化を受け入れてきた。もともと渡来人が多く、丹後の位置は大陸の窓口ともなり、南方の文化（中国、仏教、キリスト教）は淀川水系を通じて流入し受け入れてきたため、独特の、もてなしの文化が発展した。

### 伝承の特徴

　妖怪は王権の存在と表裏一体の関係にある。したがって、この地域は妖怪文化の中心地でもあった。古代において妖怪は、疫病、洪水、干ばつ、地震などの自然災害、あるいは戦乱などの人災の原因とされた。そして妖怪は日本の外部から道を伝って都にやってくると認識されていた。つまり

全国の妖怪の目的地が都だったのである。その点において、特に都のあった山城国にはさまざまな妖怪が集中した。また山城国に侵入させまいと僧侶、神官、陰陽師、侍たちが防御したため、山城国の国境地帯には、妖怪の伝承が集中している。その代表が山城国と丹波国の境界にある酒呑童子の首塚、あるいは愛宕山の天狗伝承である。また、近江国との境界部でも比叡山や三井寺に天狗伝承や安倍晴明の疫病神退治の伝承が残されている。都の境界部にも同様に伝承が集中している。羅城門や朱雀門には鬼の伝承があるし、内裏周辺にも数多くの妖怪伝承が説話文学としても残されている。最も有名なのは一条戻橋の茨木（茨城）童子と渡辺綱の伝承であろう。

　山城国以外でも特に丹波国には数多くの妖怪伝承があり、それは山陰道を伝ってやってきた妖怪たちが、山城国に入れずに潜んでいた結果と思われる。また丹波国と丹後国の境界部には、あの有名な、酒呑童子のいたとされる大江山もある。丹後半島には浦島伝説や羽衣伝説も伝承されている。

　また政争に敗れ、無念に亡くなった人たちが、さまざまな災厄の原因と考えられたため、その御霊を祀る御霊信仰が生まれたのも、この地域の伝承を際立たせている。その御霊信仰は、上御霊神社や北野天満宮、あるいは祇園祭となって現在も継承されている。

## 主な妖怪たち

**宇治の橋姫**　　宇治橋の下に祀られた女神、鬼女。嫉妬深い公卿の娘が貴船神社に祈り鬼女となった。御伽草子「鉄輪」や『平家物語』「剣巻」では、渡辺綱に退治された。塞の神としての性格もある。

**髪結び猫**　　髪を結う猫の妖怪。『口丹波口碑集』によると、丹波国と摂津国の境、亀岡市西別院神地の国道のそばに一つの墓があり、この墓に髪を長く垂らした女に化けた猫が出ると言い伝えられている。春に墓地の松の木の二股の所でこの妖怪を目撃した人は、墓の上に一つの火の玉が見えたと思ったら、その下で18歳くらいの若い女が、しきりと長い髪を垂らして結っていたという。

**貴船の鬼**　　室町時代の御伽草紙『貴船の本地』に、鞍馬の僧正ヶ谷の奥に大きな岩屋があり、さらに行くと鬼の国がある、と記されている。大正の頃までの京都の伝承を集めた『京都民俗志』には、鬼は貴船の奥の谷に住み、地下道を通って深泥池畔に出て、都の北に跳梁した

Ⅲ　営みの文化編　　**165**

とある。都の人たちは、鬼の厭う豆をその穴へ投げてふさいだら、鬼は出なくなったので、それから毎年節分には炒り豆を同所へ捨てに行くこととなり、豆塚とよんだと伝えている。

## 九尾の狐

平安時代末期に鳥羽上皇に寵愛された妖狐。室町時代の御伽草子『玉藻の草子』では、玉藻前とよばれ、鳥羽上皇を取り殺そうとする。陰陽師によって正体が明かされ、那須野に逃れ侍に退治される。しかしその後、毒石「殺生石」となり近づく人や動物の命を奪ったとされる。江戸時代には九尾の狐として読み物などで語られた。伏見稲荷のダキニテン信仰とも関係があるとされる。

## 鞍馬の天狗

室町時代の御伽草子『天狗の内裏』に、鞍馬寺の不動堂の艮（北東）の方角に、天狗の国があり、あの牛若丸（源義経）が訪問し歓待されたとある。浄土で大日如来に生まれ変わった父、義朝に会い、平家を討伐する秘策を得た、と物語る。

## 牛頭天王

疫病神。牛頭天王を祭っているのが、かつての祇園社で現在の八坂神社。『祇園牛頭天王御縁起』によると、須弥山に牛頭天王という牛の頭をして赤い角のある王子がおり、龍宮の八海龍王の三女を嫁にもらうため龍宮へ行く。途中宿を探し、古単という長者の家を訪ねるが断られる。次に蘇民将来の家を訪ねるとその家は貧乏であったが、快くもてなしてくれた。そして龍宮を訪問し、本国に帰る途中に古単の家を訪問し、復讐のため古単の一族郎党をことごとく蹴殺した。その後も牛頭天王は蘇民将来の子孫を守護しつづけた。蘇民将来の一族はその印に茅ノ輪をつけたという。現在、多くの神社の６月30日の夏越大祓の際に、病気にならないように茅ノ輪くぐりをするのは、この伝承に基づいている。また７月１日から始まる祇園祭も、牛頭天王をもてなす祭である。その際に配られる粽には「蘇民将来之子孫也」と書かれている。この粽を玄関などに吊しておくと疫病にかからないとされる。これに類似する伝承は『備後国風土記』逸文にもある。

## 酒呑童子

『御伽草子』や『大江山絵詞』などによると、正暦（990～995）の頃、京の都の姫君らが数多さらわれる事件が起こる。安倍晴明が占うと、丹波と丹後の国境の大江山に鬼の国があり、そこの酒呑童子の仕業だと判明する。そこで朝廷は源頼光らに鬼退治の勅命を下す。大江山の鬼の国に到着した頼光一行は山伏の姿をしていたので、旅の山

伏と見誤った酒呑童子は、彼らを鬼の宮殿に招き入れ、酒宴を催す。神々の援助を得て、さらわれていた都の人たちを助け出した頼光たちは、刀を抜き酔い崩れた鬼たちを切り殺す。酒呑童子も首を落とされるが、その首は飛び頼光に食いつこうとする。が、四天王たちがその目をくりぬき、ついに息絶える。この酒呑童子の首を埋めた塚が、山城国と丹波国の国境、現在の京都市と亀岡市の境の老の坂にある。この老の坂をかつては大枝とよんだことから、大江山とはここのことだとする説もある。その姿は『御伽草子』には、昼は薄赤い顔をして背が高く、髪は子どもの髪型で人間であるが、夜になると恐ろしく、背の高さは約3mもあった、とある。

## 菅原道真

御霊信仰。13世紀に書かれた『北野天神縁起』に菅原道真が死後、雷となって清涼殿を襲ういきさつが詳しく記されている。それによると、901（延喜元）年、藤原時平の讒言から醍醐天皇によって大宰府に左遷。903（延喜3）年、失意のうちに大宰府にて死去。死して5年の908（延喜8）年、左遷の関与者が死去したのを皮切りに、翌年、時平が病になり息を引き取る。その後も関係者が次々と亡くなり大火や疫病が流行したため、醍醐天皇は道真を元の右大臣に戻し、1階級上げて正二位を贈り、左遷の詔文は焼き捨てられ、年号が延長と改められた。それでも道真の怨霊はおさまらず世間の噂となる。930（延長8）年、雨乞いの祈禱について会議をしていたところ、清涼殿南西の柱に落雷、殿上間にいた関係者たちは、皆ことごとく死んだ。そしてこの落雷を目の当たりにした醍醐天皇にも毒気が入り、病が重くなり、帝位を朱雀天皇に譲った3か月後に崩御する。北野天満宮の成立は、942（天慶5）年右京に住む多治比文子への天満大自在天神からの託宣にはじまり、959（天徳3）年には右大臣藤原師輔が社殿を造営し形を整えた。

## 崇徳院

御霊信仰。崇徳院は保元の乱（1157）で敗北し讃岐へと流され、生きながら怨霊となることを誓ったとされる。『保元物語』には、日本の大悪魔となって天皇一族を倒し、それ以外の支配者を立てる、と誓い、みずからの舌の先を食いちぎり、その血でお経の奥に誓いの書状を書いた。その後は髪も剃らず、爪も切らず生きたまま天狗の姿になった。1164（長寛2）年に46歳で崩御し、遺体を焼くと煙は都を指してたなびいた、とある。『太平記』にも愛宕山で天狗になった崇徳院が目撃された話が記されている。その後、実際に政権は武家へと移り、明治に政権が天

皇家に返ってきたとき、崇徳天皇の御霊を京都に戻し、白峯神宮に祀った。興味深いのは、その社が旧内裏を中心に北野天満宮と左右対称の場所に創建された点にある。

## 算盤小僧

夜中に樹の下で算盤をはじく音を立てる妖怪。算盤坊主ともいう。『京都　丹波・丹後の伝説』には、亀岡市西別院町笑路の西光寺近くの1本のカヤの木の下に出たとある。深夜、そのカヤの木から算盤をはじく音が聞こえてくる。見ると小坊主が懸命に算盤をはじいていた。この坊主は西光寺で算盤を学んだ坊主で、計算間違いをして寺に迷惑をかけ、このカヤの樹で首を吊った。『旅と伝説』10-9には、同地に鎮座する素盞鳴神社の大樹の下に毎夜少年が一人現れて、算盤の稽古をするが、これは神社の隣の西光寺の和尚が、幼少の頃に深夜勉学に努めたためであろうと伝えている。

## 付喪神（百鬼夜行）

室町時代に書かれた『付喪神記』に、道具は百年を経ると魂を得、化け物となり、人の心をたぶらかすようになり、これを付喪神とよぶ、とある。だから世間では毎年春を前に、家にある古い道具を道端にすて、煤払いを行うのだと。この物語には、康保年間（964～968）に、洛中洛外の家々から捨てられた道具たちが、人間への復讐を企て、都の北の長坂に居を構え、都の人や家畜を襲ったと記されている。長坂で化け物は肉の城を築き、血で泉をつくり、酒盛りをした。ちなみにこの長坂の道は丹波国を経て日本海側に通じている。そしてその後、付喪神たちは、一条通を東に向かう祭礼行列を催す。あの『百鬼夜行絵巻』に描かれた道具の妖怪たちが、この長坂から一条大路を行列した付喪神ではないかとの説がある。

## 土蜘蛛

巨大な蜘蛛の妖怪。『平家物語』の「剣巻」では、源頼光が病で寝ているとき、この妖怪が網で巻いて襲った。頼光が宝刀膝丸を抜いて切ったところ、血がこぼれ落ちて、北野の塚穴まで続いていた。掘ってみると蜘蛛が出てきたので、鉄で串刺しにしてさらした。それから膝丸を「蜘蛛切」と名付けた、とある。また鎌倉時代の『土蜘蛛草子絵巻』には、源頼光が渡辺綱と蓮台野を歩いていると、髑髏が空を飛んでいるのを目撃する。あとを追うと神楽岡の廃屋に入った。するとその廃屋にさまざまな妖怪が現れる。明け方に美女が現れ、鞠ほどの白雲のごときものを頼光に投げつけてきた。頼光はとっさに刀で切りつけると白い血が

168

流れ出た。その血の跡を辿ると西山の洞穴に至った。山蜘蛛がいたので退治すると、傷口からたくさんの死人の首が出てきた。さらに無数の小蜘蛛も出てきたので穴を掘って埋葬した、とある。絵巻で土蜘蛛は、顔は鬼のように、体は虎のように、手足は蜘蛛、あるいは昆虫のように描かれている。謡曲の「土蜘蛛」では、自らの正体を「葛城山で年を経た、土蜘蛛の精魂だ」という。この奈良の葛城山の土蜘蛛とは、『日本書紀』にもある、神武天皇が退治した土蜘蛛のことである。つまり神武以来、天皇家を祟る妖怪なのであった。この土蜘蛛の伝承は、『古事記』『風土記』にも登場し、神武の東征に抵抗した、土着の人たちだと考えられている。現在も京都にはこの土蜘蛛の遺跡が、北野天満宮の東向観音寺と上品蓮台寺にある。

## 釣瓶下ろし
つる べ

大きな木から下りてきて、人を食う妖怪。『口丹波口碑集』によると、亀岡市曽我部町法貴では、あるカヤの木に昔から釣瓶下ろしが出るといわれ、夜などはその木の下を通る人がなかったという。「夜なべ済んだか、釣瓶下ろそか、ざいぎい」と言いながら降りて来たという。また同曽我部町寺の田の中の一本松では、夕方になると、首が下りて来て、通行人を引っ張り上げて喰ったとされる。

## 鵺
ぬえ

頭は猿、胴は狸、尾は蛇、手足は虎、鳴く声はトラツグミに似た怪鳥。『平家物語』では、近衛天皇の頃、源頼政が紫宸殿の上を飛ぶ鵺を退治している。『源平盛衰記』では醍醐天皇の頃、平清盛が内裏の紫宸殿に出没する怪鳥を退治している。亀岡市の矢田神社の近くに頼政塚があり、鵺を埋めた鵺塚ともいわれている。

## 都の鬼

朱雀門では、『長谷雄草紙』に平安時代初期の文人で漢学者の紀長谷雄が鬼と双六をした話が、鎌倉中期の説話集『十訓抄』『古今著聞集』にも、管弦楽器の名手、源博雅が朱雀門で鬼と笛を吹き合った話がある。朱雀門の東にある美福門の前の神泉苑の北門では、常行という右大臣の息子が鬼の夜行に遭遇し、羅城門では、源博雅が鬼の琵琶の名演奏を聴いている（『今昔物語集』）。一条大路では『宇治拾遺物語』に、男が牛の頭をもつ鬼を目撃したとある。また一条戻橋では、渡辺綱が酒呑童子の家来である茨木（茨城）童子に 髻 をつかまれ、宙づりになり、愛宕山へと連れ去られそうになったが、綱は童子の腕を切り落とし、北野天満宮の回廊に落下している（『平家物語』「剣巻」）。また、この一条戻橋の下に安倍晴明が式神を隠したとも伝えられている（『源平盛衰記』）。

Ⅲ　営みの文化編　　169

# 高校野球

## 京都府高校野球史

京都の野球は第三高等学校に始まる．やがて中等学校にも広まるようになり，京都府立中（現在の洛北高校），京都二中（現在の鳥羽高校），京都府商（現在の西京商業），同志社尋常中学（現在の同志社高校）で相次いで野球部が誕生した．京都二中は1915年に豊中で開催された全国大会に出場，決勝で秋田中学を降して第1回大会の優勝校となった．

当時は，京都一中，京都二中，京都一商，同志社中学，立命館中学の5校が強く，24年に始まった第1回選抜大会でも立命館中学が選ばれている．

27年夏に平安中学が初出場すると10季連続して甲子園に出場．33年選抜には沢村栄治を擁した京都商業（現在の京都先端科学大付高）が初出場し，以後は平安中学と京都商業が2強として甲子園出場を独占した．

平安中学は戦前だけで23回出場し，28年夏，33年夏，36年夏に準優勝，38年夏には全国制覇を達成している．また，京都商業も40年選抜で準優勝した．

戦後初の大会は京都二中が準優勝，48年選抜では京都一商と京都二商の兄弟校が決勝で対戦，京都一商がサヨナラ勝ちで優勝した．

新制高校となっても平安高校が圧倒的な実力を誇り，51年夏には戦後初の全国制覇を達成し，56年夏にも全国制覇した．

79年宇治高校（現在の立命館宇治高校）が京都市以外の高校として初めて甲子園に出場．この頃から京都でも新しい高校が次々と台頭してきた．84年選抜に初出場した京都西高校，87年夏に初出場した北嵯峨高校，95年夏に初出場した京都成章高校などがその代表である．一方，平安高校も97年夏に準優勝している．

98年選抜に丹後地区から初めて峰山高校が出場した．続いて99年夏には丹波の福知山商業が甲子園に出場．同校は福知山成美高校と改称し，21世紀には常連校となった．

## 主な高校

### 北嵯峨高（京都市，府立）
春2回・夏3回出場
通算2勝5敗

1975年創立し，同時に創部．87年夏甲子園に初出場すると，ベスト8まで進んだ．1990年代に春夏合わせて4回出場している．

### 京都外大西高（京都市，私立）
春6回・夏9回出場
通算19勝15敗，準優勝1回

1957年京都西高校として創立．2001年京都外大西高校と改称した．

1957年に創立し，84年選抜で初出場．86年選抜ではベスト8に進み，新湊高校戦で延長14回にボークで敗れた．89年春には準決勝に進出，2005年夏には準優勝を果たした．

### 京都工学院高（京都市，市立）
春1回，夏0回出場
通算3勝1敗

1920年京都市立工業学校分教場として創立し，25年京都第二工業学校として独立した．48年4月の学制改革で京都市立伏見工業高校となるが，10月に総合高校として市立伏見高校と改称．その後商業科，家庭科を廃止して，63年に市立伏見工業高校となった．2016年洛陽工業高校と統合して京都工学院高校となる．

1947年夏から夏の京都予選に参加．53年選抜に初出場，初戦で北海高校を降すと，2回戦では平安高校との京都勢対戦を破り，さらに柳井高校を延長戦で降してベスト4まで進んだ．

### 京都翔英高（宇治市，私立）
春1回・夏1回出場
通算0勝2敗

1984年創立の京都少林寺高等専修学校が前身．94年に京都翔英高校として創立し，創部．2013年選抜で初出場．16年夏にも出場した．

### 京都成章高（京都市，私立）
春2回・夏3回出場
通算5勝5敗，準優勝1回

1986年に創立し，同時に創部．95年夏に甲子園初出場．98年には春夏連続出場して夏は準優勝，古岡基紀投手は史上4位タイ（当時）の57奪三振を記録した．近年は2017年夏に出場している．

Ⅲ　営みの文化編　　171

## 京都先端科学大付高 （京都市, 私立）

春4回・夏11回出場
通算14勝15敗, 準優勝2回

　1925年京都商業学校として創立. 48年の学制改革で京都商業高校となる. 88年普通科高校となり, 90年京都学園高校と改称した. 2021年京都先端科学大学附属高校に改称.

　1930年創部. 33年選抜に沢村栄治投手を擁して初出場, ベスト8まで進んだ. 以後, 戦前だけで春夏合わせて6回出場し, 40年選抜では準優勝している. 戦後も出場を続け, 81年夏にも準優勝した. 京都学園高校に改称以降は出場していない.

## 西京高 （京都市, 市立）

春4回・夏3回出場
通算12勝6敗, 優勝1回, 準優勝1回

　1876年京都府商業学校として創立. 1910年京都市立第一商業学校と改称. 48年4月の学制改革で西京商業高校となるが, 同年10月に西京高校に改称, 63年に西京商業高校に復帰した. 2003年再び西京高と改称.

　1908年創部. 15年の第1回大会予選に参加し, 20年夏に甲子園初出場. 21年夏には準優勝した. 戦後も, 48年に春夏連続出場し, 春は京都一商として優勝, 夏は西京商業としてベスト4まで進んでいる. 82年選抜にも出場した.

## 同志社高 （京都市, 私立）

春0回・夏2回出場
通算0勝2敗

　1896年同志社尋常中学校として創立し, 99年に同志社中学校と改称. 1948年の学制改革で同志社高校となる.

　19年夏に甲子園初出場, 24年夏にも出場した. 戦後は1度も出場していない.

## 鳥羽高 （京都市, 府立）

春4回・夏6回出場
通算13勝8敗1分, 優勝1回, 準優勝1回

　1900年に京都府立二中として創立. 48年の学制改革で廃校となったが, 84年に府立鳥羽高校として再興された.

　明治時代から強豪として知られ, 15年の第1回大会で優勝. 戦後第1回の46年夏には準優勝している. 再興後, 2000年選抜で53年振りに甲子園に復活すると, ベスト4まで進んだ.

## 花園高 (京都市, 私立)
春1回・夏1回出場
通算0勝2敗

花園妙心寺宗門子弟の教育機関・花園学林が, 1907年花園学院と改称し, 中等部を設置. 19年中等部を花園中学校と改称した. 34年臨済学院中等部と改称. 48年の学制改革で花園高校となった.

48年創部. 72年選抜で初出場. 85年夏にも出場している.

## 東山高 (京都市, 私立)
春4回・夏4回出場
通算5勝8敗

1868年青年僧の養成機関・勧学院として知恩院の境内に創立. 1912年東山中学校となる. 48年の学制改革で東山高校と改称.

03年創部. 25年夏に甲子園初出場. 翌26年も出場した. 戦後, 75年選抜で49年振りに甲子園に復活した. 近年は2002年夏に出場している.

## 福知山成美高 (福知山市, 私立)
春3回・夏4回出場
通算7勝7敗

1871年私塾・愛花草舎として創立. 77年西垣成美塾, 1910年西学成美学と改称し, 24年に福知山商業学校となった. 48年の学制改革で福知山商業高校となる. 2000年に福知山成美高校と改称.

1923年創部. 福知山商業時代の99年夏に甲子園初出場. 福知山成美高校に改称後は常連校として出場を重ねている. 2006年夏と14年選抜ではベスト8まで進んでいる.

## 堀川高 (京都市, 市立)
春1回, 夏0回出場
通算2勝1敗

1908年京都市立堀川高等女学校として創立, 48年の学制改革で市立堀川高校となった.

49年から夏の京都大会に参加. 56年選抜に初出場すると, 久留米商業, 興国商業を降してベスト8まで進んだ.

## 山城高 (京都市, 府立)
春1回・夏3回出場
通算0勝4敗

1907年府立第五中学校として創立し, 翌08年に開校. 18年府立京都第三中学校と改称. 48年の学制改革で府立山城高校となった.

京都五中時代の15年, 第1回大会の京津予選に参加. 戦後, 山城高校時代の50年夏に甲子園初出場, 以後4回出場した.

Ⅲ 営みの文化編 173

## 立命館高 (長岡京市，私立)

春4回・夏3回出場
通算6勝7敗

1905年京都法政大学の付属校として清和普通学校が創立，06年清和中学校と改称．13年立命館が創立され，立命館中学校と改称．48年の学制改革で立命館高校となる．

15年の第1回大会京津予選に参加し，22年夏に甲子園初出場．翌23年夏にはベスト4まで進んだ．戦後も，55年夏にベスト4に進出している．83年選抜にも出場している．

## 立命館宇治高 (宇治市，私立)

春3回・夏3回出場
通算1勝6敗

1965年宇治高校として創立．95年立命館宇治高校と改称した．

68年に創部し，宇治高校時代の79年夏に京都市以外の高校として甲子園に初めて出場．6回目の出場となった2019年夏に秋田中央高校を降して初勝利をあげた．

## 龍谷大平安高 (京都市，私立)

春41回・夏34回出場
通算103勝71敗1分．優勝4回，準優勝4回

1876年滋賀県彦根市に浄土真宗本願寺派の子弟のための金亀教校として創立．1902年第三仏教中学校となり，09年京都市に移転．10年平安中学校と改称した．48年の学制改革で平安高校となる．2008年龍谷大学附属平安高校と改称した．

正式創部は1908年だが，それ以前から活動していた．夏の予選には16年から参加し，27年夏に甲子園初出場．以後32年春まで10季連続して出場し，28年夏には準優勝した．戦前だけで決勝に4回進み，38年夏には全国制覇を達成．戦後も強豪校として活躍，昭和末に一時低迷したが，2014年選抜で優勝するなど活躍し続けている．選抜出場回数41回は最多．

## ⚾京都府大会結果（平成以降）

| | 優勝校 | スコア | 準優勝校 | ベスト4 | | 甲子園成績 |
|---|---|---|---|---|---|---|
| 1989年 | 京都西高 | 8－6 | 平安高 | 城陽高 | 花園高 | 2回戦 |
| 1990年 | 平安高 | 5－1 | 北嵯峨高 | 京都西高 | 大谷高 | 3回戦 |
| 1991年 | 北嵯峨高 | 3－0 | 宇治高 | 鳥羽高 | 山城高 | 初戦敗退 |
| 1992年 | 京都西高 | 6－4 | 北嵯峨高 | 東山高 | 西宇治高 | 初戦敗退 |
| 1993年 | 京都西高 | 3－2 | 京都成章高 | 西城陽高 | 北嵯峨高 | ベスト8 |
| 1994年 | 西城陽高 | 4－0 | 大谷高 | 北嵯峨高 | 桃山高 | 初戦敗退 |
| 1995年 | 京都成章高 | 6－4 | 京都西高 | 東山高 | 田辺高 | 初戦敗退 |
| 1996年 | 北嵯峨高 | 7－3 | 花園高 | 京都西高 | 洛北高 | 初戦敗退 |
| 1997年 | 平安高 | 7－2 | 東山高 | 洛北高 | 立命館宇治高 | 準優勝 |
| 1998年 | 京都成章高 | 7－0 | 鳥羽高 | 北嵯峨高 | 峰山高 | 準優勝 |
| 1999年 | 福知山商 | 13－5 | 東山高 | 峰山高 | 平安高 | 2回戦 |
| 2000年 | 鳥羽高 | 9－1 | 大谷高 | 東稜高 | 西城陽高 | 3回戦 |
| 2001年 | 平安高 | 7－0 | 立命館宇治高 | 鳥羽高 | 北嵯峨高 | ベスト8 |
| 2002年 | 東山高 | 4－3 | 立命館宇治高 | 福知山成美高 | 峰山高 | 初戦敗退 |
| 2003年 | 平安高 | 8－4 | 京都外大西高 | 福知山成美高 | 立命館宇治高 | 3回戦 |
| 2004年 | 京都外大西高 | 6－3 | 京都成章高 | 平安高 | 立命館 | 2回戦 |
| 2005年 | 京都外大西高 | 3－2 | 乙訓高 | 平安高 | 京都学園高 | 準優勝 |
| 2006年 | 福知山成美高 | 3－2 | 西城陽高 | 京都外大西高 | 京都成章高 | ベスト8 |
| 2007年 | 京都外大西高 | 2－1 | 京都すばる高 | 西城陽高 | 平安高 | 3回戦 |
| 2008年 | 福知山成美高 | 8－2 | 立命館宇治高 | 京都外大西高 | 龍谷大平安高 | 初戦敗退 |
| 2009年 | 龍谷大平安高 | 5－4 | 福知山成美高 | 鳥羽高 | 京都外大西高 | 初戦敗退 |
| 2010年 | 京都外大西高 | 8－0 | 京都翔英高 | 京都成章高 | 龍谷大平安高 | 初戦敗退 |
| 2011年 | 龍谷大平安高 | 9－3 | 立命館宇治高 | 福知山成美高 | 京都両洋高 | 初戦敗退 |
| 2012年 | 龍谷大平安高 | 4－1 | 京都両洋高 | 福知山成美高 | 東山高 | 2回戦 |
| 2013年 | 福知山成美高 | 5－0 | 鳥羽高 | 京都翔英高 | 京都広学館高 | 初戦敗退 |
| 2014年 | 龍谷大平安高 | 10－0 | 京都すばる高 | 東山高 | 山城高 | 初戦敗退 |
| 2015年 | 鳥羽高 | 6－4 | 立命館宇治高 | 乙訓高 | 京都共栄高 | 3回戦 |
| 2016年 | 京都翔英高 | 11－1 | 福知山成美高 | 立命館宇治高 | 塔南高 | 初戦敗退 |
| 2017年 | 京都成章高 | 12－6 | 龍谷大平安高 | 綾部高 | 西城陽高 | 初戦敗退 |
| 2018年 | 龍谷大平安高 | 11－0 | 立命館宇治高 | 東山高 | 京都国際高 | 3回戦 |
| 2019年 | 立命館宇治高 | 3－2 | 京都国際高 | 龍谷大平安高 | 京都共栄高 | 2回戦 |
| 2020年 | （ブロック大会のみ開催） | | | | | （中止） |

Ⅲ　営みの文化編　175

# やきもの

清水焼（茶碗）

## 地域の歴史的な背景

　京都で本格的なやきものづくりが行なわれるようになったのは、近世も桃山時代に入ってからであろう。応仁・文明の乱（応仁元〜文明9〈1467〜77〉年）を経て、京の町は古代・中世的な政治都市から経済力をつけてきた町衆たちを中心とする経済都市へと変わっていった。そして、桃山文化の特色である絢爛豪華を好む志向がやきものにも及び、食器類にも「美」が求められるようになったのである。千利休の下で、長次郎による聚楽焼（楽焼）が始められたのもこの頃である。

　慶長の初め頃（16世紀末）、京都三条粟田口辺りで茶陶が盛んに焼かれるようになった。むろん、その背景には茶の湯の流行による茶道具の需要の増加がある。寛永年間（1624〜44年）から慶安年間（1648〜52年）にかけての金閣寺の鳳林承章和尚の日記には、粟田口に作兵衛・理兵衛の陶工がおり、唐物や古瀬戸写しの茶入や高麗写しの茶碗などをつくり、八坂焼の清兵衛なども同様の茶入や茶碗の他、交趾風の色絵付けをした香合がつくられた、と記されている。この日記には、他にも清水焼・音羽焼・御室焼・仁清焼などの名も見え、東山や北山の山麓で本格的なやきものづくりが始められたことがうかがえる。

　江戸中期（18世紀）になると、粟田口・清水・五条坂の3カ所を中心に同業者町が形成された。そして、従来の陶器に加えて磁器製造も始められた。それが、今日にも続いているのである。それらを総じて、「京焼」という。

## 主なやきもの

### 清水焼
きよみず

京焼を代表するのが清水焼である。

清水焼の窯場は、東山区五条坂付近に散在している。起源は、慶長年間（1596～1615年）に茶碗屋久兵衛がこの地に開窓したのが始まり、と伝わる。初期には音羽・清閑寺・清水坂などで製陶され、元和年間（1615～24年）には正意・宗伯・道味・源十郎などの名陶工を輩出した、といわれる。が、清水焼が大きく発展したのは寛永年間（1624～44年）の頃からである。

清水焼には、茶碗・茶壺・水指などの茶陶の他、湯呑茶碗や鉢・片口類など日常の陶器も多い。その特徴は紙のように繊細な器面である。それに青磁風な薄鼠の釉薬や薄い茶褐色の釉薬を掛け、その上に鮮やかできらびやかな絵付けをしたものが多い。信楽（滋賀県）などから粘土を運んできていたこともあって、大きなものは少ないが、いずれも絢爛で美しい「京風」である。

清水焼には磁器もある。これは、文化年間（1804～18年）頃、有田焼（佐賀県）の技術を取り入れて焼き始め、やがて量産するようになった。

清水焼の磁器には、飯茶碗・湯呑茶碗・皿類などの日常食器の他に、金襴彩画の花瓶や置物など高級美術品も多い。そして、これが目玉商品となり、明治以降、海外への輸出が盛んになっていった。

### 粟田焼
あわた

東山区三条粟田地域で焼かれた陶器の総称で、粟田口焼ともいう。清水焼と並んで京焼を代表するやきものである。

寛永元（1624）年に、瀬戸の陶工三文字屋九右衛門が青蓮院領内今道町（現・東山区）に窯を築いたのが始まり、と伝わる。初期には作兵衛・太左衛門・理兵衛などの優れた陶工を輩出。唐物茶入や高麗写しの茶碗などを焼成し評判を集めた。18世紀に入ると最盛期を迎え、信楽風の焼

Ⅲ　営みの文化編　　177

締陶器や高級な色絵陶器（茶器や置物）の他に、染付や銹絵（高火で焼く釉下彩の一つ）の土瓶・煎茶碗などの日常食器も量産した。宝暦6 (1756) 年には、陶家の錦光山と岩倉山が将軍家の御用を拝命している。

文化文政年間 (1804〜30年) に清水焼が磁器を専らとするようになると、本来の京焼の技法を継承する代表的な窯場となった。明治期には海外貿易に活路を見いだし、大量の色絵陶器を欧米に輸出、「京薩摩」の名で好評を博した。だが、大正時代になると貿易不振によって凋落し、第2次大戦後は数軒の窯元を残すだけとなった。

なお、茶陶を焼く窯としては、他に朝日焼（宇治市）がよく知られる。

## 楽焼

楽焼は、桃山時代の天正年間 (1573〜92年) に、千利休の創意を受けて初代の長次郎が、赤と黒という2種の茶の湯の茶碗を焼いたのがはじまり、という。その楽茶碗（長次郎茶碗）は、手捏ね・箆削りで成形したもので、当時の茶陶の多くがロクロ（轆轤）成形であった中で、唯一の例外的な手法が特徴とされる。焼成は、大窯や登り窯などによって量産するのではなく、内窯と呼ばれる屋内に設置された小規模な窯で一つずつを焼く。ほとんどが低火度焼成 (750〜1000度) であり、土の柔らかい肌触りを残し、造形的にも手触りがよい。そうしたところが茶人に好まれる故であろう。楽焼は、茶陶の世界では最も高く評価され、俗に「一楽、二萩（萩焼）、三唐津（唐津焼）」といわれるほどである。そして、今日まで連綿と焼き継がれている。

なお、代々楽家と並んで称される永楽という名家がある。永楽は、金襴手など絵付を施した茶碗などを得意とし、今日に続いている。

## 御室焼

京都市の仁和寺門前で野々村仁清が始めた陶器で、仁和寺焼、仁清焼ともいう。開窯の時期は、正保3 (1646) 年10月に仁和寺の伽藍造営が終了していることから、正保4 (1647) 年頃と推測される。

御室焼は、当時の清水焼や粟田口焼と同様に、領主である仁和寺の御

用品を焼きながら、他にも販路を広げていった。作陶を指導していた茶匠の金森宗和(かなもりそうわ)は、慶安元(1648)年に仁和寺焼の茶入をみずからの茶会で使用したのを皮切りに、明暦2(1658)年に没するまで新作の御室焼を積極的に使い、茶会にでた人々に製品を斡旋した。その斡旋先は江戸の幕臣や大名が多い。中でも、宗和の息子が加賀前田藩(石川県)に仕官したことから、加賀には多くの御室焼が流入した。

御室焼の製品には、斬新な器形の茶入、高麗茶碗写しや瀟洒(しょうしゃ)な色絵・錆絵(あめぐすり)の茶碗、飴釉・白釉・青釉などを掛け分けた捻貫(ねじぬき)・胴締(どうじめ)・歪み口(ゆがくち)・耳付などの水指、鳥・兎・鱗形(うろこがた)などの香合、猪口(ちょこ)・壺皿・茶碗皿などの懐石用の食器などがある。色絵は、開窯当時からつくられていたが、その割合はさほど多くない。仁清は、先行していた瀬戸焼や京焼、伊賀焼、唐津焼などの技法を駆使しながら、釉薬や器形に創意を持つ茶器類を主に焼かせた。こうした製品は、長く御室焼の主要製品として続いた。

だが、17世紀後半になると伊万里の色絵磁器との競合により、弱体化していったようである。18世紀には、御室焼の技術は、乾山窯に継承された。さらに、仁清色絵の影響を受けた粟田口焼などの東山の諸窯で古清水色絵が完成された。そして、仁清の名声は、幕末から近代にかけて再び高まることになったのである。

## Topics ● 伏見人形

深草焼(伏見区深草)の窯では、伏見人形と呼ばれる素焼の土人形がつくられた。伏見稲荷社の門前で売られたことから、この呼称がある。元和元(1615)年に鶴屋(いかるがちえ)幸右衛門(もん)が創始したとも伝えられるが、定かでない。

深草は、中世以来、土器の生産地として知られ、近世初頭の伏見城築城を機に、多くの瓦職人が移住してきた。やがて、彼らが人形制作を手がけるようになり江戸中期には専業化された、といわれる。天明年間(1781～89年)には、伏見町に深草人形(この時代は、そう呼んだ)を売る7軒があった、という。

Ⅲ　営みの文化編　179

伏見人形の技法の特徴は、土型を用いることである。前後に分かれた型に搗いた土を詰めて乾燥させ、型から抜いて継ぎ目を合わせ、瓦窯で1日がかりで焼く。そして、胡粉で下塗りした後、赤・青・黄・紫の順で彩色する。

　初期の人形は、稲荷の遣いの狐、盗難除けの西行、開運繁盛の撫牛、火伏の布袋など。文化年間(1804〜18年)頃には、遊び人・鳥獣類など多彩な土人形もつくられた。嘉永5(1852)年には、東福寺門前から稲荷社にかけての伏見街道沿いに27軒の人形屋が軒を並べ盛況をみせた、という。現在は、ただ1窯だけがそれを伝える。

## Topics ● 京セラファインセラミック館

　京セラは、創業(昭和34：1959年)当初から電子工業用セラミックを製造している。そして、平成10(1998)年、文化施設として京セラ本社の2階に京セラファインセラミック館を開設した。

　セラミックス(Ceramics)の語源は、粘土を焼き固めたものを意味するギリシャ語のケラモス(Keramos)といわれている。もともとは、陶磁器を、最近では耐火物やガラス、セメントを含む非金属・無機材料を指して使われることが多い。セラミックスの中でも、高純度に精製した天然原料や科学的プロセスによって合成した人工原料などを使って高性能・高精度でつくられたものを「ファインセラミックス」と呼び、粘土や珪石などの自然材料からつくられる一般の陶磁器と区別しているのである。

　京セラファインセラミック館では、現代の先端技術の一つといえるこのファインセラミックスの技術や製品の発展の歴史を多くの製品群によって紹介している。前史としての縄文土器から今日に至るやきものの歴史をたどり、最先端のファインセラミックへとつながる陶磁器の進化がわかりやすく展示されていて、興味深い。

# IV

## 風景の文化編

# 地名由来

### なぜ日本海まで「京都」なのか？

「京都」に行くというと、そのほぼ100パーセントが祇園、清水、嵐山などのいわゆる京の都をイメージする。だが、これは現代人の錯覚のようなものだ。

かつて、丹後半島の先端に近い「間人」に取材に行ったことがある。東京から京都駅までは2時間半、ところが、京都駅から間人までは特急とバスを乗り継いで4時間近くもかかって到着した。ここも立派な「京都」なのだ。

現在の京都府は、「山城国」「丹後国」「丹波国」が合併されて成り立っている。北東―南西方向の軸の長さが約50キロメートルなのに対して、逆に北西―南東方向の長さは約150キロメートルと実に細長い地域になっている。その150キロメートルのちょうど中間点に位置しているのが、船井郡日吉町（現・南丹市）の胡麻盆地である。この一帯が分水嶺となっているが、標高が高くないため、流れは時代によって変遷しているらしい。

明治9年（1876）8月、それまであった「京都府」と「豊岡県」が統合されて現在の「京都府」が成立したが、この段階で「宮津」「舞鶴」「福知山」などが京都府の主要な都市として組み込まれている。

なぜ、京都がこのように日本海までテリトリーを広げたのか？　歴史家が説く本にはその回答はなかった。私の推測は以下の通り。

現在の私たちは鉄道で移動することが当たり前になっているので、京の都から日本海まではとてつもなく遠いと思っているが、当時はどちらに行くにも徒歩だったので、単純に距離数で距離感を測ることが可能であった。京の都から天の橋立までは100キロメートル程度。その距離感で別のルートをたどると、東海道では鈴鹿山地あたり、山陽道なら姫路あたりになる。天の橋立はけっこう近いのである。

一方、古代の文化流入のルートは日本海から京の都に至るものが主流で

あり、多くの渡来人はこのルートで京に入ったものと思われる。また京都在住の地名研究者・吉田金彦氏によると、京都には多くの出雲の人々が入ってきているという。大和にも多くの出雲族が移住していることを思えば、当然その通過地点である京都にも多くの痕跡があるはずである。

考えてみれば、「丹波国」は「山陰道」の出発点である。京の都を出発して出雲に向かうには「丹波国」を経て「丹後国」を抜けていく必要があった。しかも、古代においては「東海道」よりも「山陰道」のほうが重要なパイプだったのである。

教科書では、京都は東海道五十三次の出発点になると教えられてきているので、京都は東海道の出発点だと思い込んでしまっているが、それ以前はむしろ山陰道に向けての出発点であったのだ。

そんな当たり前のことを「京都府」から教えてもらった。

## とっておきの地名

① 化野（あだしの）　「化野念仏寺（あだしのねんぶつじ）」は嵯峨野のいちばん奥まったところにある。この一帯は平安期から東の「鳥辺野（とりべの）」、北の「蓮台野（れんだいの）」と並んで風葬の地であった。京都では「野」という言葉に風葬の地という意味が込められているという。寺伝によれば、この化野に寺が創られたのは1100年前のことで、弘法大師が五智山如来字寺を建立し、野ざらしになっていた遺骸を埋葬したことによるという。

もともと「あだし」は形容詞で、「他し」「異し」「空し」とも書かれた。意味は①「異なっている。ほかのものである。別である」、②「空しい。実（じつ）がない。はかない」（『広辞苑』）である。これを見ると、明らかに「あだし野」という言葉が先に生まれ、それが「化野」に転訛したものと考えられる。

「あだし」に「化」という漢字を当てたのには、多少意味がある。「化」は「かわる」とか「ばける」の意味である。もとの形が変わって別の形になることである。これは生きた人体が死骸になる現実と一致する。

② 一口（いもあらい）　一昔前まで、この「一口」は全国でも難読地名のトップだった。しかし、この難読地名も有名になって、今ではその読み方だけはけっこう知られるようになった。

Ⅳ　風景の文化編　　183

京都市の南に「久御山町」という町がある。そこに昔から「一口」という集落がある。ここは京都市の西から流れて来る桂川、宇治川の合戦で有名な宇治川、そして奈良県の県境沿いに流れ来る木津川の合流するところで、いわば、京都・奈良方面からの川が一気に淀川に流れ込む地点にあるということだ。

昔はここに巨椋池という池があって、漁業と水運の要所と言われた地域である。今は干拓されて田んぼだけが広がっているが、見るからに低湿地帯で、洪水時には大変な思いをしたのだろうと思わせる土地である。一口の集落は数メートルの高さの土手の上に広がっており、すでに洪水対策はできているかのようだ。

この集落の一角に「稲荷大明神」という小さな神社が祀られている。ここに地名の由来の秘密が隠されている。起源は遠く平安時代にさかのぼる。小野篁が隠岐に流罪になって船を出したところ、嵐にあった。その時、「君はたぐいまれな人物なのだから、必ず帰ってくるであろう。しかし、疱瘡（天然痘）を病めば一命が危ない。わが像を常に祀っていれば避けられよう」というお告げがあったという。

小野篁はその像を祀ってこの一口の地に稲荷神社を置いたとのこと。「一口」の「いも」は「芋」とも書かれるが、疱瘡のことで、これは今や定説になっている。「あらい」は「祓う」の意味で、これもほぼ定説。問題は「いもあらい」になぜ「一口」という漢字を当てたかだが、これは3つの河川が一気に「一つの口」に流れ込むことによるものと考えられる。

## ③インクライン

通常この「インクライン」は「インク・ライン」と発音されている。「インク」が何を指しているかはわからずとも、「ライン」とは何か川筋のようなものを感じさせるからであろう。でも、この「インクライン」は正式には「イン・クライン」でなければならない。その理由はこうだ。

明治になって政治の中心地を東京に奪われた京都は、そのプライドを示すこともあって、京都の産業を興すために琵琶湖と京都を疎水路を結ぶ計画を立て実行に移した。工事は大津から長等山の下をくぐり、山科盆地、蹴上を経て鴨川に至る全長11キロメートルに及ぶ難工事だった。

トンネル工事の次に難しかったのは、水位問題であった。琵琶湖と京都

では水位が33メートルほど違っているために（琵琶湖が高い）、船を傾斜鉄道で上げ下げしなければならなかった。これが「インクライン」である。工事の最中、アメリカで水力発電が開発されると、担当した田辺朔郎はアメリカに渡って発電を学び、この疎水に世界で2番目の水力発電所をつくり、世界を驚かせた。

「インクライン」(incline) とは、「傾かせる」「傾斜地」という意味の英語である。これを知ればどう発音するかはすでに英語力の問題である。

④太秦（うずまさ）　「太秦」の地に渡来人の秦氏（はた）が定住するようになって、その秦氏は聖徳太子と主従関係を結ぶことになった。当時の秦氏の中心人物・秦河勝（はたのかわかつ）のもとに贈られた仏像が広隆寺の弥勒菩薩半跏思惟像ではないかと言われている。まず、「秦」をなぜ「はた」と読むのか。これまで、①秦氏が生産した綿や絹が肌（はだ）に優しいから、②朝鮮語の海を意味するpataに由来する、③古代朝鮮語のhata（大・巨・多・衆の意）に由来する、などの説があるが、決定打はない。結論的に言えば、大集団で渡来した伽耶（羅）系の人たちを、海を渡ってきた意味のpataと、「多い」の意味のhataの二重の意味で「ハタ」と呼んだのではないかと言われている。

『日本書紀』によると、秦の一族があちこちに散らばっていたので、秦酒公（はたのさけきみ）はうまく統制できないでいた。そこで天皇が詔を出して秦酒公に馳せ参じるべしとしたので、秦氏は感謝の気持ちで天皇に絹を献上し、庭にうずたかく積んだので「禹豆麻佐」（うつまさ）という姓を賜ったという。

⑤祇園（ぎおん）　祇園とは八坂神社に向かって四条通の左右に広がる町一帯を指す地名である。もともとこの地は八坂神社の門前町として発展したところであった。応仁の乱で焼け野原になってしまったが、江戸期に入り、八坂神社や清水寺への参拝者を相手にする「茶屋」が次第にできて、そこに働く女たちが芸を身につけ、やがて芸を見せる茶屋として発展してきた。

祇園は八坂神社との関連を抜きに語ることはできない。祇園の街並みを左右に見て、四条通をまっすぐ進むと八坂神社の赤い西楼門にぶつかる。この八坂神社は明治維新に神仏分離されるまでは「祇園感神院」（かんじんいん）と称しており、神仏混淆であった。この地域は古代においては「八坂郷」と呼ばれ

Ⅳ　風景の文化編　　185

ており、多くの坂があったことから「八坂」という地名がついたことは間違いない。

『平家物語』に「祇園精舎の鐘の音、諸行無情の響きあり」と書かれた「祇園精舎」とは、古代インドにあった精舎（仏道を修行する寺）であり、梵語では「ジェータ・ヴァナ・ヴィハーラ」というが、これが漢字に訳されて日本に入ってきている。

肝心の「祇園」とは、古代インドの長者が私財を投じて、ジェータ（祇陀）の苑林を買い取って釈迦のために建てた僧坊を意味している。この長者は、貧しい孤独な人々に食を給したので、「祇樹給孤独園」とも訳された。この長い名前の「祇」と「園」をくっつけて「祇園」という名前が生まれたとされる。

⑥蹴上（けあげ）　三条通を東に向かった山の中腹に「蹴上」がある。ここには牛若丸にちなんだ伝説がある。

その昔、源義経が牛若と名乗っていた頃、鞍馬山を出て金売商人の橘次末春に従って東へ出発した。その時この場所で、関原与一とその一行に出会った。その従者10人が誤って水を蹴って義経の衣を汚してしまったという。義経はその無礼を怒ってその従者を斬り捨て、与一の耳鼻を削いで追い払ったという。

義経が血のついた刀を洗ったという大刀洗池は、峠を越えて東に下りたところにある御陵血洗町（みささぎちあらいちょう）にあったという。義経のイメージからするとにわかに信じがたいが、伝承は伝承である。

⑦間人（たいざ）　「間人ガニ」で有名な丹後半島の漁村で、行政的には京丹後市丹後町の地名。時代は聖徳太子の時代にまでさかのぼる。聖徳太子の母親に当たる方は「穴穂部間人（あなほべのはしひと）」といった。用明天皇のお后である。

6世紀の末、仏教に対する考えや皇位継承問題をめぐって争いが激しくなり、混乱を避けるためこの地に滞在されたという。里人の手厚いもてなしを受け、大いに気に入られたが、いよいよ斑鳩に帰られることになった。皇后はこんな歌を残している。

　　大浜の里に昔をとどめてし

186

　　　　　　間人村と世々につたへん

　つまり、自分の名前を村に残したいと考えたのである。しかし、村人たちは皇后様のお名前をいただくことなぞ滅相もないとして、皇后が「ご退座」されたというところから「間人」を「たいざ」と読むことにしたのだという。これはこれで何となく信憑性の高い話ではある。

⑧先斗町（ぽんとちょう）　この地はもと鴨川の州であったが、寛文10年（1670）に護岸工事のため埋め立て、町屋ができて、これを新河原町通といった。その後三条一筋南から四条まで人家が建ち並び、俗に先斗町と呼ぶようになった。『大日本地名辞書』にはこう書かれている。

　「先斗　新京極の東にて直に賀茂川に臨む、嘉永四年より遊郭と為り娼家多し、旧名所新河原町と云へるを今はポントとのみ呼ぶ、或は云ふ此地人家皆水に臨み裏は沙磧（サキバカリ）なれば先許の意よりかゝる遊戯の名を命じたりと。新京極先斗町辺は天正年中南蛮寺の在りける地なりとも云ふ」

　これまでの先斗町の解釈では、ここに言う「先ばかり」でほとんどが説明されてきた。つまり、この街が北から南へ先の方に向けて作られてきたという説明である。ところが吉田東伍は「遊戯の名を命じたり」とも書いている。この遊戯とは何かだが、これはポルトガル語のカルタ遊びに由来するという説が出された。ponto ではなく ponta という賭博用語に由来するのではという説である。先斗町論争はまだまだ続く。

⑨六道の辻（ろくどうのつじ）　一般的には知名度はないが、京都の歴史を知る上では最も重要なポイントと言える。六波羅蜜寺・六道珍皇寺の近くと言えばおよそわかるだろう。この地点は、鳥辺野に死者を送る入口に当たり、いわばこの世とあの世の境である。

　その辻に西福寺という小さな寺院がある。昔は6つの仏堂があったが、今は三仏堂のみ残っている。毎年8月のお盆には伝統行事「お精霊迎え」の六道詣りが数百年も続けられている。

　「六道」（りくどう、とも読む）は、人間が直面する「地獄」「餓鬼」「畜生」「修羅」「人間」「天上」の6つの道のことで、前の3つを三悪道、後の3つを三善道と呼んでいる。西福寺のご本尊は地蔵尊なのだが、このお地蔵さんは六体で祀られていることが多い。その背景には六道の思想がある。

　　　　　　　　　　　　　　　　　Ⅳ　風景の文化編　　187

## 難読地名の由来

**a.**「帷子ノ辻」（京都市右京区）**b.**「百足屋」（京都市中京区）**c.**「深泥池」（京都市北区）**d.**「納所」（京都府伏見区）**e.**「貴船神社」（京都市左京区）**f.**「天使突抜」（京都市下京区）**g.**「車折神社」（京都市右京区）**h.**「物集女」（向日市）**i.**「鶏冠井」（向日市）**j.**「祝園」（相楽郡精華町）

【正解】

**a.**「かたびらのつじ」（檀林皇后が亡くなった時、遺体に身につけていた帷子が舞い落ちたという故事にちなむ）**b.**「むかでや」（昔、百足屋という豪商が住んでいたことにちなむ。ムカデは足（銭）が多くあることから商売の神となってきた）**c.**「みぞろがいけ」（「みどろがいけ」とも読む。池底に数メートル堆積している泥土層による）**d.**「のうそ」（淀川を上って集積された様々な物資を保管したことによるという）**e.**「きふねじんじゃ」（気の立ち上る水の神社として知られる。「きぶね」は間違いで「きふね」が正しい）**f.**「てんしつきぬけ」（平安遷都の際、「天使の社」として創建された五條天神宮の境内を、秀吉が南北に突き抜ける道を作ったことによる）**g.**「くるまざきじんじゃ」（貴人が牛車に乗って通りかかった時、牛が倒れて車を引いていた「轅(ながえ)」が割くように割れたことによる）**h.**「もずめ」（摂津国大鳥郡の「百舌鳥」にいた勢力がこの地に移ったことによる）**i.**「かいで」（もともと「蝦手井(かえるで)」と呼ばれたが、これは「楓」の木を意味していた。楓の葉は蛙の手に似ていたからである。楓は宮殿の周りに植えられることが多く、縁起のよい木とされた）**j.**「ほうその」（神職に従事する祝(ほふり)が菜園を作っていたことによるという）

188

# 商店街

錦市場(京都市)

## 京都府の商店街の概観

　2014年の「商業統計調査」によると、京都府の商業集積地は306カ所、うち京都市が173カ所と半数以上を占める。ショッピングセンターなどを除くと、府下の商店街の6割ほどが京都市に集中していると見られる。京都府はおおよそ南丹市を境に南部と北部に分けることができる。南部はほぼ京阪神大都市圏に含まれ、通勤・通学や買い物などで京都市や大阪市に依存する率が高く、衛星都市化が進んでいる。一方、北部では人口減少、高齢化が進行しており、観光による効果が期待されるものの、小売業を取り巻く商業環境は厳しいものがある。京都市以外では、宇治市、福知山市、舞鶴市の商業集積量が比較的多いが、周辺地域における郊外店の立地増加などにより、広域商業中心としての地位が確立されているとは言いがたい。ショッピングセンターは府南部を中心に分布しており、店舗面積3万$m^2$以上のものは京都市郊外にほぼ限られている。

　京都府商店街振興組合連合会のウェブサイトによれば、京都市内の商店街振興組合として84掲載されているが、商業ビルなどを除くと80カ所ほどである。それらは市街地全域に分布しているが、特に中心業務地区周辺から旧市街地にかけて集中している。なかでも四条河原町周辺の商店街群が中心商店街を形成しており、京都駅、四条大宮駅、北大路駅周辺と伏見大手筋周辺の商店街が広い顧客吸引圏を有する広域型商店街として、集積規模も大きい。京都市は中心市街地居住者や学生が多い町であること、大型店の立地制約が大きいこともあって、近隣住民を主たる顧客とする近隣型ないし地域型商店街が現在も高密度に分布している。昔ながらの個人商店が多く、地元住人との長いつきあいに支えられていることが、京都の商店街の特色と言える。西陣地区の商店街や二条駅前の「三条会」、撮影所があったことから発達した「大映通り商店街」などである。その他、「京

【注】この項目の内容は出典刊行時(2019年)のものです

の台所」として知られる錦、家具店が集まる夷川通りなど同種の商店が集団化した商店街もあり、起源が明治以前に遡るものも少なくなく、100年以上続く老舗も多い。また、清水寺や嵐山といった有名観光地には飲食店や土産物店主体の商店街がある。

　府南部では宇治市と亀岡市が古くからの商業中心地であり、現在も比較的規模の大きな商店街があるが、住宅衛星都市化による変化も大きい。住宅地化が早かった向日市や長岡京市では商店街が形成されたが、近年住宅地化したところでは大型店やショッピングセンター中心で、商店街の形成、発展はほとんど見られない。北部では、城下町起源の福知山、舞鶴、宮津が地域の商業中心としての地位を確立してきたが、いずれも中心商店街では衰退傾向が目立っている。舞鶴では明治になり旧城下町から離れた場所に軍港が建設され、東舞鶴と西舞鶴それぞれに商店街が形成され、現在も2つの中心商店街を持ち、顧客圏も分かれている。その他では、綾部、京丹後市峰山、同市網野において繊維産業の発達によって活気のある商店街が形成されていたが、周辺地域の人口減少や地場産業の低迷による影響は大きく、「綾部市西町商店街」は商店街近代化事業によりリニューアルした。なお、「峰山御旅商店街」は「日本一短い商店街」と言われている。

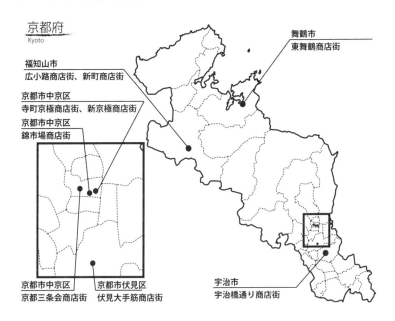

## 行ってみたい商店街

# 寺町京極商店街、新京極商店街（京都市中京区）

## ─2つの対照的な京極商店街─

京都市中心部、大丸百貨店や高島屋百貨店のある四条通を四条河原町から西へ行くと、北側に2つのアーケード商店街が現れる。東側が新京極商店街、西側が寺町京極商店街である。一帯は商店のほかに飲食店や映画館などが多数立地する繁華街で、多くの商店街が連接している。2つの商店街の北端は三条名店会のアーケードにつながり、寺町通は三条通から北へ寺町専門店街、さらに二条通の北へ古美術店や画廊、古書店などが並ぶ寺町会と続く。

京極とは京の東西南北端のことで、東京極の通りに沿って豊臣秀吉が寺を集めたことから寺町と呼ばれるようになった。寺町通には寺院と関連した書物や数珠、文庫、筆、薬などを扱う商人などが集まり、現在の商店街の原型ができた。また、寺院の境内を縁日の舞台に開放し、多くの人が集まる場となった。明治に入り、西洋菓子店や写真館などのハイカラな店が京都で最初に出現したのは寺町通だと言われたが、1920年代に河原町通が拡幅されると人の流れは変わり、商店街の人通りは減少した。1990年頃から、商店街のリノベーションとしてアーケードを更新するなど買い物客の呼戻しを試みており、少しずつ効果が現れている。特に三条通近くを中心に老舗や専門店が存在し、安心してゆっくり買い物、飲食を楽しめる場として京都市民に親しまれている。

一方、新京極商店街のある通りは、1872年に当時の京都府参事槇村正直によって新しく作られた通りで、明治の中頃には見世物小屋や芝居小屋が並び、現在の繁華街の原型ができた。興行街、飲食店街としての色合いが強く、寺町通とは対照的であった。1960年頃から京都が修学旅行先に選ばれ、新京極がコースに取り入れられるようになると、観光客、修学旅行生向けの通りとなり、地元住民の利用は目立たなくなった。近年は観光客向けの土産物だけでなく、若年層向けのファッション洋品店や飲食店が混在するようになり、地元民の足も戻ってきている。一方で、修学旅行のメッカであった歴史を活かした活性化にも取り組んでおり、その代表が、商店街中央付近に設けられた「ろっくんプラザ」（1989年開設）である。新京極商店街のもう1つの柱であった映画館、劇場の多くは閉鎖され、跡

地はホテルや商業ビルになっている。

## 錦市場商店街（京都市中京区）

### ―京の台所―

京都市の中心、四条通の一筋北、錦通の寺町通と高倉通の間約400mの全蓋型アーケード商店街。魚、京野菜などの生鮮食料品や乾物、漬物、おばんざい（京都の日常惣菜）といった加工食品を扱う約130の店舗が幅3.3〜5mの石畳道の両側に並ぶ。高品質な「ほんまもん」（本物）を扱う専門店、老舗が多く、市民の信頼を得て「京の台所」として親しまれているだけでなく、ここで業務用の食材を仕入れる割烹や旅館も多い。

豊富な地下水に恵まれた地で、平安時代から自然発生的に市が立ち、江戸時代には幕府により魚問屋の称号が許され、魚市場として栄えた。1927年に京都中央卸売市場ができたのを境に青果業や精肉業などの食料品店を加えて、今日のような姿に変わり、「錦栄会」（1963年商店街振興組合に発展）を設立した。1965年には阪急電車の河原町延伸により井戸水が枯渇したが、共同井水事業を進め、井戸水を確保した。現在も多くの店舗で店奥にある井戸水を利用している。また、近隣地域で大手スーパーマーケットの出店計画があった際には、組合が予定地を買収して進出を阻止するなど、様々な危機に対して商店街として結束して乗り越え、現在は小売りへシフトしている。

1984年の石畳舗装、1993年の「柱なし工法」によるアーケード改修といったハード面だけでなくソフト面での改革も進めている。2005年には「錦市場」の登録商標を取得し、2006年にはイタリア・フィレンツェ市のサンロレンツォ市場と友好協定を締結し、食を通じた友好交流を行っている。和食が世界文化遺産に指定されたこともあって観光資源としても注目されており、狭い通りが内外の観光客であふれ返ることも珍しくない。豆乳ソフトクリームや豆乳ドーナツ、マグロのヅケ串などこれまで見られなかった食品も売られ、食べ歩きする人もいる。さらに、茶房を出店しておにぎりを供する米屋、定食を供する八百屋、焼きたてのカキを供する魚屋など飲食を楽しめる店舗も増えている。高倉通入口にあった伊藤若冲生家（もともと漬物問屋だった）跡碑、京の食文化を描いたアーケードの天井画などもあわせて楽しんでみてはいかがだろうか。

## 京都三条会商店街（京都市中京区）

### ―365日晴れのまちをうたうアーケードショッピング街―

　京都市中心部、JR山陰線二条駅東口を出て千本通を南へ約300m行くと、アーケードが見える。京都三条会商店街の西の入口である。商店街はここから東へ堀川通まで伸びている。全長800mに及ぶ全蓋型アーケード商店街で、その長さは京都府最長で、アテネオリンピック金メダリストの野口みずきが雨の日に練習で走ったという。2007年には全店舗が商店街振興組合への加入を達成した地域密着型の商店街。商店街のなかの通りは道幅があり、自転車、時には車も往来するが、圧迫感は少ない。

　1914年、大宮通‐油小路通間（現在の商店街のさらに東側）の72店舗で商店街が結成され、その後徐々に拡大していった。最盛期には200店を超え、映画館や寄席もあったが、毎年10店ほどが減少し160店ほどにまで減少した。その後、スタンプ事業の導入や若い商店主の新規参入、京町屋の再生利用などにより商店街としての賑わいを取り戻しつつあり、店舗数も180店ほどに増えている。各種の商店が揃っており、なかには安土桃山時代創業の印判屋のような老舗もある。食品スーパーマーケットがある一方で八百屋も数店あり、個店とスーパーマーケットのすみわけ、補完が見られる。とはいえ、店主の高齢化、後継者問題はあり、今後増えることが予想される閉鎖店舗のテナントとしての活用が課題である。

　アーケードから東へ、三条通には商店が続き、歴史的建造物も多い。一方、北へ行けば、世界遺産二条城はすぐである。

## 伏見大手筋商店街（京都市伏見区）

### ―酒造地に隣接する下町商店街―

　京都市南部、京阪電車伏見桃山駅から西へ伸びる長さ約400mの全蓋型アーケードのある地域型商店街で、京阪電車の駅のすぐ東には近鉄電車桃山御陵前駅がある。商店街の通りは、豊臣秀吉が築城した伏見城の大手筋に当たり、商店街名もそれに由来する。商店街西口を南に折れると納屋町5番街で、一帯は酒造業地帯で、その先はかつての淀川水運の伏見港に通じており、特に休日には酒蔵見学や坂本龍馬ゆかりの寺田屋見学に訪れる観光客で商店街も賑わう。

　酒造業の拡大や近くに師団が配置されたことなどにより、周辺地域の人口が増加し、1923年に大手筋繁栄会を発足して街路灯を設置したのが商

店街としての始まりである。もともと伏見の町は京都に対して独立的な性格があり、大手筋商店街には買回り品店も多く立地し、郊外電車を通じて現在の京都市南部から郊外にかけて顧客圏を有していた。商店街創立時から営業を続けている商店や京都市内の老舗の出店、銀行支店の多さなどに、本商店街の特徴を見ることができる。

　一方で、沿線における新しい商業集積地の出現や郊外型店舗の増加による既存店の閉店、業種交代も多く、近年は飲食チェーン店の進出も多い。駅から商店街へ向かう通行者は多く、空き店舗は目立たない。1971年に建てられた初代アーケードは1997年に日本初のソーラーアーケードに建て替えられ、ソーラーパネルで発電された電力はアーケード内の照明や夏場の冷房などに利用されている。また、商店街東口には「おやかまっさん」、西口には「ハミングバード」のからくり時計が設置されており、「おやかまっさん」では毎正時に伏見由来の11のキャラクターが出現する。商店街を訪れた際にはどんなキャラクターが出現するのか確かめてみてほしい。また、商店街周辺に新しいマンションが建ち、小さな子どもを持つ若い世代が増えており、商店街でも空き店舗の1階部分を活用して2006年に「ぱおぱおの家」（モンゴル語の「パオ」からとっている）を開設し、子育て支援事業に取り組んでいる。

## 宇治橋通り商店街（宇治市）

### ―茶師の町の商店街―

　京阪電車宇治駅から宇治橋を渡って、多くの観光客は左折して土産物店や飲食店が並ぶ商店街を抜けて平等院へ向かうが、宇治橋から直進する通り沿いにあるのが宇治橋通り商店街である。京都から奈良へ向かう大和街道（奈良街道）に当たり、江戸時代には十数軒の茶師の邸宅が並んだこの地は、幕府に献上される宇治茶の新茶を運ぶ御茶壺道中の出発地でもあった。当時の建物としては、茶師の1人であった上林春松家の長屋門を残す程度であるが、お茶に関する店舗や建物に商店街の由来を読み取ることができる。また、商店街のほぼ中央にある公園の一角に、この地を支配していた宇治代官屋敷跡の碑が建てられている。

　商店街の中央付近で北東へ折れると、JR宇治駅前に出る。約1kmの商店街に80店ほどの商店が連なるが、JRの駅前を境に東西で様子が異なる。西側はマンションや各種の事業所が混在し、商店の連続性は低い。東側は商店密度が高く各種の店舗が並ぶが、JR宇治駅を利用する観光客は多い

ものの、商店街を素通りする傾向があり、平等院へ向かう通り沿いの商店街と比べると観光地の商店街としての色合いは薄い。

宇治市の中心商店街として比較的広い顧客圏を有していたが、郊外型商業施設の立地増加、近隣他地域における商業中心の新規出現や拡大による影響を受けている。JR宇治駅の改築をきっかけに、観光客を誘引して商店街の活性化につなげようとしている。商店街内および周辺に観光資源は多いものの、回遊性を高める一方、商店街としての魅力度を高める必要がある。そのためには業種構成や店舗づくりなど、ソフト面で取り組まなければならないことは多々ありそうである。

## 広小路商店街、新町商店街（福知山市）
### ―再生に取り組む衰退傾向の中心商店街―

城下町に起源する福知山市は3つの鉄道路線が乗り入れる交通の要衝でもあり、商業の中心として発展してきた。中心市街地の商店街は、城下町時代の町人地区に起源する東部の商店街群（広小路・新町・アオイ通り）と、駅周辺の商店街群に大別され、いずれも衰退化が目立っている。

福知山城の北側は由良川水運の船着場でもあり、城下町時代から商業地区として栄えてきた。明治末期から大正期にかけて大阪および京都との間に鉄道が開通したことや歩兵連隊が設置されたことなどにより、広小路商店街や新町商店街は福知山の中心商店街として発展し、1933年には両商店街の交差点の南西側に鉄筋コンクリート3階建ての三ツ丸百貨店が開店し、北近畿の広い範囲からの買い物客で賑わった。戦後、駅周辺地区で土地区画整理事業が実施され、市街地が西方に拡大し、駅前に地元資本の大型店が出店したことで賑わいの中心は駅周辺に移動した。その後、国道9号線のバイパスが建設されると、駅の南側でロードサイド店の出店が相次ぎ、郊外に大型商業施設が出店した2000年頃には駅前の核店舗も撤退し、中心商店街では半数近い商店が閉鎖するなど空洞化が顕著になった。

中心市街地活性化計画では、歴史的・文化的資源を活用したまち歩き観光ルートの整備や、歴史的建造物等を利用したテナントミックス事業などが挙げられている。広小路商店街では「広小路再生プロジェクト」の1つとして、アーケードを撤去して町屋を活かした景観整備事業や、文化・芸術の交流スクエア「まちのば」の開設などが実施されている。一方、新町では1998年に商店街によって開設されたポッポランド（福知山鉄道館）を活用した事業が進められている。機関車保存館や子ども列車の運行など

IV　風景の文化編　　195

があるポッポランドは鉄道の町として発展してきた福知山を象徴するもの
で、建設地は三ツ丸百貨店跡である。また、2016年からアーケードを活
かして、毎月第4日曜日に福知山ワンダーマーケットを開催しており、福
知山市内だけでなく京阪神からも出店がある。閉鎖店舗前に設けられた
40ほどの露台では、こだわりの日曜雑貨や食品などが販売され、シャッ
ター通りに賑わいが戻っているが、商店街活性化に向けて課題は多い。

## 東舞鶴商店街（舞鶴市）
### ―旧軍港都市に建設された商店街―

　城下町に起源する舞鶴市（西舞鶴）と軍港都市として急速に成長した東
舞鶴市（東舞鶴）は、1943年に合併して新・舞鶴市が誕生した。東西の
舞鶴は5kmほど離れており、2つの市街地それぞれに中心的な商店街が
形成された。ここでは数少ない旧軍港都市における例として、東舞鶴の商
店街を紹介する。

　1901年に海軍鎮守府が置かれ、東舞鶴に建設された碁盤目状の市街地
の南北の通りには一条から九条の名が付けられ、東西の通りには軍艦名が
使われた。東舞鶴駅から北へ伸びる三条通りと、その東の七条通に南北の
商店街があり、大門通り（国道27号線）とその一筋南の八島通りに東西
方向の商店街がある。軍港都市らしくいずれの商店街も広い通りに沿って
形成されており、アーケードで覆われているのは八島商店街のみである。
軍港の正門に通じていた大門通りは舞鶴の最も主要な幹線で、特に幅員が
広く、視覚的には道路をはさんだ商店街としての一体性は希薄である。大
門商店街の東端には中央市場があり、東舞鶴の台所となってきた。4商店
街全体で100店ほどあり、空き店舗は比較的少ない。紳士服、時計、菓子
など業種は多様で、商店街形成以来の老舗や、かつては海軍御用達であっ
た店舗も多い。舞鶴が発祥地と伝えられている肉じゃがや海軍カレーを売
りにしている飲食店や食品店など、軍港都市に建設された商店街の特徴を
随所に残している。

　駅近くに大型商業施設（らぽーる、ケーズデンキ）が進出した影響はあ
るものの、現在も商店街を利用する客は多い。商店街の北西方には赤れん
が博物館があり、観光客を引き寄せている。観光の際に商店街も巡ってみ
てはいかがであろうか。

# 花風景

松尾大社のヤマブキ

### 地域の特色

南北に細長く、中央部に分水嶺の丹波高原があり、北は日本海に由良川が北流し、南は淀川・大阪湾に注ぐ桂川が南流する。北部は日本海型の気候を示し、かつて丹波・丹後の国といわれ、南部は太平洋型の気候を示し、山城の国といわれた。平安京以降千年余り続いた京都は府南端の盆地に位置し、日本文化の中心として宮廷・公家、寺社、町人の文化を育んだ。京都は三方を山に囲まれ、鴨川が南流する山紫水明の地といわれた。遷都以後、運河開削など近代化に邁進した。暖温帯の気候となっている。

花風景は、古来の名所、寺社、近代化にちなむものなどが府南端の京都に集中している。府北部にはなりわいや地域振興のための花風景が広がっている。他府県に多い城郭跡のサクラ名所は特筆すべきものがない。

府花はバラ科サクラ属のシダレザクラ(枝垂桜)である。シダレザクラはわが国の自生種の一つエドヒガンの変種である。別名イトザクラ(糸桜)ともいい、室町時代、京都近衛家の庭園で有名になっていた。京都には多く、その流麗さが京情緒を表しているとされるが、各地にもある。府の草花としてサガギク(嵯峨菊)とナデシコ(撫子)も制定されている。

### 主な花風景

#### 嵐山のサクラ　＊春、史跡、名勝、日本さくら名所100選

京都の北西部郊外の嵯峨野は平安時代から貴族の行楽地であった。その中でも嵯峨野の西端に位置する嵐山(382メートル)は最大の名所であった。大堰川(現桂川)に架かる渡月橋は最高のビューポイントで、西を眺めると嵐山と小倉山が並び、その山あいから大堰川が現れ、ゆったりと東流する。大堰川の上流部は山地部のV字谷の急流であるが、嵐山と小倉山の辺りで大きく屈曲して平野部に出るので狭い急流部は見えない。

凡例　＊：観賞最適季節、国立・国定公園、国指定の史跡・名勝・天然記念物、日本遺産、世界遺産・ラムサール条約登録湿地、日本さくら名所100選などを示した

嵯峨野は、平安初期9世紀初頭に嵯峨天皇が離宮を造営した地であり、現在もその庭園の池が大沢池として残り、離宮跡は大覚寺となっている。嵯峨野には足利尊氏と夢窓疎石ゆかりの天龍寺、藤原定家が小倉百人一首を編纂した小倉山荘跡の厭離庵、向井去来が過ごした落柿舎や、古来風葬の地であった化野念仏寺など多数の寺院や別邸があり、竹林が美しい。

嵐山、小倉山、大堰川は歌に詠まれる歌枕の地であり、さらに、源氏物語や徒然草でも語られている。嵐山、小倉山は当初は紅葉の名所として和歌に詠まれ、やがて、平安時代末の13世紀末に吉野山のヤマザクラが移植され、桜花と紅葉の名所となり、春は桜、秋は紅葉と愛でられる。また、観月の名所でもあった。優美な稜線を見せる嵐山と小倉山の美しさは、ヤマザクラとカエデとアカマツの混淆にある。吉野山の千本桜の一面のサクラや他のサクラ並木とは異なるサクラ風景である。また、ゆったりと流れる大堰川の水面も美しく、周囲の寺院の甍も風情を増している。何よりも渡月橋が印象に残る和風の橋梁であるが、平安時代前期に架けられ、現在のものは1934（昭和9）年に完成したものである。

嵐山は江戸時代まで天龍寺の寺領として管理され、一定の植生が維持されてきた。1871（明治4）年、国の社寺上知令により官有地となり、国有林として管理することとなる。以後、禁伐方針がとられ、結果として植生遷移が起きていく。1933（昭和8）年、営林局（現森林管理局）によって人為的に風景を維持するように方針転換がなされるが、第2次世界大戦、マツ枯れ、治山対策などもあり、風景維持には苦労する。現在、世界遺産の寺院周辺の森林として、古来愛でてきた風景を維持しようとしている。

# 醍醐寺のサクラ　＊春、史跡、世界遺産、日本さくら名所100選

京都の南部、伏見の醍醐山山麓に位置する醍醐寺は多くの堂塔伽藍からなるが、総門から仁王門に至る直線道路の参道はサクラ並木となっており、その他憲深林苑など境内には1,000本に及ぶサクラが生育し、古来「花の醍醐」と呼ばれてきた。カワヅザクラ、シダレザクラ、ソメイヨシノ、ヤマザクラ、ヤエザクラなど種類が豊富で、そのぶん花期も長い。

醍醐寺は平安時代9世紀に創建されたが、9世紀末から10世紀初期に在位した醍醐天皇の手厚い庇護によって繁栄する。花にまつわる記録としては、室町時代の1430（永享2）年、将軍足利義教が名高いサクラの名所を

見るために醍醐寺を訪れたという。その後、応仁の乱などで醍醐寺は荒れ果ててしまう。

　花の醍醐で最も知られている話は、1598（慶長3）年春の太閤豊臣秀吉の「醍醐の花見」である。現在これにちなんで4月に「豊太閤花見行列」の祭礼が行われている。太閤秀吉は94（文禄3）年に吉野山で権力を誇示する盛大な花見の宴を催していたが、醍醐寺では息子や奥方の身内を中心にお付きの者と豪奢な花見を行った。秀吉はこの花見の約半年後に晩年の居城であった伏見城で生涯を閉じる。前年に醍醐寺を訪れていた秀吉は、居城から近いこともあり、ここが気に入ったのであろう、諸堂の再建を行い、吉野山や都から約700本のサクラを移植したという。

　特に当時金剛輪院と呼ばれ、のちに三宝院と改称された寺院の庭園を気に入り、さらに自分の好みに合わせて改修しようとしていたが、道半ばで他界した。ここには「天下の名石」と呼ばれる天下人が追い求めてきた藤戸石がある。足利義満の鹿苑寺（金閣寺）、足利義政の慈照寺（銀閣寺）、織田信長の二条城、豊臣秀吉の聚楽第と移設され、そして醍醐寺三宝院庭園の主石として落ち着く。三尊仏を表す中心の石として長方形の石が三つの真ん中に屹立している。庭園は国指定特別史跡・特別名勝になっている。三宝院は総門から仁王門に至るサクラ並木の途中にあり、三宝院の中にも「大紅しだれ桜」と呼ぶ古木がある。

## 仁和寺のサクラ　＊春、名勝、世界遺産、日本さくら名所100選

　通常サクラといえば、咲き誇る樹冠の下でお花見の宴を催せるように、少なくとも樹高7〜8メートルはあるだろう。幼木は別として、幹が垂直に伸び、最も低い枝でも大人の背丈以上はあるだろう。ところが、仁和寺の「御室桜」と呼ばれるサクラはすでに老木でありながら、ツツジのように根元から枝分かれして、樹高は2〜4メートルで、地上20〜30センチのところから花をつける。花が低いことから鼻が低いに掛けられ、お多福桜とも呼ばれる。仁王門から中門を経て金堂に至る直線の参道に接して、西の一角に約200本ばかりが群生している。サクラの下を歩くというわけにはいかないので、直線の細い通路が設けられている。御室桜とは御室のサクラという意味で、さまざまな園芸品種を含むサトザクラである。樹高が伸びないのは土壌が粘土質で根を十分に張れないためと考えられている。

IV　風景の文化編　199

京都では最も遅咲きのサクラで4月中〜下旬が見頃である。

　京都の西北近郊に位置する仁和寺は平安時代の創建といわれるが、現在の堂塔伽藍は応仁の乱で焼失したものを江戸時代に再興したものであり、御室桜はこの時期に植えられたものである。「仁和」は創建時の元号である。御室とは、宇多天皇が醍醐天皇への譲位2年後の899（昌泰2）年に出家し、法皇として仁和寺に入り、居室を意味する御室（御座所）を設けたことによる。仁和寺は御室御所とも呼ばれ、金堂は御所の紫宸殿を移築し、御影堂は御所の旧清涼殿の材を用いるなど、御所風建築物となっている。その後も仁和寺は天皇の弟などが出家する門跡寺院となり、江戸時代まで出家した皇子や皇族などが門跡という寺院の最高位を務めた。

　江戸前中期の儒学者で各地の客観的な紀行文を多数残した貝原益軒の『京城勝覧』（1706）で仁和寺のサクラ風景を褒めたたえている。また、和歌や俳句でも賞賛されている。そのためか1924（大正13）年いち早くサクラが国指定名勝となっている。通常、名勝は境内や庭園や景勝地であり、植物は希少性や固有性などが評価されて天然記念物になるが、御室桜は独特のサクラ名所の花風景が評価されたのであろう。

## 花の寺のサクラ　＊春

　花の寺とは京都の西の郊外、洛西の西山山麓に位置する勝持寺の通称である。勝持寺の創建は一説では飛鳥時代7世紀末にさかのぼれる古刹である。奈良時代8世紀末には伝教大師（最澄）が桓武天皇の命により堂塔伽藍を再建し、本尊を安置したと伝えられている。その後、多数の塔頭が建ち、繁栄をみるが、室町時代15世紀の応仁の乱で仁王門を除いてほぼ焼失してしまう。しかし、安土桃山時代と江戸時代を通して時の権力者によって再建が図られる。

　花の寺と呼ばれる由縁は、サクラをこよなく愛でた平安時代12世紀の歌人西行ゆかりの寺院であり、サクラの名所であり続けたからである。西行は、元は鳥羽上皇に仕え、北面の警護に当たる武士であったが出家して、仏教と和歌の道に進む。出家後は各地に草庵を営み、諸国への修行の旅を重ねるが、伝来では勝持寺で出家したと伝えられている。勝持寺の歴史からするとちょうど繁栄していた時代であろうか。西行のサクラを賛美した和歌が『新古今和歌集』に多く残るが、若き西行が勝持寺にサクラを植え、

愛でたという。その後「西行桜」として広く知られ、多くの文人たちがこれを見るために訪れ、今も西行桜が継承されている。

# 国営淀川河川公園背割堤のサクラ　＊春

　近年、淀川河川公園の背割堤のサクラが関西随一と評価され、注目を集めている。京都府南部の八幡市中心の男山（143メートル）には日本三大八幡宮の一社である石清水八幡宮がある。その男山の西麓には、北から南流する桂川、東から西流する宇治川、南から男山東麓を北流して回る木津川の三川が合流して淀川になる地点がある。合流地点直前に宇治川と木津川の間に人工の土の堤防が築かれ、背割堤と名付けられた。この背割堤の遊歩道のような道路の両側に約1.4キロにわたり、約250本の桃色のソメイヨシノが咲き誇っている。大きな樹冠は道路のキャノピー（天蓋）をつくり、人々はサクラのトンネルを通ることができる。堤の両側の斜面にもこぼれるようにサクラが覆っている。周辺の河川敷は広く、芝生広場などに憩う人々にもサクラ並木の壮観が眺められる。一帯は国営公園となっており、高さ約25メートルの展望塔もあり、列状に走るサクラ並木を一望でき、圧巻である。近くには石清水八幡宮の電車駅や国道の幹線道があり、京都市と大阪市の中間でもあり、花見客はあふれている。

　背割堤は1917（大正6）年に建設された。もともと木津川は現在地より北で宇治川に合流していたが、洪水の発生が多いため、10（明治43）年に現在の三川合流地に河川を集めようと流路を付け替えた。しかし、合流地点直前で木津川を宇治川に流し込んだため、その合流部で氾濫が起きた。そこで、宇治川と木津川の間に背割堤を築き、三川が1カ所で大河の淀川に合流するようにしたのである。そこからは淀川は蛇行することなく大阪湾に注ぐ。

　背割堤には1970年代までマツが植えられていたが、マツクイムシ被害で枯れたため、ソメイヨシノに植え替えられた。ソメイヨシノはエドヒガンとオオシマザクラの交雑で生まれ、その後全て接ぎ木で増やしたものであり、1本の木から生まれたいわば全てが分身である。サクラは一般に病虫害、腐蝕、踏圧などに弱いが、最も愛でられ、最も普及したソメイヨシノは特に弱く、寿命も概して短い。サクラ名所には栄枯盛衰がある。現在の背割堤のサクラは絶頂期にあるといえよう。もっとも2018（平成30）年の

Ⅳ　風景の文化編　　201

近畿地方を直撃した大型台風21号で、背割堤のサクラも倒木、枝折れなど大きな被害をこうむった。

## 円山公園のシダレザクラ　＊春、名勝

　円山公園はシダレザクラ、ソメイヨシノ、ヤマザクラなどが咲き誇り、立地の良さもあって、多くの花見客で賑わう。京都市街の舞妓さんのいる花街（歓楽街）の祇園に接し、東山を背に少し高台となって、八坂神社や知恩院などの由緒ある社寺に接し、風情のある公園となっている。八坂神社は江戸時代まで祇園社と称し、サクラの名所として知られていた。また、円山公園の地には安養寺の六阿弥という「円山の六坊」の塔頭があり、都が見下ろせ、庭園も美しいことから、次第に酒席や料亭に変貌していった。このように庶民の遊観の地であったことから、1886（明治19）年、太政官布告に基づく京都府最初の「公園」となった。以後、近代に拡張整備が行われ、花木も植えられた。特に琵琶湖疎水（琵琶湖の水を引く運河）を利用した渓流なども京都の著名な庭師小川治兵衛（通称植治）によって創出された。彼は東山山麓のこの界隈に同様の手法で政治家・実業家の別荘庭園を多数造営していた。

　円山公園には「祇園の枝垂桜」「祇園の夜桜」と呼ぶ1本のシダレザクラの見事な大木がある。このサクラは2代目に当たり、初代は戦後に樹齢約220年で枯死したので、その種子から育てられていたサクラを移植したという。ここには「桜守」と呼ばれる庭師15代目佐野藤右衛門のサクラに寄せる愛情があった。嵯峨野にこの桜守の桜畑があり、全国の貴重なサクラを育てている。佐野藤右衛門とは江戸時代から仁和寺の植木職人を続けてきた庭師頭領の名跡である。現在の16代目佐野藤右衛門も父の意志を継ぎ、造園業を営むかたわら、全国のサクラを見守り続けている。16代目は、全国の土地ごとにサクラも本来異なるが、至る所、生長が早く、しかも寿命が短いソメイヨシノが席巻していることを嘆いている。16代目はサクラに関する造詣が深く、サクラの著書も多いが、イサム・ノグチのパリのユネスコ本部日本庭園や京都迎賓館の造園に携わった造園家でもある。

## 京都御苑のシダレザクラとサルスベリ　＊春・夏、国民公園

　京都御苑の北部と南部には古くから摂政・関白・太政大臣を出してき

た五摂家に当たる近衛家と九條家の邸宅跡があり、庭園遺構が残っている。古地図を見ると広大な邸宅跡に御殿と庭園があったことが分かる。現在そこには見事な花風景を見ることができる。近衛邸跡には古来有名であったイトザクラとも呼ばれるシダレザクラが継承されている。京都御苑で3月中頃に最初に咲くサクラで、約60本の大木が白色や紅色の花を絢爛にして優美な枝垂れる風景をみせる。九條邸跡には江戸後期の数寄屋風書院造りの離れである拾翠亭と九條池の庭園が残り、サルスベリが庭園美を引き立たせている。池の水辺を覆う藤棚のフジも素晴らしい。九條邸跡に隣接した間ノ町口には樹高約10メートル、樹冠約13メートルのサルスベリの大木が葉も花も生い茂らせ、見事である。サルスベリはあまり大木にはならないので庭園や公園に用いられ、すべすべとした樹皮にも特徴があるが、この間ノ町口のサルスベリは葉と花に覆われ幹や枝が見えない。サルスベリは百日紅とも表記するように7月下旬から9月下旬まで花期が長い。

　京都御苑は京都御所と大宮・仙洞御所を取り巻く広大な緑地である。もともと御所を中心に宮家や公家の屋敷が並んでいたが、明治維新の東京遷都に伴い、多くが天皇と共に移転したため荒廃した。1877（明治10）年、明治天皇が京都に還幸され、荒廃した風景を見て、千年余の御所の旧観を維持せよとご沙汰があり、大内（御所）保存事業が始まる。こうして、土地を買い上げて国有地（皇室財産）とし、公家屋敷は撤去し、外周に土塁を築き、御所にふさわしい緑地として「御苑」と称した。その後、岩倉具視も視察に訪れ、天皇の即位大礼式を京都で行うことを前提に、行列の儀礼にふさわしい道路づくりなどを行い、大正天皇の即位式と大嘗祭の大礼でも大規模な改修工事が行われた。第2次世界大戦後、旧皇室苑地を国民に広く開放するため、東京の皇居外苑、新宿御苑と共に、「国民公園」となった。京都御苑は蛤御門近くの梅林、桃林に始まり、苑内のヤマザクラ、ヤエザクラなど多彩な花風景を楽しむことができる。

# 北野天満宮のウメ　＊冬・春

　北野天満宮には境内一円に多様な品種のウメが咲き誇る。北野天満宮は福岡県の太宰府天満宮と共に菅原道真公を御祭神とする天満宮・天神社の総本社である。平安時代の901（昌泰4）年、異例の出世をとげて右大臣になった道真公は陰謀によって大宰府に左遷され、2年後に亡くなる。その

Ⅳ　風景の文化編　　203

後、都で雷、大火、疫病などの災厄が続き、道真公の祟りと恐れられ、天神様として祀られる。道真公がウメをこよなく愛でたことから天満宮には梅林がつきものとなった。道真公は和魂漢才の精神を持ったひときわ優れた学者であったことから学問の神様としても崇められ、ウメの咲く頃に受験生が合格祈願のお参りをする。

## 松尾大社のヤマブキ　＊春

　古くからのヤマブキの名所である松尾大社が嵐山南東山麓の桂川沿いにある。松尾大社の本殿に向かう参道と交差する小川に、ヤマブキがこぼれそうに群生している。約3,000株が生育しているといわれ、緑の葉に映えて山吹色ともいわれる鮮やかな黄色い花が咲き誇る。黄金色と嘆賞する人もいる。英語ではイエローローズ、ジャパニーズローズと呼ばれ、評価されている。大社では4月から5月にかけて山吹祭が開かれている。

　松尾大社は飛鳥時代8世紀初頭の創建と伝えられ、名水が豊富で酒造りの神様としても崇められ、各地の酒造業者が酒樽を奉納している。

　ヤマブキは日本原産のバラ科ヤマブキ属の落葉低木である。『万葉集』にも詠われ、現在も庭園や公園で愛でられている。室町後期15世紀の武将で、江戸城築城でも有名な太田道灌のヤマブキ伝説はよく知られている。旅の途中、突然の雨に遭遇し、近くの農家で蓑を借りようとして立ち寄ったところ、娘が出てきて蓑ではなく一枝のヤマブキを差し出したのである。道灌は内心立腹してその場を去るが、後で家臣から話を聞いてその真意を理解して、無学を恥じ入る。娘は『後拾遺和歌集』（1086、勅撰和歌集八代集の一つ）の兼明親王の歌「七重八重　花は咲けども　山吹の　実の一つだに　なきぞ悲しき」の「実の」を「蓑」にかけていたのである。貧しいので蓑もないことをヤマブキで表したのである。この伝説の真偽は定かではないが、少し内容を変えて『道灌』という落語にもなっている。

## 三室戸寺のツツジとアジサイとハス　＊春・夏

　宇治の明星山の谷に位置する三室戸寺は「花の寺」とも呼ばれ、広大な庭園「与楽園」には四季折々の花風景が一面に満ち、圧巻である。春には2万株のヒラドツツジ、キリシマツツジ、クルメツツジ、初夏には1万株のセイヨウアジサイ、ガクアジサイ、カシワバアジサイ、1,000本のシャク

ナゲ、盛夏には200鉢のオオガハスなどが咲き誇るといわれ、紅葉の名所でもある。

## 祇園祭のヒオウギ　＊夏

　京都の夏の風物詩の祇園祭には町家にヒオウギが主に一輪挿しで生けられる。かつては軒先にも飾られたという。本来、草地や海岸に自生するアヤメ科アヤメ属の草花である。斑点の入った橙色の6弁の大きな花びらを茎の頂部につける華やかな花である。葉が肉厚の濃緑で、一説にヒノキの薄い板を開いた扇形に似ていることからヒオウギと称されるという。ヒオウギは悪霊を追い払う魔よけの花と言い伝えられ、地方にもこの伝承が残っていたが、近年、京都も含めてこの伝承が消えようとし、合わせてヒオウギも忘れ去られようとしている。花が咲いた後に房状に艶のある黒い種子をつけるが、これも美しい。この種子は射干玉と呼ばれ、和歌の「夜」や「黒」の枕詞「ぬばたまの」の語源だともいわれている。

　祇園祭は八坂神社と町衆の祭礼で、大阪の天神祭、東京の神田祭と共に日本三大祭と称されている。平安時代9世紀に京の都で疫病が流行したため、悪疫をしずめる祈願として始められた祇園御霊会が起源だとされている。現在も7月1日から31日までほぼ毎日さまざまな神事が続く。最大のハイライトは7月16日の33基の山鉾巡行である。巡行はユネスコ無形文化遺産となり、豪華な織物や美術工芸品で飾られた山鉾は「動く美術館」ともいわれ、重要有形民俗文化財となっている。巡行は、木製の車輪が直進しかできないので、都大路を直角に曲がる時に大勢の引手が一気に回転させる瞬間は迫力がある。宵山という前夜祭は、灯火の中、独特の鐘と笛のお囃子を聞きながら、浴衣姿の男女が行き交う。京都では祇園祭が梅雨明けの時期に当たり、本格的な夏の到来を実感させる。2014（平成26）年から前祭と後祭が復活し、山鉾巡行が2回になった。

## 伏見酒蔵のナノハナとサクラ　＊春

　伏見の新高瀬川には、川辺に木造の酒蔵、煉瓦造りの倉庫と煙突が立ち並び、川原にはナノハナが一面に咲き乱れて、風情のある古い建物と黄色いナノハナのコントラストが美しく、撮影ポイントとなっている。京都南部の伏見には新高瀬川をはじめ幾つかの運河が集まり、宇治川を経て淀川

IV　風景の文化編　　205

へとつながり、大阪湾へと注いでいる。伏見は交通の要衝であり、運河は物流に用いられた。宇治川派流や琵琶湖疎水の運河は観光用の十石船が川岸のソメイヨシノのトンネルの中をゆっくりと進んでいる。坂本龍馬ゆかりの宿の寺田屋も見える。滋賀県から京都府に流れる琵琶湖疎水沿線は多くにサクラが植えられ、美しい水流に映えている。

「近代化産業遺産群33」（2007年、経済産業省）に「日本酒製造業の近代化を牽引した灘・伏見等の醸造業の歩みを物語る近代化産業遺産群」として「伏見の日本酒醸造関連遺産」が取り上げられている。伏見の酒が一宿場町の地酒から全国展開するのは明治時代のことであった。伏見は「伏水」といわれた良質の地下水をもとに古くから醸造は行われていたが、近代技術の導入を先駆け、樽詰めに代えて、画期的な防腐剤なしの瓶詰めを発売し、東京をはじめ全国に販路を展開するとともに、鉄道省の駅で売られる酒に指定される。伝統的技法を継承するとともに、独自の研究所を創設し、科学技術を取り入れたことは、京都の進取の気風を物語っている。伏見はこれらの明治の酒造所、酒蔵、旧本社、旧研究所などの醸造関連の建造物群と運河が独特の情趣を醸し出し、花風景と調和している。

# 与謝野町のヒマワリ　＊夏

　日本海に臨む丹後半島の付け根、与謝野町の段々畑約5ヘクタールに15～20万本のヒマワリが咲き誇り、巨大ひまわり迷路を楽しむこともできる。与謝野町は日本三景の天橋立を眺める場所であり、百人一首や鬼伝説で有名な大江山も眺められる。与謝野町は俳人の与謝蕪村や歌人の与謝野鉄幹・晶子ゆかりの地でもある。蕪村は母がこの地の出身であることから与謝と改名し、鉄幹は父が出身地の与謝野を名乗るようになったからである。

# 丹波高原美山のソバ　＊秋、京都丹波高原国定公園、重要伝統的建築物群保存地区

　美山は京都と北陸を結ぶ鯖街道と呼ばれる物資と文化の回廊の交通の中継点に当たり、集落はカヤ葺の民家が維持され、一面にソバの白い花が広がり、風情をみせている。周辺の山も手入れのいきとどいた北山杉の森林によって美しい山容をなしている。北山杉は高級材として京都の茶室建築などに用いられている。また、祇園祭のチマキザサの供給地でもあり、自然と文化の融合、自然と人間の共生の地といえる。

# 公園／庭園

鹿苑寺（金閣寺）庭園

## 地域の特色

南部はかつて山城の国といわれた京都盆地で平安京以降約千年余りの都として日本文化の中心となり、独特の宮廷・公家文化、寺社文化、町人文化を育んだ。東山、北山、西山と三方を山に囲まれ、鴨川、桂川が南流し淀川に合流する山紫水明の地といわれ、優れた建築・庭園文化も生みだした。第二次世界大戦の戦禍を免れたこともあり、1994（平成6）年、郊外の比叡山延暦寺、宇治平等院なども含め17件が世界文化遺産「古都京都の文化財」になった。北部は丹波・丹後の国といわれ、丹波高原、丹後山地からなり、日本海に面している。福知山などの盆地をつくり、由良川が北流している。丹後半島が日本海に突き出し、東の若狭湾はリアス海岸で小湾をつくり、天橋立の景勝地や舞鶴の良港などを生んだ。

京都にとって東京遷都は衝撃であり、その後近代化に邁進し、小学校・中学校などのわが国初の開設や多くの国公私立大学の設立など学術文化都市を築き、華道・茶道・舞踊・和装・工芸などの中心地となるほか、疎水（琵琶湖からの用水路・運河）、水力発電、市街電車、博覧会などでもわが国の先駆けをなした。伝統を守りつつ、進取の気風も強く、政治的にも革新勢力が強い。

都市景観を守る意識も高く、景観法制定（2004）以後、2007（平成19）年にいち早く画期的な京都市新景観施策を打ち出した。自然公園は古都の土地柄のためか必ずしも多くなかったが、21世紀になって丹後半島や丹波高原に光を当て、新たな里山型の国定公園を生みだした。都市公園は歴史的な太政官公園や博覧会公園があり、また、伝統の造園技術を生かした最新の注目すべき公園もある。庭園は、水流や地下水が豊富で湿潤でもあり、山紫水明の地であることから、宮廷庭園・寺院庭園から近代の別邸庭園まで、また、浄土庭園から回遊式庭園や借景庭園まで、傑出したものが多い。

凡例　自 自然公園、都 都市公園・国民公園、庭 庭園

207

## 主な公園・庭園

# 🗾 丹後天橋立大江山国定公園丹後半島・天橋立

＊世界ジオパーク、特別名勝、日本の歴史公園 100 選

　京都府の最北部、日本海に突き出す丹後半島は急峻な断崖の海食崖を有し、北端の経ヶ岬灯台は断崖の上にあって、日本海を一望におさめている。小島の多い丹後松島や鳴き砂で知られる琴引浜など多彩な海岸景観を呈している。また、東の付け根には砂州の松原を見せる古くからの名所である日本三景の天橋立がある。丹後半島の中央部には世屋高原があり、西日本ではめずらしいブナ、ミズナラの落葉広葉樹林や高層湿原が見られ、希少な動植物が多い。丹後半島の南には大江山の連山が横たわっている。この公園の最大の特徴は文化的景観である。丹後半島の伊根の舟屋は 1 階部分が舟の係留場として海に直接つながっており、重要伝統的建築物群保存地区になっている。世屋高原には棚田があり、里山となっている。大江山は古くから和歌にも登場した場所であり、鬼の伝説で知られた所でもあり、鬼嶽稲荷神社がある。丹後天橋立大江山国定公園は、若狭湾国定公園から天橋立を独立させ、ブランド化を図るとともに、丹後半島、大江山の里山景観などの文化的景観を評価する新たな公園で、2007（平成 19）年に 17 年ぶりに誕生した国定公園である。天橋立は平安時代に海橋立として知られ、室町時代には雪舟がリアルな水墨画を残している。天橋立は展望地から見る股のぞきで有名であるが、林内を散策できる白砂青松の地でもある。しかし、近年、砂浜が浸食され、マツが衰退しタブノキなどの照葉樹に遷移してきている。

# 🗾 京都丹波高原国定公園丹波高原

　京都府中央部に位置し、北の日本海に流れる由良川と南の淀川・大阪湾に注ぐ桂川の分水界にあたる起伏の少ない山地である。自然林や自然河川が残り、日本海型と太平洋型の気候帯に属する豊かな森林生態系や瀬・淵が連続する豊かな河川生態系を形成している。高層湿原もあり、希少なモウセンゴケやハッチョウトンボも見られる。由良川の源流部の芦生の森は京都大学の演習林として守られてきたが、近年、シカの食害で森林生態系

が危機に瀕している。この地域は千年余りの都京都との結びつきが強く、茶室建築の北山杉や祇園祭のチマキザサを供給したり、鯖街道によって北陸の魚介類を運んだり、古い宗教的献火行事を残すなど、物資と文化の回廊であった。重要伝統的建築物群保存地区の美山には茅葺の民家が維持され、一面のソバの白い花とともに、風情を見せている。2016（平成28）年誕生の最も新しい国定公園であり、自然と文化の融合、自然と人間の共生を重視した、新たなタイプの国定公園といえる。

## 目 るり渓府立自然公園るり渓 ＊名勝

　るり渓は、園部川が標高約500mの高原の斜面を浸食して生みだした渓谷である。清流が滝や淵や瀬の変化ある風景をつくり、両岸の広葉樹の自然林が美しい四季を彩っている。江戸時代には園部藩主がよく遊び、1905（明治38）年に当時の船井郡長が宝石のように美しいという意味をこめて「琉瑠渓」と命名したといわれている。特に優れた場所が「るり渓十二勝」として選ばれている。

## 目 保津峡府立自然公園保津峡

　京都の古くからの名所嵐山の渡月橋の大堰川（桂川）につながる上流部の峡谷である。両側に急峻な山地が迫るＶ字谷となり、屈曲が多く変化に富み、巨石の間の急流をぬう舟下りは人気がある。かつてはJR山陰本線から眺められたが、本線のトンネル化によって、今は旧本線を観光用トロッコ列車が走り、賑わっている。

## 都 京都御苑 ＊国民公園

　京都市中心部に位置する、京都御所と大宮・仙洞御所をとり巻く東西約700m、南北約1300mのほぼ長方形をした広大な緑地である。明治維新前は緑地ではなく、御所を中心に宮家や公家の屋敷が建ち並び、周囲に九つの門が設けられ、九門内と呼ばれた公家町であった。明治に入り、東京遷都に伴い急速に荒廃したが、1877（明治10）年に宮内卿より京都府知事に出された、御所と九門内の保存の方法を設け永く旧観を失わぬように、という内容の御沙汰に基づく保存事業で一変する。廃屋を撤去し、四周に石垣土塁を巡らし、苑路を設置し植栽を行い、生まれ変わったこの地に御所

に付属する苑地、という意味の「御苑」という名を付けた。これが、京都御苑の始まりである。その後天皇の即位式・大嘗祭という大礼執行の場としての国家的役割が付与され、1913（大正2）年から翌14（大正3）年にかけて、宮内庁直営で大規模な改修工事が行われた。行列が通る主要苑路の拡幅と改造、逍遥苑路の新設など苑路全体が体系化し、植栽も大幅に充実した。この大改修で、砂利敷の広大な苑路、自然風仕立ての松林と芝生地で構成された御所の正門（建礼門）前の大通り、古都を巡る連山を合間に望む豊かな樹林地、四周をとりまく外周土塁上のウバメガシなど、現在の京都御苑を代表する風景が誕生した。

　この間の京都御苑は、基本的に人々が自由に出入りできる場所であり、また整備に際して献木や献金が盛んに行われた事実が示すとおり、京都市民に深い愛着を抱かれてきた場所でもあった。ただし、名実ともにこの地が「公園」となったのは第二次世界大戦後、1947（昭和22）年12月の旧皇室苑地の運営に関する閣議決定からである。この閣議決定に基づき、東京の皇居外苑、新宿御苑とともに、京都御苑は厚生省の管理の下、「国民公園」として広く一般に開放されることとなった。以後、風致を乱さぬよう設置場所に配慮しつつ、周辺部に複数の広場やテニスコートなどの公園施設が新たに整備された。さらに71（昭和46）年には同年に発足した環境省の管理下に移り、自然とのふれあいの場としての機能が重視されていった。現在の「国民公園」京都御苑では、5万本を超える樹木が年数を経て重厚な風景を醸し出すなか、旧公家町の遺構から自然とのふれあい施設にいたるまで、時代ごとの京都御苑の歩みを体現する多様な要素がすべて含まれており、他のどこにもない独特の風景を楽しむことができる。

## 都 岡崎公園　　＊史跡、日本の歴史公園100選

　京都市東部、都心からほど近い平安神宮の南面に広がる総合公園である。東山山麓の豊かな緑を背景に琵琶湖疏水が巡るなか、鮮やかな朱色の大鳥居で区画された参道の両脇に動物園、美術館、図書館、野球場、テニスコートなど多様な運動施設や文化施設が建ち並ぶ。周辺にも公共文化ホールのロームシアター京都（旧京都会館）をはじめさまざまな文化施設が建ち並び、一帯は京都を代表する国内有数の文化交流ゾーンとなっている。契機となったのは1895（明治28）年、この地を会場に平安遷都1100年紀念祭と

同時開催された第4回内国勧業博覧会である。畑地の広がる風景は一変し、紀念祭の象徴として平安神宮が創建され、その軸線上に各種パビリオンが設置された。その跡地の一部を1904（明治37）年に公園化したのが岡崎公園の始まりである。以後、昭和初期まで京都博覧会の会場として機能し続け、開催を経るごとに整備が重ねられ、図書館や勧業館、公会堂などの各種文化施設が集積していった。さらに戦後は国際文化観光都市を牽引する場所と見なされ、新たな施設の建設や機能更新が進められた。88（昭和63）年には産業遺産である疏水施設を含んだ地区が追加され、現在にいたる。近年この公園を含む岡崎一帯は、重要文化的景観として保全が図られるとともに、情報発信の充実など、魅力の向上を図るエリアマネジメントが盛んである。

## 円山公園 ＊名勝、日本の都市公園100選

　京都市街地に近接した東山西麓の小高い丘陵に位置する風致公園である。西側を八坂神社、南面、北面を高台寺や清水寺、知恩院など著名な社寺に囲まれた往来の要所にあり、桜の時期を筆頭に、年間を通じ多くの市民や観光客が集う観光名所でもある。この地は江戸時代からすでに、京都を代表する遊覧と往来の一大拠点であった。祇園社（現在の八坂神社）、安養寺、長楽寺などの社寺が集積していたが、なかでも祇園社は桜の名所として知られ、安養寺境内の六阿弥は、眼下に広がる優れた眺望と美しい庭園を備え、誘客に席を提供し大繁盛したという。この地は1886（明治19）年12月、太政官布告に基づく京都府下最初の「公園」となった。以後、明治から大正にかけて2度にわたる拡張整備事業が実施され、丘陵地形を利用した渓谷や四季折々の花木を伴う、新たな名所の風景が創出された。特に疏水を用いた渓流を軸とした園東部の庭園造成には、京都の著名な庭師小川治兵衛（植治）の関与が指摘されている。その後も野外音楽堂など、新たな公園施設が付加されていったが、一方で江戸時代の風情を留める茶店、飲食店などの民間施設も一部継承されている。1931（昭和6）年、円山公園は「四時遊覧ノ勝区」すなわち多くの人々が四季折々、朝夕を問わず遊覧する景勝地として評価され、国の名勝に指定された。近年、この価値をより強化するための管理整備方針の再検討が進行中である。

Ⅳ　風景の文化編　　211

## 庭 鹿苑寺（金閣寺）庭園　　＊世界遺産、特別史跡、特別名勝

　京都市北区にある鹿苑寺は、鎌倉時代の著名な別荘だった西園寺殿（北山殿）を、足利義満が1397（応永4）年に譲り受けて、大々的に改造を行って造営した北山殿が基になっている。山腹に残る安民沢と呼ばれている園池は、西園寺殿の時代のもので、鎌倉時代には山腹の不動堂の背後の岩山に、大滝がかかっていたらしい。

　義満の北山殿の敷地は現在の金閣寺境内よりも広大で、北御所、南御所、崇賢門院御所から成り立っていた。北御所内には寝殿、小御所などの主要な施設があり、寝殿の西方には現在も残る大池（鏡湖池）がつくられ、周囲に舎利殿（金閣）や天鏡閣、泉殿などが建てられていた。

　『臥雲日件録』には、舎利殿の北に天鏡閣があって、空中廊下で舎利殿と結ばれていて、閣の北には泉殿があったと書かれている。金閣と天鏡閣だけでなく、泉殿も近くに存在していたというから、現在よりもはるかに優美な光景が、鏡湖池の岸辺には見られたようだ。義満がしばしば西芳寺を参詣していることや、舎利殿という名称からすると、金閣は西芳寺の舎利殿を参考にしたのだろう。全体的な構想からみると、安民沢や堂などは西園寺殿のものを踏襲しながら、鎌倉時代の名園を凌ぐものにするために、西芳寺を念頭に置いて、いっそう豪華絢爛なものに改修したことになる。

　義満の死後、義持によって北山殿は禅寺とされ、義満の法号「鹿苑院」から鹿苑寺と名付けられた。1420（応永27）年以降に懺法堂、宸殿、公卿間、天鏡閣が他に移されている。1467（応仁元）年からの応仁の乱によって、西軍の陣だった鹿苑寺は炎上して、金閣を除いて残っていた建物は焼失してしまった。金閣も1950（昭和25）年の放火で全焼したが、55（昭和30）年に復元されている。

## 庭 醍醐寺三宝院庭園　　＊世界遺産、特別史跡、特別名勝

　醍醐寺三宝院は、京都市伏見区醍醐東大路町に位置している。三宝院の庭園は、表書院から突き出している泉殿から眺めるようになっている。東西50mほどある園池には、三つの中島が築かれて、さまざまな形態の橋が架けられている。南側の塀に沿って築山が設けられ、中央手前に聚楽第から運ばれたという藤戸石が置かれている。全体的にみて石が多い感じが

するのだが、そこにこの庭園の歴史が秘められている。

醍醐寺は874（貞観16）年に理源大師が醍醐山上に草庵を建てたことに始まるという。醍醐天皇から手厚い庇護を受けて、山麓の下醍醐に大伽藍が建ち並んだ。室町時代にはサクラが名高かったことから、6代将軍足利義教が1430（永享2）年に来訪している。この時に、作庭の名手の任庵主が金剛輪院の庭園を改修している。だが、西軍が1470（文明2）年に醍醐の東軍を攻めたために醍醐寺は焼失して、豊臣秀吉が1597（慶長2）年に行った醍醐の花見をきっかけに、それ以後多くの建物が復興された。

門跡（住職）だった義演准后の日記によると、秀吉は義演が住む金剛輪院を訪れて、庭園が見事なので気に入ったらしい。中島に護摩堂を建てて橋を架け、滝を二筋落とすようにして、聚楽第から名石を引いて来るという計画を立てている。秀吉が1598（慶長3）年にも再び花見を企画したことから、金剛輪院の庭園改修は続けられたが、この年に秀吉が没したために、改修計画は縮小されて、1600（慶長5）年に建物工事が完了している。

しかし、義演は庭園の改修をそれ以後も続行して、1615（元和元）年には「天下一の上手」といわれた賢庭を使って、滝の場所が悪いから南東へ移すべきだとして、滝石組を移動させている。醍醐寺座主の居所と定まって、三宝院と改称された旧金剛輪院の庭園の改修を、義演は1624（寛永元）年まで行っている。作庭が趣味というよりも執念のように感じられる。秀吉が存命だったならば、これで満足してもらえるだろうかと、義演は常に考えていたのではないだろうか。

## 庭 仙洞御所　＊宮内庁所管

京都御苑内にある仙洞御所庭園には、北池と南池があって、その周囲を回遊するようになっている。玉石を敷き詰めた洲浜や藤棚がある八ッ橋、阿古瀬淵の六枚橋などが強く印象に残るのだが、庭園が塀に囲まれているためか、大規模な御殿が失われていることに気づく人は少ない。

天皇が退位すると上皇という身分になって、内裏から上皇の御所とされた仙洞御所に移るわけだが、仙洞御所は内裏とならぶ大規模なものだった。天皇が引退するたびに新しい仙洞御所が用意されたから、上皇が何人もいると仙洞御所は複数存在することになった。現在も残る仙洞御所は3カ所あったうちの一つで、ここには後水尾、霊元、中御門、桜町、後桜町、光

Ⅳ　風景の文化編　　213

格天皇が居住していた。皇后も天皇が退位すると女院と呼ばれるようになり、仙洞御所に隣接する女院御所に移り住んでいる。

1627（寛永4）年に建造された後水尾上皇の時期の庭園は、大名で茶人だった小堀遠州が設計をしている。書院東側の園池は大規模なもので、直角に折れ曲がる切石積み護岸が続いていて、築山をもつ中島が池の中央に設けられているという、遠州らしい大胆な造形だった。東福門院の女院御所の園池も、仙洞御所と同様の直線的な切石積み護岸になっていた。

だが、1664（寛文4）年に再建された際には、園池は直線的な護岸が改修されて、現状に近い形状になっている。新造の女院御殿も、園池は寛永度とは異なった複雑な形に変化している。霊元上皇の時期の1687（貞享4）年には、新上西門院の女院御所の敷地は、仙洞御所の3分の1ほどに減少して、旧東福門院御所の園池は仙洞御所の所属に変わっている。1709（宝永6）年になると二つあった園池は接合されて、現在の仙洞御所の南池、北池と同形になった。

仙洞御所は1854（嘉永7、安政元）年にも焼失したが、上皇が居住していなかったことから、幕府は御殿を再建しなかった。女院御所も焼失していたが、1869（明治2）年に再建されて、孝明天皇の准后の九条夙子が居住している。夙子が皇太后になったことから、この御所は皇太后を意味する大宮を付けて「大宮御所」と呼ばれるようになった。その後も皇室などの宿泊施設とされている。

## 庭 修学院離宮　＊宮内庁所管

修学院離宮は、京都市左京区修学院藪添に位置している。江戸時代の天皇で大規模な別荘を造営したのは、修学院離宮をつくった後水尾天皇しか存在しない。参観者は修学院離宮の表門から入って、下御茶屋の流れと寿月観を見てから、中御茶屋を経て上御茶屋に向かうのだが、中御茶屋は明治期に付け加えられたもので、元は後水尾院の娘朱宮の寺（林丘寺）だった。上御茶屋の臨雲亭からは、園池の後方に山々を眺め渡すことができる。

この修学院離宮の造営は後水尾天皇の退位後、1656（明暦2）年から開始された。草木から飛石や景石まで、粘土で形をこしらえて地形模型の上に並べて、上皇は作庭の案を練ったという。自由に出かけることを幕府が許さなかったので、案がほぼできた段階で、侍女の中の作庭の上手な者をた

びたび修学院離宮に行かせて、計画どおりでいいかを確かめたという。59（万治2）年の末までにほぼ完成したらしい。下御茶屋の寿月観は休憩するためだけではなく、名称のとおり月を眺めるために建てている。上御茶屋では石垣を積んで、谷川の水を堰き止めて園池（浴竜池）をつくり、周囲に御茶屋を建造した。70（寛文10）年前後制作の「修学院図屏風」（岡田美術館所蔵）では、下御茶屋では2階建ての湾曲閣が寿月観の東南に建ち、上御茶屋では山上の臨雲亭の続きに懸け造りの洗詩台があり、浴竜池の西側には止々斎が設けられている。

　その後の霊元上皇（1654～1732）の修学院離宮への来訪は、春と秋に各1回の日帰りが普通で、多い時には秋に2回になっているが、年に2回が幕府が許した条件だったようだ。離宮に宿泊することは許されていなかったためか、毎回翌日の明け方までには必ず仙洞御所へ帰っている。光格上皇の時期には御幸のために、1824（文政7）年に下御茶屋では寿月観が復元され、上御茶屋では隣雲亭が再建されている。京都所司代が中島架ける千歳橋を献上したのも、この工事との関連からだった。

　明治維新後には天皇は東京に移ったが、1883（明治16）年に宮内省所管の御料地になり、本格的な改修工事が行われた。江戸時代には上御茶屋と下御茶屋は畦道で結ばれていたのだが、馬車で行けるように拡幅して、道の両側には現状のようにマツを植えている。

## 庭 桂離宮　＊宮内庁所管

　京都市西京区桂御園に位置する桂離宮には、美が結集されているという良さがある。園路は飛石だけでなく、小石を敷き詰めた霰こぼしや蹲踞を添えた延段などが見られる。園池の岸としては、洲浜や石組や船着場があり、燈籠も「岬、織部、手毬」などと呼んでいる特色のあるものが多い。

　八条宮智仁・智忠親王が1616（元和2）年頃から62（寛文2）年頃にかけて造営したもので、現在は皇室用財産になっているために「桂離宮」という名称になっているが、当時は「桂御所、桂別業、桂山荘」などと呼ばれていた。1615（元和元）年頃に智仁の所有になり、瓜畑の御茶屋や月波楼などが建造され、20（元和6）年には、古書院などの本格的工事が開始されている。だが、智仁は29（寛永6）年に死去してしまった。

　息子の智忠が初めて桂別業を訪れたのは、1641（寛永18）年のことだっ

Ⅳ　風景の文化編　　**215**

た。桂別業に通うようになったのは、病弱な体を鍛えるためだったという。古書院の南西部を改造して、中書院を増築している。茶屋で寛ぐだけでなく、園池には舟を浮かべて酒を酌み交わしていることからすると、この庭園では舟遊びができる園池が、重要な役割を果たしていたようだ。1643（寛永20）年に後水尾院の子の幸宮が、八条宮家に養子として入った縁もあって、58（万治元）年に後水尾院の非公式の御幸があった。昭和の修理の際に、新御殿の襖の下張りから「万治三年」と書かれた反古紙が発見されて、後水尾院の公式の御幸のために建てられたことが判明している。だが、62（寛文2）年に智忠は死去してしまった。

　3代以降の当主は若死にする人々が多かったことから、桂別業を利用することは少なかった。しかし、管理には気を使って、御殿には覆屋を設け、庭石まで大事に包み込んで保護していたという。1881（明治14）年に淑子内親王が死去したために桂宮家は断絶して、桂別業は宮内省の管轄になって「桂離宮」と改称された。1976～82（昭和51～57）年にかけて御殿の整備、85～91（昭和60～平成3）年にかけては茶屋などの整備が行われて、現在の姿になっている。

## 庭 平等院庭園　＊世界遺産、史跡、名勝

　宇治市宇治蓮華の平等院の場所は、平安時代初期には河原院を造営した源　融の別荘だった。宇治川を隔てて、山々が美しく見えるという景勝地だったことから、別荘地として好まれたのだろう。藤原頼通が別荘を寺院に変えて、現在も残る平等院を建立した。1052（永承7）年に本堂、53（天喜元）年に阿弥陀堂（鳳凰堂）が竣工している。父道長が建造した法成寺や「浄土変相図」を参考にして、建物と園池の配置構想を練ったのだろう。

　平等院庭園の保存整備が、1990～2002（平成2～14）年にかけて行われて、発掘で鳳凰堂が建つ中島の護岸はすべて明治期のものとわかったが、鳳凰堂の前面からは中世と平安時代の洲浜が発見された。平安時代の鳳凰堂の周りは洲浜がとり巻いていたらしく、鳳凰堂の翼廊の基壇は当初はなくて、翼廊の柱が池中や洲浜から建ち上がっていたことも判明している。基壇が設けられたのは、1101（康和3）年に頼通の曽孫の忠実が修理を命じているので、その時の改修らしい。整備では建物の基壇はそのままとされたが、平安時代の洲浜の様子が復元された。

## 庭 天龍寺庭園　＊世界遺産、史跡、特別名勝

　嵐山の対岸の天龍寺の位置には、鎌倉時代に亀山殿が存在していた。後醍醐天皇が幼少期を過ごしたこの場所に、足利尊氏が後醍醐天皇の冥福を祈って、1339（暦応2）年に夢窓疎石を開山として創建したのが天龍寺だった。天龍寺の規模は南禅寺にならったというが、庭園を含めた全体の配置は「建長寺指図」（1331〈元徳3〉年）に似ている。

　幾度も火災にあっているために、当初の園池の形状はわかりにくいが、出島を設けて所々に荒磯石組を置いているのは、平安、鎌倉時代の寝殿造庭園の伝統を引き継いでいる。滝組は方丈から眺めると石橋と調和していて美しいが、近くまで寄ってみるとすべての石無駄なく配置されていて、厳粛さが感じられる。作庭者は夢窓疎石だとしていいだろう。

　1344（康永3）年に庭園が完成したらしく、夢窓は46（貞和2）年に「天竜寺十境」という詩をつくって、普明閣、絶唱渓、霊庇廟、曹源池、拈華嶺、渡月橋、三級巌、万松洞、龍門亭、亀頂塔を詠んでいる。庭園と周辺環境との調和をはかるというよりも、積極的に周囲の空間と融合して一体化していくというのが、夢窓の考え方だった。

## 庭 大仙院書院庭園　＊史跡、特別名勝

　大徳寺塔頭の大仙院は1513（永正10）年の創建だが、室町時代の鷲尾隆康の日記『二水記』の1530（享禄3）年の項に、大仙院の庭園について「近ごろ見事なり」と記されているので、この頃の作庭になる。大仙院の開祖古岳宗亘（1465〜1548）の伝記に「禅の修行の合間に珍しい樹木を植え、変わった石を置いて、自然の風景の様子を作った」とあるので、古岳の作とみていいようだ。山から流れ出た水が大河となって大海に注ぐ様子が、数多くの青石（結晶片岩）を使って表現されている。

　1959〜61（昭和34〜36）年度の本堂解体修理の際に、庭園の北側部分に接する縁側の土台石の下から、旧縁束石が発見されたことから、作庭されたのは本堂の創建時ではなく、後の時代であることが明らかになった。中央の渡り廊下の下で、庭園の南側は一段低くなっているのは、北側全体に20cmほど盛土を行っていることによっている。土台石を置いたのは上を盛るためと、縁側の下に雨水が入り込むのを防ぐためだった。こうした工

Ⅳ　風景の文化編　　217

夫から、庭園は縁側から眺めるときに、見おろす感じにならず、明るく親しみのあるものになっている。

## 庭 龍安寺方丈庭園 ＊世界遺産、史跡、特別名勝

京都市右京区にある龍安寺の方丈庭園は、東西25ｍ、南北10ｍという規模で、15個の石と白砂しか使っていないのだが、不思議と人を引きつける。使われている石も全部京都近郊の石にすぎないが、背後の築地塀の屋根は西側ほど幅を狭くして、遠近法の原理で庭を広く見せている。

『龍安寺方丈前庭之図』には、1797（寛政9）年に焼失した方丈と石庭が描かれていて、各庭石の寸法と側溝や隣の石からの距離が詳しく記されている。1間を6尺5寸（1.97ｍ）としてこの図の寸法を換算して、現在の実測図と比較してみると、石の位置は変わっていない。方丈が焼失した際にも石の位置は変えられずに、そのまま保存されてきたことになる。

石組が何を表現しているのか、作庭者は誰かについては、『正保二年（1645）呈公庁記』に「庭虎の子渡 相阿弥築」と記されて以来、この説が広まった。しかし、室町時代の画家だった相阿弥が、作庭をしていたという確実な史料はない。作庭者についてはこのほか、龍安寺の創建者である細川勝元とする説、江戸時代の茶人金森宗和とする説などが出されている。

## 庭 二条城二之丸庭園 ＊世界遺産、特別名勝

二条城二之丸庭園は、京都市中京区二条通堀川西入ル二条城町に位置している。徳川家康は関ヶ原の合戦後の1601（慶長6）年に、二条城の建設を開始している。当初の城の規模は小さく、現在の二之丸部分だけだった。1602（慶長7）年から翌年まで、天守と二之丸の工事が行われて、遠侍、式台、大広間、黒書院、白書院などが建設された。

1615（元和元）年の町触に「二条水道」と出ていて、『駿府記』の同年の項に「泉水御座敷」と書かれているので、二之丸の園池が現在の状態になったのは、この年だった可能性が高い。26（寛永3）年に後水尾天皇を二条城へ迎えることになって、本丸が新たに増築され、二之丸には行幸御殿が建てられて、園池の石組を御殿の方へ向け直している。

1868（明治元）年に二条城は新政府の所有になり、84（明治17）年に宮内省の所管に変わって「二条離宮」と改称された。97（明治30）年に園池を干

して、池底に玉石を敷いて枯山水にしたが、1928（昭和3）年に内堀の水を
モーターで汲み上げて、昔の庭園の趣を復活させている。

### 庭 金地院庭園　＊特別名勝

　金地院は室町時代に鷹ヶ峰に創建されたものだが、1605（慶長10）年頃
に以心崇伝が、南禅寺境内の現在地に再興している。将軍を迎えるために、
祝意を表す「鶴亀の庭」をつくったといわれているが、確証はない。
　方丈の前面に白砂を敷き石組でかたどった鶴島と亀島を築いてアカマツ
とビャクシンを植え、その中間に平たい礼拝石を置き、背後の樹木を丸く
刈り込んで全体を引き立たせている。建物と庭園との距離が10mほど空い
ているのは、法要などに使用するためだが、離れすぎると庭園が貧弱に見
えてしまうので、鶴島と亀島を大きくしたようだ。
　崇伝の『本光国師日記』によると、建築が完了した1629（寛永6）年に、
庭園の設計を小堀遠州に依頼している。32（寛永9）年には、諸大名から
贈られた庭石が集まったことと、加賀に出向いていた石組の名手の賢庭が
帰京したことから、仕事がはかどって庭園は完成している。だが、崇伝は
完成した庭園を見ずに、翌年に江戸で没してしまった。

### 庭 浄瑠璃寺庭園　＊特別名勝、史跡

　木津川市加茂町西小札場にある浄瑠璃寺の本堂が造立されたのは、1047
（永承2）年のことだった。1107（嘉承2）年に本堂は建て替えられて、50
（久安6）年には奈良の一乗院門跡の恵信が隠居することになって、境内
を整備して池を掘って庭石を据えている。1157（保元2）年に本堂を西岸へ
移して、現在の阿弥陀堂を建てたことで、浄土式庭園の形になった。1178
（治承2）年には鐘楼を造立し、京都一条大宮から三重塔を移築するなどし
て、境内整備をしている。1205（元久2）年にも、京都から来た小納言法眼
が池辺の石を立て直した。近年では1976（昭和51）年度に庭園の整備がさ
れたのだが、荒れたために2010（平成22）年度から再整備が行われている。

### 庭 西芳寺庭園　＊世界遺産、史跡、特別名勝

　京都市西京区松尾神ヶ谷町にある西芳寺庭園は、事前申込制になってい
るが、庭園史では重要な庭園なので説明しておきたい。藤原親秀が1339

（暦応2）年に、夢窓疎石を住職として招いて西芳寺を再興している。仏殿（西来堂）を中心に南に2階建ての瑠璃殿をつくり、園池の南に湘南亭、北に潭北亭、背後の山頂には縮遠亭、山腹に指東庵、登り口に向上関などの建物を設けていた。夢窓の得意とする、上下2層の空間構成が行われている。現在では「苔寺」と呼ばれているように、樹木が鬱蒼としていてコケが美しく繁茂しているが、これは戦乱などで荒廃した結果で、当初はマツ、サクラ、カエデが多い明るい感じの庭園だった。

### 庭 慈照寺（銀閣寺）庭園　＊世界遺産、特別史跡、特別名勝

　京都市左京区所在の慈照寺は、室町時代後期に足利義政（1436〜90）が別荘として造営したもので、当初は「東山殿・東山山荘」などと呼ばれていた。武家の別荘だったのだが、全体の建物配置は西芳寺を模倣していた。下段には園池を中心にして、将軍邸と同様に常御所、会所などの建物を建てていたが、観音殿（銀閣）は西芳寺の舎利殿、東求堂は西来堂、釣秋亭は湘南亭、中段の西指庵は指東庵、上段の超然亭は縮遠亭をというように、名称まで西芳寺をまねて建造していた。当然、園池も模倣していたはずなのだが、まだ発掘調査で規模が確認されていない。

### 庭 旧円徳院庭園　＊名勝

　京都市東山区高台寺下河原町に、旧円徳院庭園はある。この庭園を所有していた永興院について『京都坊目誌』（1915〈大正4〉年）は、元は豊臣秀吉の正室の北政所が、1605（慶長10）年に建造した居館で、伏見城内にあった化粧殿を移築していたが、没した1624（寛永元）年後に寺になったと述べている。また、円徳院については、北政所の甥の木下利房が、1624年に叔母の居館の後方に邸宅を構えたが、隠棲後に寺にしたとしている。大正期以降に円徳院は、永興院を併合したらしい。当時の化粧殿は残っていないが、書院の庭園は枯池に巨石を使って2島を築き、分厚い自然石の石橋で結んで、東側の築山からは枯滝を落としている。石組は豪快華麗で、桃山時代らしさが感じられる。

### 庭 円通寺庭園　＊名勝

　円通寺庭園は、京都市左京区岩倉幡枝町に位置している。後水尾天皇が

220

修学院離宮を造営する以前に営んだ幡枝離宮が、1678（延宝6）年に寺院に改められて円通寺となった。仏殿の東側正面の600㎡ほどの場所に、数多くの石組が置かれていて、生垣の背後のスギ・ヒノキの間に、比叡山が眺められる借景庭園になっている。石組を東西に平行に3列置き、北側は生垣に沿って直角に曲げているだけなのだが、中央に岩盤が北東から南西にかけて露頭しているのに調和させて、変化に富んだ配石に見せている。幡枝離宮時代の庭園と考えていいのだろう。

### 庭 渉成園　＊名勝

渉成園はJR京都駅からすぐの、京都市下京区下珠数屋町通間之町東入ル東玉水町に位置している。1641（寛永18）年に3代将軍徳川家光が、東洞院以東の六条、七条間の土地を寄進したことで、東奥に門主引退後のための屋敷が造営された。門主の宣如は1653（承応2）年に引退して、この別邸に移っている。全体が完成したのは57（明暦3）年になってからだった。敷地面積は約3万5,000㎡だが、園池（印月池）だけでも7,200㎡ほどある。頼山陽の『渉成園記』（1827〈文政10〉年）によると、中島の縮遠亭での茶事の時には、鐘の合図で漱枕居から舟に乗り、池を渡るようになっていたらしい。中国の明代に流行した、酒店、飯店、茶店を園池の周りに配置して遊ぶ、「三店の園遊」の仕方に類似しているのは、「三亭主人」とも号した石川丈山（1583〜1672）の構想によるとみられている。

### 庭 無鄰菴庭園　＊名勝

南禅寺界隈の一帯に、江戸時代の庭園とは違った特色ある庭園をつくった小川治兵衛（植治）にとって、京都市左京区南禅寺草川町にある無鄰菴は、原点ともいえるものだった。軍人で政治家でもあった山縣有朋（1838〜1922）は、「従来の人はおもに池をこしらえたが、自分はそれより川の方が趣致があるように思う」と言って、流れを中心とした別荘の庭園の構想を立て、「陰気でないのを」という注文を付けている。そこで植治は流れを主体にしながら、最上部に滝組を築くが、少し流れ下った部分に浅い池を設けて、周囲にカエデを植えて明るい感じにしている。さらに建物の前面には芝生広場を設けることと、背後に南禅寺の裏山を見せることで、明るさを強調している。竣工は1894（明治27）年頃のことだった。

Ⅳ　風景の文化編　221

# 温泉

## 地域の特性

　京都府は、近畿地方の中央部にあり、京都市は琵琶湖南端近くに位置している。北の丹後半島は日本海の若狭湾に面しており、丹後天橋立大江山国定公園に指定されている。気候条件は厳しく、過疎化が進行している。日本三景の天橋立や伊根の舟屋の漁村景観は忘れられない思い出となるが、近年では舟屋のガイドも行われている。京都は約1100年にわたって日本の首都として栄えた古都であり、金閣寺、銀閣寺、清水寺、平等院、龍安寺など数々の貴重な文化財が残されている。

◆旧国名：山城、丹波、丹後　府花：シダレザクラ　府鳥：オオミズナギドリ

## 温泉地の特色

　府内には宿泊施設のある温泉地が40カ所あり、源泉総数は61カ所であるが、42℃未満の源泉が多い。温泉湧出量は毎分1万2,000ℓで全国40位にランクされている。年間延べ宿泊客数は36万人であり、全国44位である。国民保養温泉地は京丹後市の久美の浜と南丹市のるり渓高原の2地区が指定されており、前者は日本海に面し、後者は兵庫県境に近い内陸部にあって、それぞれ海と山の自然と生活に触れることができる。

## 主な温泉地

### ①久美の浜　国民保養温泉地
　　　　　　　塩化物泉

　府北西端、日本海に面する田園に立地した温泉地であり、温泉は高温で、湧出量も多く、1996（平成8）年に京都府内で最初の国民保養温泉地に指定された。6 kmに及ぶ久美浜の砂浜海岸が続き、海水浴客も多く、山陰海岸国定公園に指定されている。砂丘上ではスイカ、メロン、ナシなどの

栽培も盛んである。

交通：京都丹後鉄道久美浜駅、タクシー 5 分

### ② るり渓高原　国民保養温泉地　放射能泉

　府中西部、南丹市にある温泉地で、2000（平成12）年に国民保養温泉地に指定された。泉質は放射能泉でラドン含有量が全国有数であり、神経痛、筋肉痛、関節痛などに効果的であるという。観光ポイントの「るり渓谷」は滝や岩場が続き、4 km ほどの遊歩道を楽しめる。また、テニスコート、釣り堀、天体観測施設もある。特に春の山ツツジや秋の紅葉の時期には、温泉地が京都府、大阪府、兵庫県の境界地点にある地の利によって、大都市圏からの観光客の来訪が多い。

交通：JR 山陰本線園部駅、バス

### ③ 湯の花　放射能泉

　府中西部、亀岡市西方の山間部にある温泉地である。かつては、戦国時代に武士が刀傷を癒すために利用したともいわれる。1955（昭和30）年頃以降に知られるようになったとされ、京の奥座敷として利用されることも多くなって発展した。山峡の川魚や山菜、きのこなどの料理を味わい、嵐山までの保津川の船下りも楽しめるので、四季を問わず多くの観光客が訪れる。

交通：JR 山陰本線亀岡駅、バス15分

### ④ 木津　単純温泉

　府北端、丹後半島の西部にあり、1250年ほど前に僧行基が白鷺の湯浴をみて温泉を発見したと伝えられる温泉地である。現在、毎分約2,000 ℓ もの大量の温泉が湧出しており、わずか 6 軒の温泉宿が利用しているにすぎない。丹後半島は、陸繋砂州の天橋立が日本三景として知られるが、さらに、舟屋という 1 階部分が小型船の置き場として海と直結している漁家が230軒も並ぶ景観が、国指定重要伝統的建造物保存地区となっており、これらの観光地も訪ねるとよい。

交通：京都丹後鉄道夕日ヶ浦木津温泉駅

Ⅳ　風景の文化編　　223

## 執筆者 / 出典一覧

※参考参照文献は紙面の都合上割愛
しましたので各出典をご覧ください

### Ⅰ　歴史の文化編

【遺　跡】　　石神裕之　（京都芸術大学歴史遺産学科教授）『47都道府県・遺跡百科』(2018)

【国宝 / 重要文化財】　森本和男　（歴史家）『47都道府県・国宝 / 重要文化財百科』(2018)

【城　郭】　　西ヶ谷恭弘　（日本城郭史学会代表）『47都道府県・城郭百科』(2022)

【戦国大名】　森岡浩　（姓氏研究家）『47都道府県・戦国大名百科』(2023)

【名門 / 名家】　森岡浩　（姓氏研究家）『47都道府県・名門 / 名家百科』(2020)

【博物館】　　草刈清人　（ミュージアム・フリーター）・可児光生　（美濃加茂市民ミュージアム館長）・坂本昇　（伊丹市昆虫館館長）・髙田浩二　（元海の中道海洋生態科学館館長）『47都道府県・博物館百科』(2022)

【名　字】　　森岡浩　（姓氏研究家）『47都道府県・名字百科』(2019)

### Ⅱ　食の文化編

【米 / 雑穀】　井上繁　（日本経済新聞社社友）『47都道府県・米 / 雑穀百科』(2017)

【こなもの】　成瀬宇平　（鎌倉女子大学名誉教授）『47都道府県・こなもの食文化百科』(2012)

【くだもの】　井上繁　（日本経済新聞社社友）『47都道府県・くだもの百科』(2017)

【魚　食】　　成瀬宇平　（鎌倉女子大学名誉教授）『47都道府県・魚食文化百科』(2011)

【肉　食】　　成瀬宇平　（鎌倉女子大学名誉教授）・横山次郎　（日本農産工業株式会社）『47都道府県・肉食文化百科』(2015)

【地　鶏】　　成瀬宇平　（鎌倉女子大学名誉教授）・横山次郎　（日本農産工業株式会社）『47都道府県・地鶏百科』(2014)

【汁　物】　　野﨑洋光　（元「分とく山」総料理長）・成瀬宇平　（鎌倉女子大学名誉教授）『47都道府県・汁物百科』(2015)

【伝統調味料】　成瀬宇平　（鎌倉女子大学名誉教授）『47都道府県・伝統調味料百科』(2013)

【発　酵】　　北本勝ひこ　（日本薬科大学特任教授）『47都道府県・発酵文化百科』(2021)

【和菓子 / 郷土菓子】　亀井千歩子　（日本地域文化研究所代表）『47都道府県・和菓子 / 郷土菓子百科』(2016)

【乾物 / 干物】　星名桂治　（日本かんぶつ協会シニアアドバイザー）『47都道府県・乾物 / 干物百科』(2017)

## Ⅲ　営みの文化編

【伝統行事】　神崎宣武　（民俗学者）『47都道府県・伝統行事百科』(2012)

【寺社信仰】　中山和久　（人間総合科学大学人間科学部教授）『47都道府県・寺社信仰百科』(2017)

【伝統工芸】　関根由子・指田京子・佐々木千雅子　（和くらし・くらぶ）『47都道府県・伝統工芸百科』(2021)

【民　話】　齊藤　純　（天理大学人文学部教授）/ 花部英雄・小堀光夫編『47都道府県・民話百科』(2019)

【妖怪伝承】　佐々木高弘　（京都先端科学大学名誉教授）/ 飯倉義之・香川雅信編、常光　徹・小松和彦監修『47都道府県・妖怪伝承百科』(2017) イラスト© 東雲騎人

【高校野球】　森岡　浩　（姓氏研究家）『47都道府県・高校野球百科』(2021)

【やきもの】　神崎宣武　（民俗学者）『47都道府県・やきもの百科』(2021)

## Ⅳ　風景の文化編

【地名由来】　谷川彰英　（筑波大学名誉教授）『47都道府県・地名由来百科』(2015)

【商店街】　正木久仁　（大阪教育大学名誉教授）/ 正木久仁・杉山伸一編著『47都道府県・商店街百科』(2019)

【花風景】　西田正憲　（奈良県立大学名誉教授）『47都道府県・花風景百科』(2019)

【公園 / 庭園】　西田正憲　（奈良県立大学名誉教授）・飛田範夫　（庭園史研究家）・井原　縁　（奈良県立大学地域創造学部教授）・黒田乃生　（筑波大学芸術系教授）『47都道府県・公園 / 庭園百科』(2017)

【温　泉】　山村順次　（元城西国際大学観光学部教授）『47都道府県・温泉百科』(2015)

# 索　　引

## あ 行

| | |
|---|---|
| 葵祭 | 5, 140 |
| 足跡池 | 162 |
| 足利氏 | 43 |
| アジサイ | 204 |
| 阿闍梨餅 | 127 |
| あじわい丹波鶏 | 102 |
| 飛鳥井家 | 44 |
| 小豆 | 76 |
| 化野 | 183 |
| アップル餃子 | 88 |
| 穴文殊 | 146 |
| あぶり餅 | 129 |
| アマダイ料理 | 90 |
| 甘唐辛子 | 133 |
| 天橋立 | 208 |
| 天橋立図 | 4 |
| 雨森家 | 44 |
| 綾部井堰 | 77 |
| 綾部城 | 31 |
| アユ料理 | 91 |
| 嵐山 | 5 |
| 嵐山のサクラ | 197 |
| 粟田焼 | 177 |
| アワビ料理 | 90 |
| 粟餅 | 128 |
| 飯田家 | 44 |
| 池坊家 | 44, 70 |
| イチゴ | 88 |
| いちごミルクパンリゾット | 88 |
| イチジク | 86 |
| 一条家 | 45 |
| 鴨脚（いちょう／名字） | 71 |
| 一色氏 | 40 |
| いとこ汁 | 107 |
| いとこ煮 | 107 |
| 稲岡家 | 45 |
| 稲葉家 | 45 |
| 伊根の舟屋 | 5 |
| いばら餅 | 82, 125 |
| 今出川家 | 45 |
| 一口（いもあらい／人名・地名） | 71, 183 |

| | |
|---|---|
| 祝（醸造用米） | 76 |
| 岩ガキ丼 | 78 |
| 岩倉家 | 46 |
| 石清水祭 | 142 |
| 石清水八幡宮 | 118 |
| インクライン | 184 |
| 上杉 | 72 |
| 上原氏 | 40 |
| 浮粉 | 132 |
| 宇治市 | 3 |
| 宇治市源氏物語ミュージアム | 66 |
| 宇治の橋姫 | 165 |
| 宇治橋通り商店街 | 194 |
| 太秦 | 185 |
| ウメ | 87 |
| 梅小路機関車庫 | 27 |
| 梅ジャム | 88 |
| 梅干しの甘辛煮 | 88 |
| 梅宮大社甘酒祭り | 119 |
| 浦島太郎 | 161 |
| うるち米 | 75 |
| 衛生ボーロ | 102 |
| 永楽家 | 46 |
| 蛭子山古墳 | 17 |
| 円通寺庭園 | 220 |
| 御池煎餅 | 128 |
| 応仁・文明の乱 | 8 |
| 大炊御門家 | 46 |
| 大江 | 72 |
| 大枝遺跡 | 13 |
| 大倉家 | 47 |
| 大谷家 | 47, 70 |
| 大槻氏 | 40 |
| 大原神社 | 147 |
| 大原のさぎちょう | 78 |
| オオミズナギドリ | 103 |
| 大宮神社 | 146 |
| 岡崎公園 | 210 |
| 翁乃塩 | 112 |
| 奥丹波どり | 97, 103 |
| 巨椋池 | 2 |
| 白朮火 | 124 |
| おけら参り | 143 |
| おこうこのじゃこ煮 | 118 |

| | |
|---|---|
| おこぜの吸物 | 107, 108 |
| オジカソース | 113 |
| 織田信長 | 30, 39, 199 |
| 御土居 | 8 |
| 御土居跡 | 21 |
| 小畠氏 | 40 |
| 大原木ゆば | 132 |
| おはらみだんご | 82 |
| おばんざい | 6 |
| お雛様の国見 | 123 |
| 御室焼 | 178 |
| 織物生産 | 9 |
| 愚か村話 | 160 |

## か 行

| | |
|---|---|
| 鶏冠井（かいで／名字） | 72 |
| カキ | 86 |
| かけそば | 84 |
| 笠置山城 | 31 |
| 風花 | 126 |
| 花山院家 | 47 |
| 勧修寺家 | 47 |
| 桂離宮 | 215 |
| 勘解由小路 | 71 |
| 加都茶豚 | 96 |
| 金山氏 | 40 |
| 蟹満寺縁起 | 159 |
| 蟹飯麺 | 101 |
| 上桂川用水 | 77 |
| 上京 | 8 |
| 髪結び猫 | 165 |
| 亀岡牛 | 94 |
| 亀岡市 | 3 |
| 亀岡市文化資料館 | 65 |
| 亀岡城 | 32 |
| 賀茂競馬 | 79 |
| 賀茂なすの田楽 | 118 |
| 唐板 | 127 |
| カレイ料理 | 90 |
| 川勝氏 | 41 |
| 革島氏 | 41 |
| 川端家 | 48 |
| 寒たら汁 | 108 |
| 観音猿鶴図 | 25 |
| 上林家 | 48 |

| | | | | | | |
|---|---|---|---|---|---|---|
| キウイ | 87 | 京都市学校歴史博物館 | 64 | 恭仁宮跡 | 18 |
| 祇園 | 185 | 京都市環境活動保全センタ | | 恭仁京 | 7 |
| 祇園祭 | 5, 140 | ー(京エコロジーセンタ | | 久美の浜 | 222 |
| 祇園祭のヒオウギ | 205 | ー) | 64 | 鞍馬の天狗 | 166 |
| 菊寿糖 | 127 | 京都市考古資料館 | 63 | 鞍馬の火まつり | 143 |
| 黄桜記念館(お酒の資料 | | 京都市動物園 | 60 | クリ | 85 |
| 館)・河童資料館 | 119 | 京都翔英高 | 171 | 蹴上 | 186 |
| 北嵯峨高 | 171 | 京都市立青少年科学センタ | | 月桂冠大倉記念館 | 64, 119 |
| 北白川遺跡群 | 13 | ー | 64 | 月餅 | 128 |
| 北野天満宮 | 118 | 京都水族館 | 62 | けんちん汁 | 108 |
| 北野天満宮のウメ | 203 | 京都成章高 | 171 | 小出家 | 49 |
| 北野天満宮梅花祭 | 139 | 京都先端科学大付高 | 172 | 神足氏 | 41 |
| 北山杉 | 4, 206 | 京都大学総合博物館 | 61 | 光福寺 | 149 |
| 木津 | 223 | 京都鉄道博物館 | 59 | 久我家 | 50 |
| 狐話 | 163 | 京都肉 | 94 | 国営淀川河川公園背割堤の |
| 衣笠丼 | 78 | 京都府立京都学・歴彩館 | 62 | サクラ | 201 |
| キヌヒカリ | 75 | 京都府立植物園 | 62 | コシヒカリ | 75 |
| 貴船神社雨乞い祭 | 139 | 京都府立丹後郷土資料館 | | 牛頭天王 | 166 |
| 貴船の鬼 | 165 | (ふるさとミュージアム | | 五大明王像 | 23 |
| 黄味返し卵 | 101 | 丹後) | 66 | 小西家 | 50 |
| 旧円徳院庭園 | 220 | 京都府立山城郷土資料館 | | 近衛家 | 50 |
| 牛佃煮 | 95 | (ふるさとミュージアム | | 胡麻油 | 113 |
| 九尾の狐 | 166 | 山城) | 66 | 小麦 | 76 |
| キュウリのくずひき | 107 | 京都文化博物館 | 60 | 米からカステラ | 84 |
| 京赤地どり | 102 | 京都ポーク | 95 | 金地院庭園 | 219 |
| 京石工芸品 | 155 | 京都湯豆腐 | 134 | | |
| 京鹿の子絞 | 153 | 京菜と鯨の鍋 | 107, 108 | **さ　行** | |
| 京極家 | 48 | 京人形 | 156 | 西園寺家 | 51 |
| 京指物 | 154 | 京の輝き | 75 | 西京高 | 172 |
| 京漆器 | 154 | 京のっぺい汁 | 107 | 西京漬け | 117 |
| 京地どり | 102 | 京のもち豚 | 96 | 西芳寺庭園 | 219 |
| 京扇子 | 156 | 京の薬味 | 132 | 佐織谷池 | 77 |
| 京雑煮 | 113 | 京水菜汁 | 107, 108 | 鷺知らず | 118 |
| 京たんくろ牛 | 94 | 京焼・清水焼 | 153 | サクラ | 197-201, 205 |
| 京丹波高原豚 | 96 | 京野菜 | 106 | さなぶりだんご | 82 |
| 京丹波高原豚のバラ肉(三 | | 京ゆば | 131, 132 | サバずし | 78 |
| 枚肉) | 96 | 京料理 | 6 | 澤井醤油本店 | 111 |
| 京丹波ポーク | 95 | 清水家 | 48 | サンショウ | 86 |
| 京都外大西高 | 171 | 清水寺 | 5 | 三条家 | 51 |
| 京都御苑 | 209 | 清水焼 | 153, 177 | 三条西家 | 51 |
| 京都御苑のシダレザクラと | | 截金 | 157 | 塩貝 | 72 |
| サルスベリ | 202 | 切り干し大根の味噌汁 | 108 | 塩見氏 | 41 |
| 京都工学院高 | 171 | 金閣寺 | 212 | 志賀氏 | 42 |
| 京都国際マンガミュージア | | 銀閣寺 | 220 | 鹿肉 | 97 |
| ム | 63 | キンシ正宗堀野記念館 | 119 | 獅子唐辛子 | 134 |
| 京都国立博物館 | 61 | 禁門の変 | 9 | 猪肉(牡丹鍋) | 97 |
| 京都御所 | 5 | 九鬼家 | 48 | 四条家 | 52 |
| 京都笹粽 | 134 | 公家の名字 | 69 | 慈照寺(銀閣寺)庭園 | 220 |
| 京都三条会商店街 | 193 | ぐじの酒蒸し | 117 | 時代祭 | 5, 142 |
| 京都三大祭 | 5 | 九条家 | 49 | 舌切り雀 | 159 |
| 京都市 | 2, 3 | 朽木家 | 49 | シダレザクラ | 4, 202 |

索　引　　227

| | | | | | |
|---|---|---|---|---|---|
| 地鶏丹波黒どり | 102 | 醍醐寺三宝院庭園 | 212 | 十日ゑびす大祭 | 139 |
| しば漬け | 113, 117 | 醍醐寺のサクラ | 198 | 徳川家康 | 27, 34, 109, 151 |
| 渋谷家 | 52 | 間人(たいざ／地名) | 186 | 徳大寺家 | 54 |
| 島津製作所創業記念資料館 | | 大豆 | 76 | 鳥羽高 | 172 |
| | 65 | 大仙院書院庭園 | 217 | 鳥羽離宮遺跡 | 20 |
| 下村家 | 52 | 大徳寺納豆 | 116 | 豊岡県 | 10 |
| 修学院離宮 | 214 | 大文字五山の送り火 | 141 | 豊臣秀吉 | 3, 4, 8, 21, 36, 199, |
| 酒呑童子 | 166 | 高倉神社 | 147 | | 213 |
| 聚楽城(聚楽第) | 32, 34, 199, | 鷹司家 | 53 | | |
| 212 | | 高橋家 | 53 | **な 行** | |
| 聖護院干し大根 | 132 | 高盛御供 | 78 | 内藤氏 | 42 |
| 聖護院八ッ橋 | 128 | タクシー幽霊 | 163 | 長岡京遺跡 | 18 |
| 渉成園 | 221 | 竹切り爺 | 160 | 長岡京市 | 3 |
| 醸造用米 | 76 | 蛸薬師 | 162 | 中小路氏 | 42 |
| 焼酎 | 116 | だし巻き卵 | 100 | 長瀬家 | 54 |
| 上生菓子 | 126 | 多治神社 | 148 | 永谷家 | 55 |
| 醤油 | 105, 115 | 田中家 | 54 | 中山家 | 55 |
| 勝龍寺城 | 33 | 谷家 | 54 | ナシ | 85 |
| 浄瑠璃寺庭園 | 219 | 種麹屋 | 118 | 納豆餅 | 125 |
| 浄瑠璃寺本堂 | 26 | 玉締めしぼり胡麻油 | 113 | ナノハナ | 205 |
| 食塩 | 105 | タラ汁 | 107, 108 | 菜の花漬け | 117 |
| 白味噌の雑煮 | 117 | だんご | 81 | 生麩専門店の味噌 | 111 |
| 神官系の名字 | 70 | 丹後ちりめん | 6 | 肉じゃが | 97 |
| 神家 | 52 | 丹後国 | 7 | 錦市場商店街 | 192 |
| 新京極商店街 | 191 | 丹後のばらずし | 77 | 西陣織 | 6, 152 |
| 真盛豆 | 129 | 丹波 | 161 | 西村家 | 55 |
| 神馬堂やきもち | 128 | 丹波あじわいどり | 97, 102 | 二条大麦 | 76 |
| 新羽二重糯 | 75 | 丹波高原 | 208 | 二条家 | 55 |
| 新町商店街 | 195 | 丹波高原美山のソバ | 206 | 二条城 | 27, 34 |
| 神明山古墳 | 17 | 丹波国 | 7 | 二条城二之丸庭園 | 218 |
| 酢 | 116 | 丹波の始まり | 161 | にしんそば | 6, 84 |
| スイカ | 88 | 地下水帯水層 | 2 | 日本酒 | 115 |
| 菅原道真 | 118, 167 | ちご餅 | 128 | 日本ナシ | 85 |
| すぐき漬け | 117 | 千鳥酢 | 112 | 日本の鬼の交流博物館 | 65 |
| すずめ焼き | 101 | 茶宗明神社 | 149 | 任天堂 | 6 |
| 崇徳院 | 167 | 茶だんご | 81 | 仁和寺のサクラ | 199 |
| 州浜 | 128 | 茶道総合資料館 | 65 | 鵺(ぬえ) | 169 |
| 清浄歓喜団 | 127 | 銚子山古墳 | 16 | ねこだんご | 81 |
| 舌(ぜつ／名字) | 72 | 蝶々ゆば | 132 | | |
| 千家 | 53, 70 | ちりめん山椒 | 118 | **は 行** | |
| 仙洞御所 | 213 | 通円家 | 54 | 函石浜遺跡 | 15 |
| 千枚漬け | 117 | 付喪神 | 168 | ハス | 204 |
| 園部城 | 33 | 土蜘蛛 | 168 | 蕗煎(はぜ) | 123 |
| ソバ(花) | 206 | ツツジ | 204 | 長谷川家 | 56 |
| そば | 76 | 椿井大塚山古墳 | 15 | ハッサク | 86 |
| そばのきゃあもち | 83 | 釣瓶下ろし | 169 | はなくそまめ | 125 |
| 算盤小僧 | 168 | 寺町京極商店街 | 191 | 華園家 | 56 |
| | | 電子・ゲーム産業 | 6 | 花園高 | 173 |
| **た 行** | | 天龍寺庭園 | 217 | 花の寺のサクラ | 200 |
| 大学都市 | 2 | 道喜粽 | 127 | 花びら餅 | 82 |
| 醍醐家 | 53 | 同志社高 | 172 | ハモ料理 | 90 |

| | |
|---|---|
| 比叡山 | 5 |
| 薭田野神社 | 147 |
| ヒオウギ | 205 |
| 東舞鶴商店街 | 196 |
| 東山高 | 173 |
| 引千切（ひっちぎり） | 124 |
| 雛あられ | 121 |
| 日野家 | 56 |
| ヒノヒカリ | 75 |
| ヒマワリ | 206 |
| 瓢亭の玉子 | 101 |
| 平等院庭園 | 216 |
| 平等院鳳凰堂 | 4, 25 |
| ビール | 116 |
| 広小路商店街 | 195 |
| 広沢池 | 77 |
| 広幡家 | 56 |
| ビワ | 87 |
| 琵琶湖疎水 | 10 |
| 風神雷神図 | 24 |
| 深草遺跡 | 15 |
| 福知山市 | 3 |
| 福知山城 | 35 |
| 福知山成美高 | 173 |
| 福富草紙 | 24 |
| 富士酢プレミアム | 112 |
| 伏見稲荷大社の火焚祭 | 78 |
| 伏見大手筋商店街 | 193 |
| 伏見酒蔵のナノハナとサクラ | 205 |
| 伏見城 | 36 |
| 伏見唐辛子 | 131 |
| 藤原道長 | 3 |
| ブドウ | 87 |
| ふろふき大根 | 117 |
| 平安京遺跡 | 19 |
| へしこ | 117 |
| 蛇塚古墳 | 16 |
| 方広寺大仏殿跡 | 21 |
| 細辻家 | 57 |
| ぼたもち | 83 |
| 保津峡 | 209 |
| 堀川高 | 173 |
| 堀家 | 57 |
| ぼりぼり | 125 |
| 本庄家 | 57 |
| 先斗町 | 187 |

### ま 行

| | |
|---|---|
| 舞鶴市 | 3 |

| | |
|---|---|
| 舞鶴城 | 37 |
| 舞鶴市立赤れんが博物館 | 65 |
| 舞鶴引揚記念館 | 61 |
| マイワシ料理 | 90 |
| 槇島氏 | 42 |
| 槇島城 | 38 |
| 牧野家 | 57 |
| 巻ゆば | 132 |
| まくさ | 133 |
| マサバ料理 | 90 |
| マダイ料理 | 90 |
| 松尾大社 | 119 |
| 松尾大社のヤマブキ | 204 |
| 松尾寺 | 146 |
| 丸十のっぺい汁 | 108 |
| 円山公園 | 211 |
| 円山公園のシダレザクラ | 202 |
| 万願寺唐辛子（万願寺とうがらし） | 133 |
| 万願寺とうがらしとじゃこの炊いたん | 117 |
| 三上家 | 57 |
| ミカン | 87 |
| 水菜と御揚げの炊き合わせ | 107 |
| 水牡丹 | 126 |
| 味噌 | 105, 115 |
| 味噌庵 | 111 |
| 味噌松風 | 128 |
| みたらし団子 | 129 |
| 水口播種祭 | 78 |
| 水無月 | 126 |
| 壬生寺 | 149 |
| 三室戸寺のツツジとアジサイとハス | 204 |
| 三宅八幡神社 | 148 |
| 都の鬼 | 169 |
| 宮津市 | 3 |
| 宮津城 | 38 |
| 弥勒菩薩半跏思惟像 | 4, 23 |
| 麦代餅 | 127 |
| 武者ヶ谷遺跡 | 13 |
| 武者小路家 | 58 |
| 無鄰菴庭園 | 221 |
| メロン | 87 |
| もち米 | 75 |
| 桃 | 87 |
| 森本遺跡 | 14 |

### や 行

| | |
|---|---|
| 夜久野の蕎麦 | 130 |
| やつはし（八つ橋） | 83 |
| 八房唐辛子 | 131 |
| 柳原家 | 58 |
| 山城高 | 173 |
| 山城国 | 7 |
| 山背国 | 7 |
| ヤマブキ | 204 |
| 山本氏 | 42 |
| 雪間草 | 126 |
| ユズ | 86 |
| 湯の花 | 223 |
| 湯引きハモ | 118 |
| 葉酸たまご | 103 |
| 与謝野町のヒマワリ | 206 |
| 淀城 | 38 |
| よもぎだんご | 82 |

### ら 行

| | |
|---|---|
| ラーメン | 6 |
| 楽家 | 58 |
| 洛西用水 | 76 |
| 洛北 | 83 |
| 楽焼 | 178 |
| 立命館宇治高 | 174 |
| 立命館高 | 174 |
| 立命館大学国際平和ミュージアム | 63 |
| 龍谷大平安高 | 174 |
| 龍谷ミュージアム | 63 |
| 龍安寺方丈庭園 | 218 |
| リンゴ | 87 |
| りんごとサツマイモのオレンジ煮 | 88 |
| るり渓 | 209 |
| るり渓高原 | 223 |
| 冷泉家 | 58 |
| 蓮華王院本堂 | 26 |
| ロールケーキ割烹術 | 101 |
| 鹿苑寺（金閣寺）庭園 | 212 |
| 六道の辻 | 187 |
| 六波羅探題 | 8 |

### わ 行

| | |
|---|---|
| ワイン | 116 |
| 若竹汁 | 107, 108 |
| 涌出宮 | 150 |

47都道府県ご当地文化百科・京都府

令和6年9月30日　発　行

編　者　　丸　善　出　版

発行者　　池　田　和　博

発行所　　丸善出版株式会社
　　　　　〒101-0051 東京都千代田区神田神保町二丁目17番
　　　　　編集：電話（03）3512-3264／FAX（03）3512-3272
　　　　　営業：電話（03）3512-3256／FAX（03）3512-3270
　　　　　https://www.maruzen-publishing.co.jp

© Maruzen Publishing Co., Ltd. 2024

組版印刷・富士美術印刷株式会社／製本・株式会社 松岳社

ISBN 978-4-621-30949-0　C 0525　　　　　　Printed in Japan

**JCOPY** 〈（一社）出版者著作権管理機構 委託出版物〉
本書の無断複写は著作権法上での例外を除き禁じられています．複写
される場合は，そのつど事前に，（一社）出版者著作権管理機構（電話
03-5244-5088, FAX 03-5244-5089, e-mail：info@jcopy.or.jp）の許諾
を得てください．

## 【好評既刊 ● 47都道府県百科シリーズ】
（定価：本体価格3800〜4400円＋税）

47都道府県・**伝統食百科**……その地ならではの伝統料理を具体的に解説

47都道府県・**地野菜/伝統野菜百科**……その地特有の野菜から食べ方まで

47都道府県・**魚食文化百科**……魚介類から加工品、魚料理まで一挙に紹介

47都道府県・**伝統行事百科**……新鮮味ある切り口で主要伝統行事を平易解説

47都道府県・**こなもの食文化百科**……加工方法、食べ方、歴史を興味深く解説

47都道府県・**伝統調味料百科**……各地の伝統的な味付けや調味料、素材を紹介

47都道府県・**地鶏百科**……各地の地鶏・銘柄鳥・卵や美味い料理を紹介

47都道府県・**肉食文化百科**……古来から愛された肉食の歴史・文化を解説

47都道府県・**地名由来百科**……興味をそそる地名の由来が盛りだくさん！

47都道府県・**汁物百科**……ご当地ならではの滋味の話題が満載！

47都道府県・**温泉百科**……立地・歴史・観光・先人の足跡などを紹介

47都道府県・**和菓子/郷土菓子百科**……地元にちなんだお菓子がわかる

47都道府県・**乾物/干物百科**……乾物の種類、作り方から食べ方まで

47都道府県・**寺社信仰百科**……ユニークな寺社や信仰を具体的に解説

47都道府県・**くだもの百科**……地域性あふれる名産・特産の果物を紹介

47都道府県・**公園/庭園百科**……自然が生んだ快適野外空間340事例を紹介

47都道府県・**妖怪伝承百科**……地元の人の心に根付く妖怪伝承とはなにか

47都道府県・**米/雑穀百科**……地元こだわりの美味しいお米・雑穀がわかる

47都道府県・**遺跡百科**……原始〜近・現代まで全国の遺跡＆遺物を通観

47都道府県・**国宝/重要文化財百科**……近代的美術観・審美眼の粋を知る！

47都道府県・**花風景百科**……花に癒される、全国花物語350事例！

47都道府県・**名字百科**……NHK「日本人のおなまえっ！」解説者の意欲作

47都道府県・**商店街百科**……全国の魅力的な商店街を紹介

47都道府県・**民話百科**……昔話、伝説、世間話…語り継がれた話が読める

47都道府県・**名門/名家百科**……都道府県ごとに名門/名家を徹底解説

47都道府県・**やきもの百科**……やきもの大国の地域性を民俗学的見地で解説

47都道府県・**発酵文化百科**……風土ごとの多様な発酵文化・発酵食品を解説

47都道府県・**高校野球百科**……高校野球の基礎知識と強豪校を徹底解説

47都道府県・**伝統工芸百科**……現代に活きる伝統工芸を歴史とともに紹介

47都道府県・**城下町百科**……全国各地の城下町の歴史と魅力を解説

47都道府県・**博物館百科**……モノ＆コトが詰まった博物館を厳選

47都道府県・**城郭百科**……お城から見るあなたの県の特色

47都道府県・**戦国大名百科**……群雄割拠した戦国大名・国衆を徹底解説

47都道府県・**産業遺産百科**……保存と活用の歴史を解説。探訪にも役立つ

47都道府県・**民俗芸能百科**……各地で現存し輝き続ける民俗芸能がわかる

47都道府県・**大相撲力士百科**……古今東西の幕内力士の郷里や魅力を紹介

47都道府県・**老舗百科**……長寿の秘訣、歴史や経営理念を紹介

47都道府県・**地質景観/ジオサイト百科**……ユニークな地質景観の謎を解く

47都道府県・**文学の偉人百科**……主要文学者が総覧できるユニークなガイド